Dörte Weltzien · Anne Kebbe

Handbuch Gesprächsführung in der Kita

Dörte Weltzien · Anne Kebbe

Handbuch Gesprächsführung in der Kita

HERDER

FREIBURG · BASEL · WIEN

© Verlag Herder GmbH, Freiburg im Breisgau 2011
Alle Rechte vorbehalten
www.herder.de

Umschlaggestaltung:
R.M.E Roland Eschlbeck/Rosemarie Kreuzer
Umschlagabbildung: © Barbara Mößner
Fotos: Hartmut W. Schmidt, Freiburg

Layout, Satz und Gestaltung:
Weiß-Freiburg GmbH – Graphik & Buchgestaltung
Herstellung: fgb · freiburger graphische betriebe
www.fgb.de

Gedruckt auf umweltfreundlichem, chlorfrei gebleichtem Papier
Printed in Germany

ISBN 978-3-451-32287-7

Inhalt

Gestaltungselemente

	Fragen zur Selbstreflexion	Diese Fragen dienen der Selbstreflexion. Sie können den Austausch unter den Kolleginnen und Kollegen des Teams befördern oder eine Grundlage für ein Supervisionsgespräch sein.
	Anregungen für die Praxis	Hier werden Vorschläge und Ideen angeführt, die als Anregung verstanden werden, die Inhalte des Kapitels in die eigene Praxis zu übertragen.
	Praxisbeispiele	Diese sollen dabei helfen, die Bedeutung der theoretischen Zusammenhänge in der Praxis nachvollziehen zu können.

Vorwort

Der pädagogische Alltag ist voller Gespräche. Wie diese Unterhaltungen verlaufen und ob sie aus Sicht der Beteiligten zu „guten" Gespräche werden, hängt von vielen Faktoren ab: Der Anlass spielt eine Rolle, genau wie die konkrete Situation, in der die Gespräche ablaufen. Auch das Gespräch selbst entwickelt oft eine Eigendynamik, die es zu einer unerwartet ernsten, humorvollen, tiefen oder auch eher belanglosen Sache machen kann. Vieles in Gesprächen ist kaum vorherzusagen. Anders als eine Geschichte in einem Buch oder eine Karte, die man immer wieder lesen und anschauen kann, hat jedes Gespräch etwas Einmaliges. Das macht seine Besonderheit, seine Faszination aus.

Gespräche lassen sich nicht kopieren. Jedes neue Gespräch – selbst zu dem gleichen Thema, selbst mit denselben Personen – gestaltet sich anders. Denn die Erfahrungen, die wir (und die anderen) in einem Gespräch machen, nehmen Einfluss auf die weitere Kommunikation. So entwickeln wir bereits sehr früh Muster in unserem Gesprächsverhalten. Wir setzen Strategien, die sich als erfolgreich erwiesen haben, immer wieder ein und vermeiden Gespräche oder Themen, die wir als unangenehm erlebt haben. Und unsere jeweiligen Gesprächspartner tun dies auch.

In pädagogischen Handlungsfeldern gehört eine gute Gesprächsführung zu den Kernkompetenzen der professionellen Akteure. Vergleichende Untersuchungen zeigen, dass „allein" mit guter Kommunikation hohe pädagogische Qualität erreicht werden kann. Allerdings entwickelt sich nicht automatisch eine gute Dialogkultur in Teams, selbst bei vergleichsweise günstigen personellen, räumlichen oder zeitlichen Bedingungen. Nur ein bewusster Umgang mit Gesprächen ermöglicht gemeinsame und individuelle Lernprozesse, die zu einer Erweiterung und Vertiefung der Kompetenzen führen.

Eine dialogische Haltung wird in allen Bereichen der pädagogischen Arbeit benötigt. Sie ist die Basis für Aufmerksamkeit und

Zuwendung in den Beziehungen zu den Kindern. Diese Haltung eröffnet Chancen einer tragfähigen Zusammenarbeit mit Eltern. Und sie schafft Potenziale, um Netzwerke im Sozialraum zum Wohle der Kinder und ihrer Familien auszubauen. All diese Bereiche – so unterschiedlich sie in ihrer inhaltlichen Ausrichtung sind – werden verbunden über Gespräche. Kinder spüren, wie mit ihnen und ihren Eltern geredet wird. Eltern, Vertreter anderer Kindertageseinrichtungen, von Schulen, der Kommune oder Kirchengemeinde nehmen bei ihren Kontakten zuallererst das Gesprächsklima in der Einrichtung wahr. Träger, Leitung und Team haben in ihren unterschiedlichen Rollen und Funktionen die Verantwortung, professionelle Beziehungen aufzubauen – über Gespräche. Und sie haben dabei viele Freiheiten und Möglichkeiten, wie sie diese Kommunikation gestalten.

Das Handbuch soll Unterstützung bieten, die Gesprächsführungskompetenzen in pädagogischen Handlungsfeldern weiterzuentwickeln. In **Kapitel 1** geht es zunächst um die grundlegenden Fragen der Kommunikation: Woraus besteht Kommunikation überhaupt? Welche Bedeutung hat sie für unser Leben und Zusammenleben? Wie funktioniert Kommunikation oder auch nicht? Und was bedeutet in dem Zusammenhang der so oft verwendete Begriff der „kommunikativen Kompetenz"? In **Kapitel 2** werden Methoden der Gesprächsführung vorgestellt, die sich in der langjährigen Fortbildungspraxis besonders bewährt haben. Ihr Erfolg liegt darin, dass sie einen strukturellen Rahmen der Kommunikation schaffen, auf den sich die Beteiligten verständigen, und zugleich die notwendigen Freiräume zur Teamentwicklung bieten. Damit werden sie den unterschiedlichen Anforderungen, Strukturen und Ausgangsvoraussetzungen in Teams auf dem Weg zu einer Dialogkultur eher gerecht als rezepthafte Ratgeber. **Kapitel 3** beschäftigt sich mit Gesprächen im Team. Anhand konkreter Beispiele aus der Praxis werden Stärken und Schwächen solcher Gespräche analysiert und Veränderungsmöglichkeiten aufgezeigt. Daraus abgeleitet werden Meilensteine formuliert, die sich Teams auf ihrem Weg setzen und immer wieder überprüfen können. In **Kapitel 4** geht es um Gespräche mit Kindern im pädagogischen Alltag. Es werden Methoden und Praxiserfahrungen vorgestellt, wie die Gelegenheiten, mit Kindern ins Gespräch zu kommen, entdeckt und genutzt werden können. Kitas, die diesen Weg gegangen sind, berichten von wertvollen Erfahrungen, die sie in ihrer pädagogischen Qualitätsentwicklung vorangebracht haben. In **Kapitel 5** werden Gespräche in Leitungsfunktionen behandelt und deren Bedeutung für die Professionalisierung des Teams beschrieben. Es werden Wege aufgezeigt, den komplexen Anforderungen gerecht zu werden, die sich aus der Sandwichposition der Leitung zwischen Team und Träger ergeben, und Methoden vorgestellt, um auch schwierige Gespräche zu meistern. **Kapitel 6** beschäftigt sich mit Elterngesprächen und zeigt Perspektiven auf, wie über die Gestaltung von Gesprächen tragfähige Beziehungen zu Familien aufgebaut werden können, die durch Vertrauen und gegenseitige Achtung geprägt sind.

Das Handbuch richtet sich an alle, die sich für die professionelle Arbeit in pädagogischen Handlungsfeldern interessieren und in der Gestaltung von Gesprächen eine Kernaufgabe für Pädagoginnen und Pädagogen sehen. Die Kapitel sind so geschrieben, dass sie unabhängig voneinander gelesen werden können. Etwas über Gespräche zu lernen bedeutet auch, etwas über sich selbst zu lernen. Diese Erfahrung haben wir als Autorinnen ebenso wie unsere zahlreichen Gesprächspartnerinnen und Gesprächspartner, die uns als Patinnen und Paten bei dem Buch zur Seite gestanden haben, gemacht. Bei ihnen möchten wir uns herzlich bedanken.

Dörte Weltzien
Anne Kebbe

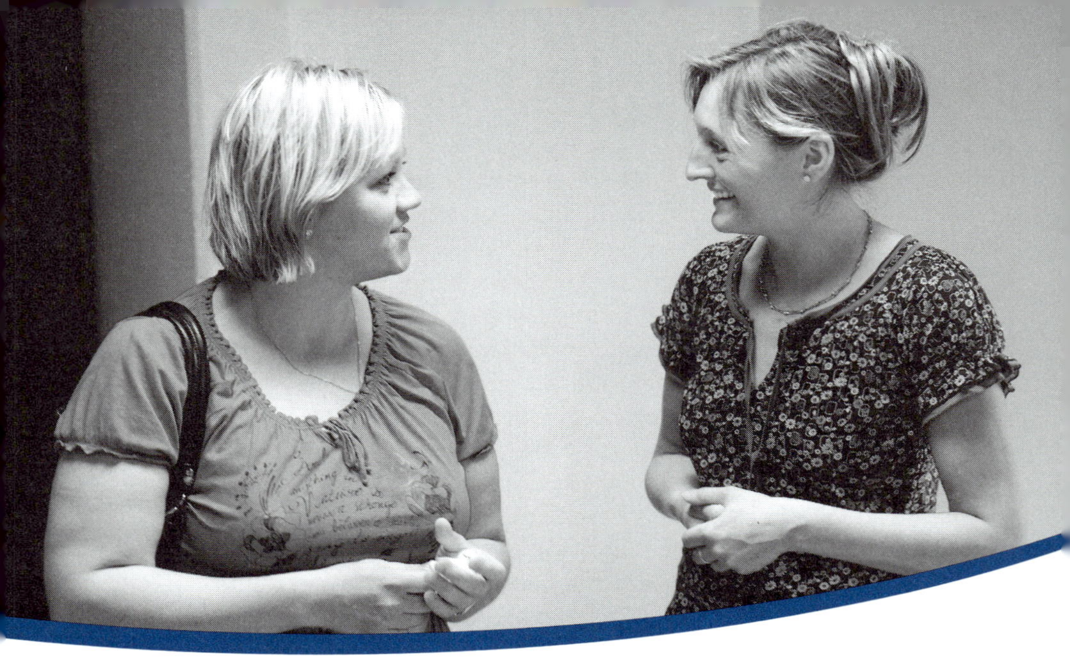

1. Grundlagen der Gesprächsführung

1.1 Was ist Kommunikation?

Kommunikation als bedeutendes Element des menschlichen Zusammenlebens

Kommunikation gehört von Beginn an zu unserem Leben. Bereits Säuglinge kommunizieren, indem sie aktiv Blickkontakt zu ihren Bezugspersonen suchen und Laute von sich geben. Später lächeln die Kinder ihre Bezugspersonen bewusst an, ahmen deren Laute und Mimik nach und versuchen, deren Aufmerksamkeit auf sich zu ziehen und mit ihnen in ein frühes Guck-Guck-Spiel zu kommen. Säuglingsstudien konnten belegen, wie vielfältig und zielgerichtet die Formen der frühen Kommunikation sind. Mit zunehmender Entwicklung vervielfältigen sich die Möglichkeiten der Kommunikation, und mit den ersten Worten erobern Kinder im Austausch mit anderen die Welt der Sprache. Die Möglichkeiten, sich mit anderen mithilfe von Worten auszutauschen, nehmen im Alter von etwa 18 Monaten im Zuge der sogenannten Wortschatzexplosion sprunghaft zu.

Mit dem Austausch von Gedanken, Gefühlen, Ideen und Meinungen erobern Kinder Schritt für Schritt ihre Lebenswelt. Der Schweizer Entwicklungspsychologe Jean Piaget zeigte in seinen langjährigen Studien eine direkte Verbindung zwischen der Entwicklung der Sprache und des logischen Denkens auf (vgl. Piaget 1972, S. 18). Indem Begriffe für etwas gefunden werden, begreifen wir die Welt. Vorstellungen und Ideen von der Welt versuchen wir in Worte zu fassen. Das Eintauchen in die gedankliche Welt, die in direkter Verbindung zur Entwicklung der Sprache steht, ist die Eigenschaft, die uns Menschen grundlegend von anderen Lebewesen unterscheidet.

Jede Form von Austausch ist Interaktion

Paul Watzlawick, einer der bekanntesten Kommunikationsforscher, hat folgende Abgrenzungen vorgenommen (vgl. Watzlawick et al. 2007, S. 49ff.):
* Eine einzelne Kommunikation heißt Mitteilung oder Botschaft.
* Ein Ablauf von Mitteilungen, also das Senden und Empfangen von Botschaften, heißt Interaktion.

Immer, wenn es sich um einen Austausch von Botschaften – gleich welcher Art – handelt, sprechen wir von Interaktion. Diese Botschaften können kurz oder lang, verbal oder nonverbal, positiv oder negativ, eher sachlich oder emotional sein.

„Man kann nicht nicht kommunizieren" (Watzlawick)

Jede Form von Austausch ist also Interaktion. Und wenn kein Austausch stattfindet? Wenn man eine Frage stellt und keine Antwort erhält? Wenn man eine Botschaft senden wollte, aber das Signal nicht ankommt – oder keine Botschaft zurückkommt? Nach Watzlawick ist auch das Interaktion. Denn keine Antwort ist auch eine Antwort, weil wir ein bestimmtes Gefühl damit verbinden, keine Antwort erhalten zu haben. Weil wir uns darüber Gedanken machen, warum jemand unsere Signale nicht erwidert. Und weil unser Verhalten sich entsprechend der Reaktionen anpasst. Watzlawick hat aus diesen Überlegungen heraus den prägnanten Satz formuliert: „Man kann nicht nicht kommunizieren" (2007, S. 53).

Fragen zur Selbstreflexion

→ Haben Sie schon einmal erlebt, dass eine Person in Ihrem beruflichen oder privaten Umfeld nicht mit Ihnen gesprochen hat? Haben Sie sich Gedanken darüber gemacht, ob es dieser Person vielleicht nicht gut geht, ob sie Sorgen hat? Oder hatten Sie eher das Gefühl, dass Sie aus Arroganz ignoriert werden, und haben nach einigen vergeblichen Anläufen, mit der Person ins Gespräch zu kommen, aufgegeben? Vielleicht haben Sie sich auch über das ungehobelte Verhalten geärgert und die Person einfach links liegen lassen. ....

Diese Fragen zeigen, dass es nicht möglich ist, nicht zu kommunizieren. Wir kommunizieren immer, weil Kommunikation eine Form von Verhalten ist, und wir verhalten uns immer: zugewandt, ablehnend, interessiert oder ignorierend.

Interaktion als sozialer Lernprozess

Die Sozialpsychologie beschäftigt sich intensiv mit der zwischenmenschlichen Interaktion und ihren Besonderheiten. Für die Sozialisation, also das aktive Hineinwachsen in die Gesellschaft, ist die Interaktion mit anderen Menschen eine notwendige Voraussetzung. Ohne Interaktion wäre ein Zusammenleben nicht möglich, weil über sie das Aushandeln von Regeln, Rollen, Werten und Normen erfolgt.

Max und Lena, beide drei Jahre alt, spielen auf einem Treppenpodest mit Spielzeugautos. Lena steht mit ihrem Auto in der Hand unten am Podest, Max hockt oben auf der dritten Stufe und lässt sein Auto rollen. Das Auto fällt vom Podest herunter. Lena, die in der Nähe steht, geht zu dem Auto, hebt es auf und reicht es Max, der schnell heruntergekommen ist. Was macht Max? Er äußert Unmut über ihre Hilfe, schubst sie ein bisschen und nimmt ihr das Auto aus der Hand. Lena schaut im ersten Moment irritiert, lächelt Max dann an und geht zur Seite. Max klettert wieder auf das Podest, lässt sein Auto rollen, das – genau wie beim ersten Mal – vom Podest auf den Boden fällt. Lena dreht sich um, schaut kurz dem heruntergefallenen Auto nach, zögert, dreht sich dann wieder um und spielt weiter. Max klettert herunter und hebt sein Auto auf. Später stimmen dann beide ein gemeinsames Singspiel an.

Was ist in diesem Beispiel zu sehen? Zwei Kinder befinden sich in einem Prozess des gegenseitigen Verstehens, mit dem sie sehr kompetent umgehen. Lena hebt das Auto auf, weil sie davon ausgeht, dass Max es verloren hat und gerne wiederhaben möchte. Max aber möchte das Auto selbst aufheben oder jedenfalls nicht aus der Hand geben, denn er ist der Besitzer des Autos. Vielleicht ist das Von-der-Stufe-rollen-lassen auch Teil seines gegenwärtigen Spielinteresses, seines Experiments. Jedenfalls ist er mit dem Handeln Lenas nicht einverstanden und zeigt dies auch. Durch seine eindeutige Botschaft „Das ist meins, das will nur ich aufheben" (unterstützt mit einem kleinen Schubs) lernt Lena, dass ihr in anderen Situationen durchaus erwünschtes, vielleicht sogar mit einer dankbaren Geste belohntes Verhalten diesmal nicht angemessen ist. Dass es manchmal wohl besser ist, sich herauszuhalten. Die zweite Wiederholung des „abstürzenden Autos" verläuft deshalb ohne Zwischenfälle, weil das Missverständnis geklärt wurde. Max bleibt Herr seines Autos (möglicherweise sollte nur dies durch die Wiederholung bestätigt werden), Lena versteht die Botschaft und reagiert entsprechend zurückhaltend. Das Missverständnis ist behoben.

Diese wohl sehr alltägliche Szene innerhalb kindlicher Spielaktivitäten lässt sich auf das soziale Lernen im Erwachsenenalter übertragen. Wir gehen zum Beispiel ziemlich selbstverständlich davon aus, dass das Aufheben einer – sagen wir – Geldbörse eines Kunden in der Schlange vor der Kasse (also etwas ähnlich Wertvolles wie das Auto für den Jungen) sozial erwünscht ist und auf Dankbarkeit stößt. Entsprechend irritiert wären wir, wenn uns der Kunde die Geldbörse aus der Hand reißen und uns dabei auch noch strafend ansehen würde. In anderen Situationen ist der Fall nicht ganz so einfach. Denn es gibt durchaus Situationen, in denen wir keine Hilfe wollen, sondern eine Handlung oder eine Idee zu Ende führen möchten, ohne dass uns jemand dazwischenfunkt. Es gibt Situationen, in denen wir uns durch zu schnelles Eingreifen bevormundet fühlen, weil wir selbstbestimmt unser Ziel verfolgen wollen. Oder trauen uns die anderen etwa nichts zu und mischen sich deshalb gleich ein?

Das kindliche Spiel hat überragende Bedeutung für das soziale Lernen

Missverständnisse, wie das der beiden Kinder Lena und Max, begleiten also durchaus auch Erwachsene durch ihren Alltag. Die beiden Kinder zeigen kompetentes Verhalten, indem Max deutlich sein Bedürfnis in dieser Situation zeigt („Ich möchte das alleine machen") und Lena eine entsprechende Theorie darüber entwickelt, was in einer vergleichbaren Situation angemessenes Verhalten wäre („Max möchte nicht, dass ich das Auto aufhebe"). Diese Fähigkeit, eine Theorie darüber zu entwickeln, was andere Menschen denken, fühlen oder wünschen (Theorie of Mind) kann sich nur im sozialen Austausch mit anderen Menschen entwickeln. Das kindliche Spiel ist daher für das soziale Lernen von überragender Bedeutung. Kinder inszenieren und lösen Konflikte, während sie spielen, und lernen dabei, wie Interaktion funktioniert.

Soziales Lernen hört nie auf

Einige Entwicklungsaufgaben, wie zum Beispiel das Laufen lernen, sind mit einem gewissen Alter abgeschlossen. Andere Fertigkeiten, wie das Sprechen, können lebenslang weiterentwickelt werden, indem die rhetorischen Fähigkeiten perfektioniert oder neue Sprachen dazugelernt werden. Wie verhält es sich mit der Interaktion als Bestandteil des sozialen Lernprozesses?

Sozialisation kann definiert werden als das Hineinwachsen in die Gesellschaft. Dieses Hineinwachsen stellt einen aktiven Prozess dar und geschieht in der Auseinandersetzung mit anderen Menschen, in der gegenseitigen Interaktion (vgl. Stroebe et al. 1996). Während man bei Kindern und Jugendlichen selbstverständlich davon ausgeht, dass soziales Lernen ein wesentlicher Bestandteil ihrer Entwicklung ist und dazu führt, dass sie selbstbewusste und verantwortungsvolle Mitglieder der Gesellschaft werden, ist es bei Erwachsenen weniger üblich, von einem sozialen Lernprozess zu sprechen. Irgendwie sollten die sozialen Kompetenzen doch mit einem gewissen Alter so entwickelt sein, dass man weiß, wie man sich in einer bestimmten Situation zu verhalten hat. Und in dieser Logik setzt man auch ein bestimmtes soziales Verhalten bei den anderen Menschen voraus, das eindeutig zu verstehen ist. Ab einer gewissen Lebenserfahrung geht man davon aus, das Gegenüber einschätzen zu können und ist entsprechend schlecht auf die Überraschungen vorbereitet, die der Gesprächsverlauf mit sich bringt. Die tagtäglichen Missverständnisse und Irritationen zwischen den Menschen zeigen, dass das soziale Lernen nie aufhört. Dass es immer wieder zu Situationen kommt, die uns überraschen, verunsichern oder verärgern, weil wir mit einem vollkommen anderen Verhalten gerechnet haben.

Umgekehrt gilt dies übrigens auch: Mit zunehmendem Alter und den erworbenen Kompetenzen im zwischenmenschlichen Handeln gehen wir davon aus, dass wir uns unmissverständlich äußern. Dass wir wissen, wie wir uns zu verhalten haben, um richtig verstanden zu werden. Diese Einschätzung trifft wohl für den Großteil unserer Interaktionen auch tatsächlich zu. Das ist kein Zufall, schließlich haben wir seit frühester Kindheit gelernt, Signale möglichst eindeutig zu geben, damit sie verstanden werden. In dem Beispiel von Max und Lena hat der Junge gelernt, dass sein Wunsch, in dem Moment alleiniger Besitzer des Autos zu sein, deutlich genug war, sodass er nächstes Mal möglicher-

Interaktion als Bestandteil des sozialen Lernprozesses

weise entspannter ist und sein Anliegen gar nicht mehr mit einem Schubs unterstreichen muss. Es kommt aber immer wieder zu Situationen, die kommunikative Fallen in sich bergen. Gerade in diesen Situationen ist es wichtig, eine analytische Sensibilität zu bewahren, die von der Grundüberzeugung geleitet wird, dass das soziale Lernen niemals aufhört.

Soziales Lernen als Identitätsbildung

Bislang haben wir Interaktion unter dem Gesichtspunkt der Sozialisation – also aus einer soziologischen Perspektive – behandelt. Sozialisation ist notwendig für das Funktionieren von Gesellschaften, weil darüber ein Wissen über die gesellschaftlichen Strukturen, Normen, Werte, Denkmuster und Einstellungen von Menschen erworben wird, das es möglich macht, in dieser Gesellschaft zu leben und ein Teil dieser Gesellschaft zu werden.

Das soziale Lernen hat aber noch eine weitere, ebenso wichtige Komponente: Über das soziale Lernen entwickeln wir ein Bild von der Welt, von anderen Menschen und von uns selbst. Dieser Bildungsprozess funktioniert von Geburt an (vgl. Schäfer 2005) und führt dazu, dass wir zunehmend unser Selbstbild, unsere Identität entdecken und entwickeln. Dies kann sich nur im Austausch mit anderen Menschen vollziehen, weil ohne Reaktionen anderer auf das, was wir tun und sagen, wie wir uns verhalten, kein Gefühl dafür entstehen kann, wie wir sind. James Youniss (1980) verweist in diesem Zusammenhang auf die große Bedeutung freundschaftlicher Beziehungen, in denen solche Konstruktionsleistungen besonders intensiv sind.

Dimensionen der sozialen Interaktion

Aus entwicklungspsychologischer Sicht hat die soziale Interaktion mehrere Dimensionen: Über die Beobachtung anderer Menschen lernen Kinder, deren Verhalten einzuschätzen und zu antizipieren (d.h. abzuschätzen, was sie als nächstes tun werden). Sie können ihr eigenes Verhalten erproben und sich selbst damit in verschiedenen Situationen kennenlernen (z.B. bestimmte Rollen einzunehmen, Ideen zu entwickeln und um-

GRUNDLAGEN DER GESPRÄCHSFÜHRUNG

zusetzen). Und schließlich lernen sie etwas über die Reaktionen anderer auf das eigene Verhalten. In dem Beispiel von Max und Lena sind diese Dimensionen bei beiden Kindern gut zu erkennen: Max beobachtet Lena beim Aufheben des Autos, reagiert deutlich (ablehnend) und erprobt, ob Lena ihn verstanden hat. Lena beobachtet Max, vermutet, dass sie ihm helfen soll, erfährt, dass es wohl nicht angebracht war und verhält sich entsprechend. Beide Kinder haben also etwas Wichtiges über sich und andere gelernt.

1.2   Kommunikation als Wahrnehmungs- und Verhaltensmuster

Jeder Mensch macht im Laufe seines Lebens individuelle Lernerfahrungen in der Kommunikation mit anderen Menschen, die prägend wirken. Ebenso wie das Bestreben, die Welt zu verstehen, die sozial-kognitive Entwicklung prägt und Kategorien über Dinge und Menschen gebildet und immer weiter ausdifferenziert werden, wird auch ein Bild über typische Kommunikations- und Verhaltensmuster entwickelt. In der Kommunikationsforschung wird in diesem Zusammenhang von einer individuellen Kommunikationsbiografie gesprochen. Diese Kommunikationsbiografie wird zum Beispiel daran deutlich, wie Gefühle ausgedrückt werden, wie über Sexualität, Trauer und Tod gesprochen wird, wie interkulturelle Themen, Gleichberechtigung, religiöse oder ethische Fragen diskutiert werden.

Jeder Mensch hat eine eigene Kommunikationsbiografie

Wie kommt es zu typischen Kommunikations- und Verhaltensmustern? Von Beginn an entwickeln wir Kategorien über das Verhalten anderer und verknüpfen sie mit anderen Kategorien (z.B. äußeren Merkmalen). Mithilfe neuer Erfahrungen werden diese Kategorien ständig überprüft und verfeinert. Damit gewinnen wir die Erkenntnis, dass sich Menschen sehr unterschiedlich verhalten können, obwohl sie einem Geschlecht, einer Nationalität oder einer Generation angehören. Wir erfahren auch, dass sich unsere Erwartungen (oder Vorurteile) oft nicht bestätigen

Wie entstehen typische Kommunikationsmuster?

und eröffnen uns damit Möglichkeiten, in Gesprächssituationen angemessen und kompetent zu handeln.

Diese Überlegungen gelten auch umgekehrt: Auch wir sind für unsere Gesprächspartner möglicherweise eine Überraschung, wenn sie aufgrund ihrer individuellen Erfahrungen – ihrer Kommunikationsbiografie – davon ausgehen, dass wir uns anders verhalten müssten als wir es gerade tun. Vielleicht sind wir selbstbewusster, mutiger, entschlossener, zögerlicher oder ängstlicher als andere Menschen in vergleichbaren Situationen. Aufgrund ihrer Kommunikationsbiografie gehen unsere Gesprächspartner zunächst davon aus, dass wir uns nicht grundlegend verschieden von anderen Menschen in dieser Situation verhalten. In ihrem Interaktionsmodell dürfte es daher gar keinen Grund für ein Missverständnis geben, und sie werden ihr Verhalten nicht anpassen. Je nachdem wie sensibel und empathisch sie sind, werden sie aber merken, dass sie mit ihrem Ton und ihrem Verhalten „falsch liegen" und sich möglicherweise korrigieren.

Kommunikation als Senden und Empfangen von Botschaften

Kommunikation ist im Prinzip einfach: Es werden Botschaften versandt, und diese Botschaften werden von anderen empfangen. Die Schwierigkeit liegt aber darin, dass Botschaften vom Sender in Worte gefasst, also verschlüsselt bzw. kodiert werden müssen. Und diese verschlüsselten Botschaften müssen dann vom Empfänger entschlüsselt bzw. dekodiert werden, um verstanden zu werden.

Praxisbeispiel

Sie hatten gestern ein schönes Abendessen und fühlen sich rundum wohl. Diese Botschaft möchten Sie anderen vermitteln. Egal, wie begabt Sie darin sind, Ihr Befinden zu beschreiben: Sie werden es nie schaffen, Ihr wirkliches Gefühl in Worte zu fassen, sondern allenfalls eine starke Annäherung an

Ihr subjektives Empfinden vermitteln können, sodass sich die Zuhörer ein Bild davon machen. Die Empfänger Ihrer Botschaften werden es – so sehr sie sich auch bemühen mögen – nicht schaffen, genau das zu empfinden, was Sie empfinden, wenn Sie an den gelungenen Abend denken. Sie werden allenfalls eine lebendige Vorstellung davon entwickeln können.

Ähnlich wie Fotografien nicht die Wirklichkeit, sondern nur ein Bild davon darstellen, sind Worte eine Konstruktion dessen, was wir erleben und fühlen. Das gelingt je nach Situation mehr oder weniger gut. Botschaften müssen verschlüsselt werden, um anschließend wieder entschlüsselt zu werden. Ohne eine solche Konstruktionsleistung kann keine Kommunikation entstehen. Dies macht Kommunikation einerseits störanfällig, andererseits ist dies aber auch das Besondere, Geheimnisvolle des menschlichen Daseins (vgl. Watzlawick et al. 2007).

Worte – nur eine Konstruktion dessen, was wir erleben und fühlen

Ebenen der Kommunikation

In jedem Gespräch findet sich eine Fülle unterschiedlicher Ebenen und Aspekte. Neben der offensichtlichen Information liefert jede Mitteilung auch mehr oder weniger versteckte Botschaften. Die Mitteilung „Es tut mir furchtbar leid, aber ich kann heute nicht zur Arbeit kommen, ich bin krank" enthält neben der Information, nicht arbeiten zu können und den Grund dafür, auch die Botschaft, dass man das Fehlen bedauert. Diese Botschaft ist wichtig, weil sie zeigt, dass man eigentlich gerne gekommen wäre. Mit den Worten „tut mir furchtbar leid" unterstreicht man, dass das „nicht kommen können" keine Ausrede ist, sondern einen triftigen Grund hat. Vielleicht tut es einem auch leid, dass die Kolleginnen und Kollegen das Fehlen kompensieren müssen und dadurch eine Mehrbelastung haben. Mit diesem Beispiel wird deutlich, dass die Einleitung einer Entschuldigung des Fehlens mit „Es tut mir furchtbar leid" eine ganz andere Wirkung entfaltet als eine bloße Information wie „Ich bin krank und komme heute nicht zur Arbeit".

Aber woher weiß man, dass man bei der Interpretation der Botschaft immer richtig liegt? Sofern man davon ausgehen kann, dass die Aussage „tut mir furchtbar leid" ernst gemeint und nicht floskelhaft dahergesagt oder gar gelogen ist, ist die Interpretation des Gesagten einfach. Bei Witzen oder offensichtlicher Ironie kommen die Anleitungen zum Verstehen meistens an, spätestens wenn durch ein Augenzwinkern oder Schmunzeln der lustige Charakter des Gesagten unterstrichen wird. Das klappt aber auch nicht immer. Hier gibt es ebenfalls viele Möglichkeiten für Missverständnisse oder einfach unterschiedliche Formen von Humor. Witze mit schwarzem Humor sind für die einen besonders komisch, für andere einfach geschmacklos. Dies klärt sich aber meistens recht schnell. In anderen Fällen ist ein Missverstehen subtiler und unter Umständen auch verhängnisvoller:

„Die Regale sind staubig." Über diese objektive Tatsache lässt sich ja meistens kaum streiten. Viel bedeutender als die Information ist aber, wer das zu wem in welcher Situation sagt. Und was will jemand damit sagen? Es ist ein gewaltiger Unterschied, ob es jemand mit einem Staubtuch in der Hand sagt, um sein gleich beginnendes Staubwischen zu erklären, oder ob er es mit einem vorwurfsvollen Blick („Sieht das denn niemand außer mir?") ausspricht. Oder ob jemand die staubigen Regale vielleicht mit beidem – dem Staubwedel in der Hand und dem vorwurfsvollen Blick – thematisiert. Eine solche Interaktion lässt sich auf vielfältige Art und Weise deuten. Meist sind für eine einigermaßen plausible Deutung viele zusätzliche Informationen notwendig. Wenn es klare Aufgabenteilungen und Verantwortungsbereiche gibt, ist das ein Hinweis dafür, dass jemand seine eigenen Aufgaben ausführt oder jemand anderem deutlich machen möchte, dass dies eigentlich sein Job wäre. Wenn ein hierarchisches Gefälle zwischen den beiden Interaktionspartnern besteht, muss das Gesagte auch in diesem Kontext interpretiert werden.

Die Aussage „Die Regale sind staubig" steht aber auch im Zusammenhang mit dem Gesprächsklima, das diese Beziehung bestimmt. Stimmt die Atmosphäre nicht an diesem Tag, kann die bloße Feststellung staubiger Regale zur Explosion führen. An anderen Tagen würde man vielleicht mit einem gemeinsamen Stöhnen über den vielen Staub oder ein Lachen über die Spuren im Staub einen klimatischen Konsens erzielen und entspannt über die Arbeitsteilung „Wer macht was?" sprechen können.

An solchen alltäglichen Beispielen wird deutlich, wie leicht man aneinander vorbeireden kann. Botschaften, die mit widersprüchlichen Signalen vermischt werden, müssen zu Missverständnissen führen, weil neben den Inhaltsaspekten in jedem Gespräch auch Beziehungsaspekte enthalten sind. Zwischen beiden Aspekten, den inhaltlichen und den Beziehungsaspekten, besteht ein hierarchisches Gefälle: Die Beziehungsbotschaften bestimmen in der Regel die Botschaften des Inhalts. Es ist weniger wichtig, was gesagt wird, sondern wie es gesagt wird. Dies ist der Grund dafür, warum wir viele unserer Aussagen mit Gesten und Mimik unterstreichen. Wir suchen nach Symbolen, um den Empfängern unserer Botschaften Interpretationshilfen zu geben. Eine Geste, ein Hochziehen der Augenbrauen, ein Absenken der Mundwinkel können andererseits aber auch noch so wohlfeile Worte als unglaubwürdig entlarven. Tatsächlich ist es sogar sehr schwer, etwas Unaufrichtiges glaubhaft zu vermitteln. Möchte man eine Botschaft überzeugend vermitteln, sollte man die Fallen widersprüchlicher Signale an sich gut kennen.

> Beziehungsbotschaften bestimmen die Botschaften des Inhalts

Das Kommunikationsquadrat von Schulz von Thun

Der Kommunikationsforscher Friedemann Schultz von Thun hat ein Modell entwickelt, in dem die verschiedenen Ebenen der Kommunikation in ihren Ausprägungen und Funktionen deutlich werden. Er unterscheidet vier Aspekte einer Nachricht (2003a, S. 26ff.):

- Sachinhalt (oder: Worüber ich informiere)
- Selbstkundgabe (oder: Was ich von mir selbst kundgebe)
- Beziehung (oder: Was ich von dir halte und wie wir zueinander stehen)
- Appell (oder: Wozu ich dich veranlassen möchte)

```
                    Sachebene

Selbstkundgabe                          Appellseite

                  Beziehungsseite
```

Gespräche bestehen nach Schulz von Thun immer aus diesen vier Ebenen. Je nach Gesprächszusammenhang treten bestimmte Ebenen besonders hervor und andere in den Hintergrund. Das Modell, das sich auf Grundlagen der Kommunikationsforschung von Bühler (1934) und Watzlawick et al. (1969/2007) bezieht, soll helfen, die Vielfalt möglicher Kommunikationsstörungen und -probleme besser einordnen zu können und den Blick für eine Verbesserung der kommunikativen Kompetenzen zu öffnen.

Die Ebenen der Kommunikation werden auch durch die individuelle Kommunikationsbiografie geprägt. Manchen Menschen fällt es leichter, Sachthemen anzusprechen, und sie vermeiden gerne persönliche Bemerkungen. Andere kommen in Gesprächen schneller auf die Beziehungsebene, auch wenn das Gespräch eigentlich eher einen Sachbezug hat. Diese Variationen in Gesprächen gehören bis zu einem gewissen Grad zu der Persönlichkeit der Gesprächspartner und werden entsprechend akzeptiert. Schwierigkeiten treten dann auf, wenn ein Gesprächspartner eine Ebene komplett ausblendet (z.B. nicht bereit oder in der Lage ist, Beziehungsaspekte anzusprechen) oder sich nicht dem Kontext angemessen verhält (z.B. in einer sachlichen Diskussion nicht sachlich bleibt).

Die individuelle Kommunikations-biografie prägt auch die Ebenen der Kommunikation

GRUNDLAGEN DER GESPRÄCHSFÜHRUNG

Kommunikationsstile als persönliche Verhaltensmuster

Die Kommunikationsforschung unterscheidet verschiedene Kommunikations- und Interaktionsstile – je nachdem, wie Menschen ihre Beziehungen typischerweise gestalten. Mit dem persönlichen Stil verbinden sich vielfältige Gefühle, Absichten und Bedürfnisse, die mehr oder weniger bewusst den Gesprächspartnern vermittelt werden und den Gesprächsverlauf beeinflussen. Diese Kommunikationsstile sind biografisch geprägt und damit auch ein Ergebnis sozialer Lernprozesse, zum Beispiel mithilfe eines bestimmten Auftretens bestimmte Ziele erreichen zu können.

Friedemann Schulz von Thun (2003b) unterscheidet auf der Grundlage kommunikationspsychologischer Studien acht Kommunikationsstile:

Acht verschiedene Kommunikationsstile

- Der bedürftig-abhängige Stil
- Der helfende Stil
- Der selbst-lose Stil
- Der aggressiv-entwertende Stil
- Der sich beweisende Stil
- Der bestimmend-kontrollierende Stil
- Der sich distanzierende Stil
- Der mitteilungsfreudig-dramatisierende Stil.

✋ Praxisbeispiele

„Ich habe keine Ahnung, wie ich das alles alleine schaffen soll. Was soll ich bloß tun?" (Bedürftig-abhängiger Stil)
„Schaffst du das überhaupt alles alleine? Ich kann dir gerne helfen." (Helfender Stil)
„Lass mich das doch machen. Überhaupt kein Problem für mich." (Selbst-loser Stil)
„Jetzt mach das mal allein. Das musst du aber jetzt schaffen." (Aggressiv-entwertender Stil)
„Ich schaffe das schon alleine. Wäre doch gelacht." (Sich beweisender Stil)
„Ich mach das jetzt. Du hast ja bestimmt noch andere Sachen zu tun." (Bestimmend-kontrollierender Stil)

> „Du brauchst mir nicht zu helfen. Ich werde schon alleine damit
> fertig." (Sich distanzierender Stil)
> „Du kannst dir gar nicht vorstellen, wie viel Arbeit ich heute
> noch vor mir habe. Unglaublich." (Mitteilungsfreudig-dramati-
> sierender Stil)

Kommunikationsstile können mehr oder weniger bewusst eingesetzt werden, um bestimmte Absichten zu verfolgen (z.B. Unterstützung zu bekommen), oder um Kontrolle über die Kommu-
nikationspartner zu erlangen. Das äußert sich in der Wortwahl,
in der Sprachgeschwindigkeit oder in der Aussprache. So kann
autoritäres Verhalten unmittelbar an der Formulierung (Be-
fehlsform) „abgelesen" werden. Eine „Baby-" oder „Patienten-
sprache" ist dagegen durch besonders einfache Formulierungen
und einen vermeintlich fürsorglichen Tonfall gekennzeichnet, der
zugleich jedoch Ausdruck mangelnder Wertschätzung ist (vgl.
Stroebe 1996).

Kommunikations-
stile als Grundlage
für die Analyse
von Gesprächs-
verläufen

Schulz von Thun (2003b) verwendet Kommunikationsstile als
Grundlage für die Analyse von Gesprächsverläufen und sieht darin Möglichkeiten zur Persönlichkeitsentwicklung. Dabei betont
er, dass die Stile sich nicht gegenseitig ausschließen, sondern – im
Gegenteil – jeder Stil etwas von allen Stilen beinhaltet, nur in
einer anderen Ausprägung. Häufig findet sich in jedem Gespräch
ein „charakteristisches Gemisch" aus zwei oder mehr Stilen. Die
daraus resultierenden Ambivalenzen sind eher die Regel als die
Ausnahme. So ist es durchaus möglich, dass sich ein selbstlos for-
muliertes Angebot mit einem bestimmend-kontrolliertem Unterton („Das schaffst du ja sonst nicht") mischt. Ebenso kann sich
ein bedürftig-abhängiger Stil mit einem aggressiv-entwertenden
Beigeschmack („Immer musst du mich bevormunden") mischen.

Der Vorteil in der Auseinandersetzung mit typischen Kommu-
nikationsstilen liegt zum einen darin, die mit ihnen verbundenen
versteckten Botschaften zu identifizieren und damit Störungen in
Gesprächsverläufen aufzudecken. Zum anderen ist ein bewusster
Umgang mit Kommunikationsstilen eine Möglichkeit, die eigene
Persönlichkeit im Rahmen der Beziehungs- und Interaktionsge-

staltung weiterzuentwickeln und situationsangemessen zu handeln. Beispielsweise können Menschen mit einem mitteilungsfreudig-dramatisierenden Stil lernen, in bestimmten Situationen zunächst innezuhalten, sich zu sammeln und „das Tempo aus dem Spiel zu nehmen" (Schulz von Thun 2003b, S. 232).

Kommunikationsstile werden zwar von den individuellen Temperamenten, Einstellungen und Erfahrungen geprägt, können sich aber durchaus je nach konkreter Gesprächssituation unterscheiden. Schlägt zum Beispiel der Gesprächspartner einen aggressiven oder kontrollierenden Ton an und muss sich im Gespräch zeigen, wer mehr zu sagen hat, kann es zu einer Machtprobe kommen, bei der sich beide Gesprächspartner gegenseitig aufschaukeln. Ist ein Gesprächspartner dagegen eher zurückhaltend und wertschätzend in seinen Formulierungen, wird das Gespräch einen ganz anderen Verlauf nehmen – auch wenn es um dieselbe Sache, etwa die Klärung von Rollen, geht. Jedoch ist die Analyse von Gesprächsverläufen auf der Basis der beobachteten Kommunikationsstile auch im Hinblick auf die erzielten Ergebnisse zu betrachten. So kann es durchaus sein, dass ein Gespräch auf den ersten Blick von dem Gehabe eines Gesprächspartners dominiert wird, eigentlich aber die leisen Stimmen den Ton angeben und damit die heimlichen Gesprächsführer sind. Diplomatisches Geschick zeichnet sich ja genau dadurch aus, dass schwierige Situationen „gerettet" und Kompromisse zwischen verhärteten Fronten gefunden werden, die für alle Beteiligten akzeptabel sind. In gut funktionierenden Beziehungen können die Kommunikationsstile jeweils auf die Stimmung des Partners abgestimmt werden. So gehen Kommunikationsforscher davon aus, dass ein wichtiges Merkmal glücklicher Paare aus der Fähigkeit eines Partners besteht, die vom anderen zum Ausdruck gebrachten negativen Gefühle zu entschärfen (vgl. Gottman 2002).

> Kommunikationsstile können sich je nach konkreter Gesprächssituation unterscheiden

Der Einfluss von Gruppendynamiken

Sehr viel hängt von den Erwartungen der anderen ab. In einem kuriosen Experiment konnte Robert Rosenthal an der Harvard-

Universität im Jahr 1966 zeigen, wie stark das Verhalten des einzelnen von seinen Erwartungen beeinflusst wird. Er stellte Versuchsleiter ein, um Laborratten bestimmte Kunststücke beizubringen. Einigen Mitarbeitern sagte er, dass sich die Ratten in vorhergehenden Versuchen bereits als sehr intelligent erwiesen hätten, den anderen erklärte er, dass es sich um eher „dumme" Tiere handele. Das Erstaunliche war nun, dass die Ratten, die von ihren Trainern als besonders begabt gehalten wurden, tatsächlich deutlich bessere Lernleistungen vollbrachten als die Tiere, von denen keine besonderen Leistungen erwartet wurden (Rosenthal 1966, zit. nach Watzlawick et al. 2007).

Diese Ergebnisse lassen sich auf viele Situationen menschlichen Verhaltens übertragen und bieten Stoff zum Nachdenken. Im Kontext von Gesprächsführungen zeigen sie Folgendes: Wenn man von der Integrität und dem Wohlwollen des Gesprächspartners überzeugt ist, wird man jeden Satz als integer und wohlwollend interpretieren. Die gleichen Sätze wird man anders verstehen, wenn die Beziehung durch Misstrauen oder Störungen geprägt ist.

Die Kommunikationsforschung zeigt auf, dass sich in sozialen Gruppen bestimmte Ebenen verstärken bzw. in den Hintergrund treten können und sich dadurch besondere, typische Kommunikationsverläufe ergeben. So gibt es zum Beispiel familientypische Kommunikationsstrukturen, die keine Auseinandersetzung über Sachthemen ermöglichen, weil die Beziehungsebene permanent infrage gestellt wird. Damit wird jedes Gespräch über alltägliche Aufgaben und Pflichten zu einer Frage des Liebens und Geliebtwerdens (vgl. Watzlawick et al. 2007).

Personales und gruppenbezogenes Kommunikationsverhalten

In der Sozialpsychologie wird zwischen personalem Kommunikationsverhalten und gruppenbezogenem Kommunikationsverhalten unterschieden (vgl. Stroebe 1996, S. 355f.). Wir kommunizieren mit anderen nicht nur als Individuen mit eigenem Stil und Temperament, sondern auch als Repräsentanten unterschiedlicher sozialer Gruppen. Die allgemeine Tendenz, eine möglichst große Gruppenzugehörigkeit zu erzielen und sich gleichzeitig von anderen Gruppen abzugrenzen, macht sich auch im Verhalten gegenüber Nicht-Gruppenmitgliedern bemerkbar. Besonders deutlich wird das bei Jugendlichen, die sich mit ihrer Sprache und ihrem Auftreten von den Erwachsenen abgrenzen wollen. Auch Jugendcliquen untereinander grenzen sich ab, indem sie verschiedene „soziale Codes" entwickeln, die von Nicht-Mitgliedern nicht entschlüsselt werden sollen. Hinzu kommt, dass die Interaktionsmuster der Gruppenmitglieder nach außen von dem Gruppendruck mitgeprägt werden und womöglich abwertender, kontrollierender oder aggressiver sind als der persönliche Stil eines jeden Einzelnen.

Die gruppenbezogene Interaktion und das sich davon unterscheidende Verhalten anderer Gruppen gegenüber ist nicht nur bei Jugendlichen üblich, auch wenn es bei ihnen möglicherweise besonders deutlich zum Ausdruck gebracht wird. Wir alle kennen abwertende Bemerkungen und Witze über Gruppen, denen wir selbst nicht angehören. Welche Kollegen lästern nicht einmal über die anderen Abteilungen, Einrichtungen oder Berufsgruppen, mit denen sie zu tun haben? Ist dies mit deutlich negativen Bildern, Klischees oder Stigmatisierungen verbunden, werden Gespräche mit Angehörigen dieser Gruppen entsprechend stereotyp eingefärbt („typisch…"). Aus der Gruppenforschung ist bekannt, dass solche Stereotype, die die jeweilige Fremdgruppe abwerten, dazu dienen, die eigene Gruppe in ein besseres Licht zu rücken und damit eine möglichst große Gruppenzusammengehörigkeit (Kohärenz) herzustellen. Treffen nun Mitglieder der verschiedenen Gruppen aufeinander, ist es schwierig, ganz von den Gesprächsgewohnheiten abzuweichen, die man sich in den Unterhaltungen übereinander jeweils angeeignet hat. Dafür wäre eine bewusste Abgrenzung von der eigenen Gruppe und auch eine innere Distanzierung gegenüber dem eigenen Kommunikationsstil notwendig. Der Einfluss der Gruppe macht es damit schwerer, zu einem kooperativen Kommunikationsstil im Umgang mit anderen Gruppen zu gelangen – auch dann, wenn gar keine anderen Mitglieder der eigenen Gruppe anwesend sind. Die soziale Kontrolle wirkt in diesem Falle weiter.

Umgekehrt können gruppendynamische Prozesse auch einen positiven Einfluss auf die Interaktion zwischen Gruppen haben. Bestehen positive Stereotype (Stereotype deshalb, weil man die einzelnen Gruppenmitglieder persönlich noch gar nicht kennt, also nur ein bestimmtes Bild von ihnen hat) über die jeweils andere Gruppe – zum Beispiel die Vorstellung, es mit kompetenten und engagierten Gesprächspartnern zu tun zu haben – und gibt es diese Stereotype auf beiden Seiten, sind die Voraussetzungen für eine gelingende Zusammenarbeit bestens.

Das Erkennen eigener Wahrnehmungs- und Verhaltensmuster: Das „Innere Team"

Fragen zur Selbstreflexion

→ Stellen Sie sich vor, Sie sind aufgefordert, eine Innovation in Ihrer Einrichtung einzuführen. Nehmen wir an, es geht darum, die Altersmischung zu erweitern und nach den Sommerferien auch unter Dreijährige aufzunehmen. Dafür muss ein pädagogisches Konzept zur Eingewöhnung, Gruppenbildung, Raum- und Materialgestaltung usw. entwickelt werden. Wie ist Ihre erste Reaktion auf diesen Arbeitsauftrag und wie gehen Sie an die Sache heran? ....

Schulz von Thun (2008) hat die – ganz natürliche – „innere Zerrissenheit", die gemischten Gefühle oder Ambivalenzen, mit der wir in eine neue Aufgabe hineingehen, in ein Modell geformt, das er als das „Innere Team" bezeichnet. Mit diesem Modell wird es leichter, die inneren Prozesse zu verstehen, die ablaufen, wenn es um neue Herausforderungen geht. Das „innere Team" kann man sich als eine Arbeitsgruppe vorstellen. Dort sitzen zusammen:

- Die Tatkräftige
- Die Zögerliche
- Die Widerstrebende
- Die Auflehnende

- Die Überzeugte
- Die Abwehrende
- Die Gehorsame.

Bleiben wir bei dem oben beschriebenen Beispiel. Es geht um die Neuaufnahme von unter Dreijährigen in der Einrichtung. Welche inneren Stimmen melden sich wohl als erstes zu Wort?

Innere Stimmen kommen zu Wort

Praxisbeispiel

Die Tatkräftige: „Viele Kitas um uns herum haben bereits unter Dreijährige aufgenommen. Wir sind ohnehin in einer pädagogischen Neuausrichtung. Da macht es Sinn, sich an den neuen Anforderungen auszurichten und die pädagogische Konzeption auf unter Dreijährige zu erweitern."

Die Zögerliche: „Wir sind gerade in einer pädagogischen Neuausrichtung und das bündelt alle Kräfte. Eine weitere Neuerung würde uns überfordern. Wir müssen erst einmal zusehen, dass wir unsere derzeitige Konzeption zeitgemäß überarbeiten."

Die Widerstrebende: „Ich bin mir gar nicht sicher, ob wir die pädagogische Arbeit mit unter Dreijährigen angemessen leisten können. Ich habe das Gefühl, dass die Kinder noch viel zu jung sind für Gruppensituationen. Die Bedürfnisse nach Bindung und Zuwendung können wir unter den gegebenen Bedingungen kaum erfüllen."

Die Auflehnende: „Ständig werden wir vor neue Tatsachen gestellt. Entscheidungen, die irgendwo getroffen werden und die wir ausbaden müssen. Wir sind mit den derzeitigen Aufgaben schon total ausgelastet und unsere Ressourcen sind viel zu knapp bemessen. Was sollen wir denn noch alles leisten?"

Die Überzeugte: „Das war dringend überfällig. Wir haben einen riesigen Bedarf an Betreuung für den U3-Bereich, da müssen wir rein. Ich sehe dies auch als Gelegenheit an, frühe Bildung von Anfang an zu unterstützen und allen Kindern eine Chance auf Bildungsbeteiligung zu geben."

ZUR BEDEUTUNG DER INDIVIDUELLEN KOMMUNIKATIONSBIOGRAFIE

> **Die Abwehrende:** „Wir werden uns dem Auftrag nicht ver-
> schließen können, aber ich halte die Entscheidung für falsch.
> Es kommt zu früh und in einer Phase, in der wir mit anderem
> beschäftigt sind. Das muss längerfristig geplant werden, alles
> andere ist nicht ausgereift und schwer umzusetzen."
> **Die Gehorsame:** „Wir müssen uns der Entscheidung beugen.
> Daher bleibt uns nichts anderes übrig, als die Konzeption auf
> unter Dreijährige zu erweitern und zum nächsten Zeitpunkt die
> Altersmischung zu vergrößern."

Viele dieser Argumente werden uns allen bekannt vorkommen
– mehr noch, sie stecken in uns drin. Denn bei jeder neuen Entscheidung gibt es Argumente für und wider, und sie alle sind aus
unterschiedlichen Motiven heraus entstanden oder werden von
unterschiedlichen Orientierungen und Grundhaltungen aus ge-
steuert. Einige der „Figuren", wie sie vorher skizziert wurden,
sind uns vielleicht aber auch weniger bekannt. Zumindest würden wir uns nicht als zögerlich oder auflehnend bezeichnen, wenn
es um die Aufnahme unter Dreijähriger geht. Das mag wohl sein.
Es kann sich aber auch folgendes Phänomen dahinter verbergen:
Argumente, die aus weniger populären Einstellungen resultieren,
„verstecken" sich gewissermaßen hinter anderen Argumenten
und treten daher nicht offen hervor. Möglicherweise sind es aber
gerade diese Argumente, die das Unbehagen, das man spürt, erzeugen, ohne dass man sie genau fassen könnte. Genau hier setzt
das Modell des „Inneren Teams" von Schulz von Thun an.

Zur Bedeutung des kongruenten Handelns

Praxisbeispiel
> Die Pädagogin einer Kindertageseinrichtung beobachtet
> Kinder im Außenbereich. Im Rahmen ihrer Beobachtun-
> gen entdeckt sie, dass zwei Kinder an der Schaukel herumtur-
> nen. Sie schaukeln nicht im Sitzen, wie es eigentlich die Regel
> in der Einrichtung ist, sondern erproben sich in allen möglichen

akrobatischen Übungen. Sie schaukeln auf dem Bauch, im Stehen, Kopf über. Die pädagogische Fachkraft ist hin und her gerissen. Einerseits ist sie interessiert an der Vielfalt, mit der die Kinder ihre motorischen Fähigkeiten ausprobieren und fasziniert von ihrem Geschick und ihrer Körperbeherrschung. Andererseits ist sie voller Ängste, dass etwas passieren könnte. Sie ist drauf und dran, einzuschreiten und die Kinder an die geltende Regel (Schaukeln nur im Sitzen) zu erinnern. Zunächst hält sie die Situation aus – ihr inneres Team wird angeführt von der „Mutigen" und „Interessierten". Die „Ängstliche" wird unterdrückt. Dann aber kommt eine Kollegin dazu. Bevor diese etwas tun oder sagen kann, ermahnt die beobachtende Fachkraft die Kinder, nur im Sitzen zu schaukeln.

Was war im „Inneren Team" geschehen? In einer anschließenden Analyse stellte sich heraus, dass ein verstecktes Teammitglied mit dem Erscheinen der Kollegin auftrat: die „Regeltreue". Diese tauchte so unvermittelt auf, dass die Reaktion der Fachkraft unmittelbar auf dem Fuß folgte. Die „Regeltreue" war auch durch Ängste geleitet – allerdings nicht durch die Angst, dass etwas passieren könnte, sondern durch die Befürchtung, von der Kollegin als unaufmerksam oder sorglos angesehen zu werden. Aus dieser Angst heraus, die sich später als unbegründet herausstellte, weil die Kollegin die Situation aus der Ferne ebenso interessiert wie aufmerksam beobachtete und gar nicht den Vorsatz hatte, das Schaukelexperiment der Kinder zu unterbinden, beendete die Fachkraft die Situation. Offensichtlich konnte die Pädagogin die Schaukelexperimente und die Sorge, dass eventuell doch etwas passieren könnte, aushalten. Die mögliche Kritik einer Kollegin, fahrlässig zu sein, konnte sie dagegen nicht ertragen. Dies führte zum Beenden der Situation – ein Verhalten, das eigentlich nicht ihrer wertschätzenden, interessierten Haltung den Kindern gegenüber entsprach.

Das Verhalten der Pädagogin, das sie selbst überrascht und unzufrieden gemacht hatte, war nicht durch Kongruenz geprägt. Sowohl die schaukelnden Kinder als auch ihre Kollegin konnten

Was ist im „Inneren Team" der Pädagogin passiert?

ihre Entscheidung, einzugreifen und das Schaukelexperiment zu unterbinden, nicht richtig einordnen und verstehen. Die Kinder fühlten sich durch ihr aufmerksames Beobachten eher ermutigt und unterstützt, Neues auszuprobieren. Sie hatten nicht das Gefühl, gegen die Regeln zu verstoßen (auch wenn sie die Schaukelregel eigentlich kannten), weil die Fachkraft sie ja dabei beobachtete. Die Kollegin verstand ihr plötzliches Eingreifen nicht, weil die Situation nicht waghalsiger als zu Beginn geworden war. Die durch Verwirrung und Unverständnis gekennzeichneten Reaktionen der Kinder, die den Schauplatz verließen, wie auch die Reaktion der Kollegin, die sich kommentarlos wegdrehte, verunsicherten die Pädagogin weiter. Ihr Dilemma hatte sich nicht gelöst.

Solche oder ähnliche Situationen sind Alltag in der Berufspraxis. Es gibt zahllose Momente, in denen wir zwischen Zurückhaltung und Eingreifen hin und her gerissen sind. Oft müssen wir schnellentschlossen handeln, und es gibt immer wieder Situationen, in denen wir nicht sicher sind, welches die beste Entscheidung ist und entsprechend unklare Signale senden – eben nicht kongruentes Verhalten zeigen.

Inneres Team als Arbeitsmodell

Das „Innere Team" funktioniert wie eine Arbeitsgruppe am Runden Tisch

Das „Innere Team" funktioniert im Prinzip wie eine Arbeitsgruppe am Runden Tisch. Es gibt ein Thema, über das man berät. Argumente werden ausgetauscht, bis man schließlich zu einer Entscheidung kommt – besser gesagt: kommen muss! Nun gibt es meist sehr unterschiedliche Argumente am Tisch, die die ganze Spannbreite des Für und Wider abdecken, und diese Meinungen müssen bewertet und gewichtet werden. Aber es geht nicht nur um den sachlichen Austausch, sondern auch um verschiedene Interessen außerhalb des eigentlichen Themas: Wer hat was zu sagen? Wer kann sich durchsetzen? Wer geht mit wem eine Koalition ein, um in dem Ringen um eine Entscheidung mehr Gewicht zu bekommen? Häufig mischen sich in die Debatte Nebenthemen ein. Wenn es zum Beispiel darum geht, mit knappen Ressourcen – Personal, Zeit, Raum, Geld – zu haushalten, kann es leicht eine Fraktion geben, die eine grundsätzliche Abwehr organisiert, die (berechtigt oder nicht) die sachliche Auseinandersetzung erschwert.

Ähnlich wie eine Auseinandersetzung im Team, die verschiedene Perspektiven und Ebenen in sich birgt und daher eine eigene Dynamik entwickelt, die schwer vorhersehbar ist, läuft auch dieser innere „Teamprozess" ab. Zu welcher Entscheidung, zu welcher Haltung werden wir letztendlich kommen?

Schulz von Thun (2008) unterstreicht die Wichtigkeit, das „Innere Team" zu strukturieren und zu Wort kommen zu lassen. Auf diese Weise werden diffuse Ängste greifbar, innere Widerstände transparent oder eine allzu euphorische Haltung differenzierter. Das „Innere Team" besteht manchmal auch aus „versteckten Gegnern", die sich hinter anderen Argumenten verbergen. Hier geht es zum Beispiel um eine innere Abwehr gegen bestimmte Entscheidungsträger, die eine grundsätzliche Ablehnung deren Entscheidungen erzeugt, obwohl diese bei genauerer Analyse plausibel erscheinen. Nur wenn solche Strukturen geordnet und transparent werden, kann ein Entscheidungsprozess entstehen, der auf nachvollziehbaren Argumenten unter Berücksichtigung aller Beiträge des „Inneren Teams" basiert. Damit gelingt es, zu „reifen" Entscheidungen zu kommen. Eine intensive Auseinandersetzung mit dem „Inneren Team" ist eine wichtige Voraussetzung dafür, andere von dem eigenen Standpunkt zu überzeugen. Klare Argumente sind in allen Abstimmungs- und Entscheidungsprozessen von großem Vorteil. Daher lohnt es schon aus strategischen Gründen, sich mit seinem „Inneren Team" zu befassen.

Diese Auseinandersetzung unterstützt auch die Fähigkeit, sich in die Arbeitsmodelle der anderen einfühlen und sie nachvollziehen zu können: „Ja, das habe ich auch anfangs befürchtet." „An diesem Punkt habe ich auch meine Zweifel gehabt." „Ich neige auch dazu, erst einmal zu sagen 'Ja, das schaffe ich auch noch'." Solche Aussagen zeigen, dass die Argumente der anderen

Das „Innere Team'
strukturieren und
zu Wort kommen
lassen

emotional und sachlogisch nachvollzogen werden können. Damit tragen sie entscheidend zu einer fruchtbaren und zielführenden Diskussion bei.

Wer sein „Inneres Team" kennt, kann sich in äußere Teams besser hineinversetzen. Eigene Empfindungen, Bedenken und Schlussfolgerungen können besser formuliert werden.

Strukturierung des „inneren Teams": Methode zur Selbstklärung

Wie lernt man sein „Inneres Team" kennen und mit ihm zu arbeiten?

Wie lernt man sein „Inneres Team" kennen und mit ihm zu arbeiten? Das „Innere Team" kann auf zwei Ebenen strukturiert werden (vgl. Schulz von Thun 2008). Auf der ersten Ebene geht es um die Kennzeichnung der Mitglieder, die sogenannte „Besetzung", in der Namen und Botschaften vergeben werden. Dies ist in dem vorhergehenden Beispiel mit „der Tatkräftigen", „der Zögerlichen" usw. und ihren entsprechenden Kernbotschaften geschehen.

Im zweiten Schritt geht es um die Beziehungen der Teammitglieder. Wer koaliert mit wem? Schließt sich die Widerstrebende der Zögerlichen an, sodass sich eine innere Abwehr mobilisiert, oder ordnet sich die Zögerliche vielleicht der Gehorsamen unter, womit die Widerstände dem Pflichtbewusstsein weichen? Damit wird klar: Nicht nur die Teammitglieder und ihre Botschaften alleine spielen eine Rolle im Entscheidungsprozess, sondern auch ihre Beziehungen untereinander. Diese Beziehungen sind in einem zweiten Schritt zu analysieren und transparent zu machen.

Die beschriebene Methode zur Selbstklärung ist wichtig, um kongruent, also stimmig handeln zu können. Das „Innere Team" eröffnet dabei viele Möglichkeiten, die innere Pluralität zu identifizieren. Es kommt weniger zu „Bauchentscheidungen". Dies wiederum ist eine wichtige Voraussetzung dafür, die eigene Haltung und das eigene Handeln zu vertreten und sich erklären zu können. Ein solcher Klärungsprozess ist notwendig, um auch für Klarheit bei anderen zu sorgen.

Die Beschäftigung mit dem „Inneren Team" macht deutlich, dass wir uns immer zugleich auf der Inhalts- und der Beziehungsebene begegnen. Dies gilt nicht nur für unser eigenes „Inneres Team", sondern auch für die Teams, mit denen wir arbeiten. Für die Teamentwicklung ist daher entscheidend, beide Ebenen – die Inhalte und die Beziehungen – in den Blick zu nehmen. Wenn das gelingt, ist eine wichtige Voraussetzung für erfolgreiches Arbeiten im Team geschaffen.

Man kann sich anderen gegenüber erst verständlich machen, wenn man sich selbst versteht

Innere Teamentwicklung als Form der Identitätsentwicklung

In unserem demokratischen Verständnis lehnen wir jede Form der Unterdrückung ab. Mit uns selbst sind wir da wesentlich rigoroser. Bestimmte Einstellungen und Haltungen in uns versuchen wir von vorneherein zu unterdrücken. Beispielsweise werden wir „die Bequeme" – auch bekannt als „innerer Schweinehund" – versuchen, systematisch zu unterdrücken, weil wir nicht als faul gelten wollen. Wenn wir die Argumente der „Bequemen" aber nicht einmal hören wollen, wird sie sich möglicherweise hinter der „Ängstlichen" verstecken und Ängste verstärken, sodass zu durchaus berechtigten Ängsten vor Neuem irrationale Befürchtungen dazukommen, die wir schwer fassen können und denen andere Teammitglieder deshalb auch schwer etwas entgegensetzen können. Schulz von Thun (2008) spricht sich daher dafür aus, grundsätzlich alle Mitglieder des „Inneren Teams" anzunehmen und mit einer Willkommenshaltung die inneren Stimmungen und Strömungen zu hören. Gefragt sind Toleranz und Wertschätzung gegenüber sich selbst, denn dies sind Haltungen, die wir auch anderen gegenüber aufbringen sollten.

„Wenn ein Chef immer nur den Lautesten zum Berater macht und die leisen Töne überhört werden, kommt ein Unternehmen nicht voran. Und es wird sich auch kein gutes Team entwickeln" (Schulz von Thun 2008, S. 32).

Die Entwicklung des „Inneren Teams" ist gleichzeitig eine Form der Persönlichkeitsentwicklung. Es geht darum, die innere Vielschichtigkeit und auch Uneinigkeit anzunehmen. Und es geht darum, in der Auseinandersetzung mit dieser Pluralität zu wohlüberlegten, reifen Entscheidungen zu kommen und kongruent zu

Die Entwicklung des „Inneren Teams" ist eine Form der Persönlichkeitsentwicklung

handeln. Darin liegt eine der zentralen Schlüsselkompetenzen – nicht nur in pädagogischen Berufen. Diese Schlüsselkompetenz kann in der Auseinandersetzung mit der eigenen Vielfältigkeit weiterentwickelt werden.

1.3   Meistens funktioniert die Kommunikation, aber …: Zur Störanfälligkeit der Kommunikation

Fragen zur Selbstreflexion

→ Gibt es Gespräche in Ihrem Umfeld, mit denen Sie ganz und gar nicht zufrieden sind? Haben Sie schon einmal versucht, „ärgerfrei" diese Gespräche Revue passieren zu lassen? Versuchen Sie es einmal: Rekonstruieren Sie zunächst einmal die Gespräche der vergangenen Wochen. Was ist passiert? Welche Worte sind gefallen? Versuchen Sie die Ebenen getrennt zu analysieren. Wo sehen Sie rückblickend die Knackpunkte der Gespräche? Wer hat wie auf welche Äußerung reagiert? Versuchen Sie sich auszumalen, wie das Gespräch verlaufen wäre, wenn Sie an einer Stelle eine Weiche des Gesprächs anders gestellt hätten – wenn Sie sich zum Beispiel nicht auf eine Besserwisserei eingelassen hätten, sondern die Kompetenz des anderen herausgestellt hätten. Vielleicht hat das Gespräch auch stereotype Züge angenommen – ein Reizwort und alles verläuft immer wieder nach Schema F. Wie könnten Sie die Weichen in dem Gespräch anders stellen? ....

Kontextabhängigkeit der Kommunikation

Was man von dem einen als Hilfe gerne annimmt, empfindet man bei dem anderen als Bevormundung und lehnt dies ab: „Du mit deinen gut gemeinten Ratschlägen." Der soziale Lernprozess erweist sich auch deshalb als kompliziert und daher nie endend, weil es immer wieder neue Situationen mit neuen Menschen gibt, für die noch kein Muster angemessenen Verhaltens entwickelt wurde. Während man bei Kindern selbstverständlich davon ausgeht, dass sie erst noch lernen müssen, wie sie sich in welcher Situation sozial kompetent verhalten, besteht bei Erwachsenen eher die Vorstellung, dass der soziale Lernprozess weitgehend abgeschlossen ist. Dabei müssen auch Erwachsene ihr soziales Wissen ständig erweitern. Grund hierfür ist die starke Kontextabhängigkeit von Kommunikation.

Weil Kommunikation so kontextabhängig ist, kommt es bei der Übersetzung von Botschaften leicht zu Übersetzungsfehlern. Sie sind oft ein Grund zum Lachen, und Kalauer sind systematischer Bestandteil von Witzen. Solche Übersetzungsfehler können aber auch zu Irritation und Verärgerung führen, wie Daniele Varé es in einem Roman beschreibt: Dort soll ein junger Europäer die drei chinesischen Schriftzeichen „Rundung", „sitzen" und „Wasser" übersetzen und vermutet, dass dort jemand ein Sitzbad nimmt. Diese Deutung führt zum Entsetzen seines Lehrers, denn die Worte lieferten eine für ihn besonders poetische Umschreibung eines Sonnenuntergangs am Meer (Varé 1951, zit. nach Watzlawick 2007).

Kommunikation und Kontext sind nicht voneinander zu trennen. Durch die Sprache bekommt eine Situation ihre emotionale, formale oder angespannte Bedeutung. Die Deutungskompetenzen oder die Deutungshoheit werden dabei häufig von dem Kompetenz- oder Hierarchiegefälle der Gesprächspartner bestimmt. Wirkt der Chef zu Beginn des Personalgesprächs entspannt und heiter, wird das Gespräch wohl einen deutlich anderen Verlauf nehmen, als wenn er es mit einer kritischen Bemerkung eröffnet. Damit wird deutlich: Es ist durchaus hilfreich, Fähigkeiten zu erwerben, die es einem ermöglichen, Informationen, Gefühle und Botschaften klar und unmissverständlich zu formulieren und sich in die anderen Gesprächspartner, ihre Absichten, Interessen und Anliegen hineinzufühlen. Ob ein Gespräch gelingt oder nicht, kann dadurch aber nicht garantiert werden. Gerade weil Interaktion von zwei oder mehreren Partnern abhängt, können auch noch so kompetente Gesprächspartner scheitern, weil die anderen nicht bereit oder in der Lage sind, ein Gespräch zu diesem Thema in dieser Situation zu führen. Jeder von uns kennt Situ-

Kommunikation und Kontext sind nicht voneinander zu trennen

ationen, in denen ein Gespräch komplett misslungen ist. Diese Misserfolge gehören zum Wesen der Kommunikation dazu und entlasten gleichzeitig, denn sie zeigen uns, dass wir nur zum Teil den Erfolg von Gesprächen in der Hand haben. Dies macht jedes Gespräch zu einer besonderen Erfahrung, andererseits aber auch störanfällig.

Die Kontextabhängigkeit von Gesprächen wird auch daran deutlich, dass sich die Gesprächspartner in ihrem Stil und Verhalten an die jeweilige Situation anpassen. Im privaten Umfeld gehen wir in unseren vertrauten Tonfall oder Dialekt über, weil dies ein Zeichen von Entspannung und Wohlbefinden ist und auch ein Vertrauensverhältnis zwischen den Gesprächspartnern signalisiert. Im formalen Kontext versuchen wir, uns möglichst fehlerfrei und auf einem höheren Sprachniveau (akademische Sprache) zu verständigen. Wenn uns eine Situation sehr wenig vertraut ist (z.B. Bewerbungsgespräche, Verhandlungen), neigen wir sogar zu einem überkorrigierenden Kommunikationsstil, der nicht mehr mit unserem Habitus, der Gesamtheit unserer verbalen und nonverbalen Verhaltensweisen, übereinstimmt und daher fremd und wenig kongruent wirkt.

Übersetzungsfehler kommen häufig zustande, wenn verschiedene Ebenen der Kommunikation vermischt werden, zum Beispiel in einer eher sachlichen Auseinandersetzung Gefühle als „Störfeuer" auftauchen. Aber ist ein Gespräch, in der die Beziehungsebene ausgeblendet wird, überhaupt vorstellbar? Die Kommunikationsforschung geht davon aus, dass dies nicht möglich ist. Ein wichtiger Zweck der Kommunikation liegt ja gerade darin, etwas über sich selbst und seine Beziehungen zur Umwelt zu erfahren: Wer bin ich? Wie komme ich an bei anderen? Habe ich Ansehen und Einfluss oder werde ich übergangen?

Die vorausgehenden Kapitel haben gezeigt, dass es typische, relativ stabile Wahrnehmungs- und Verhaltensmuster gibt, die biografisch geprägt sind. Es ist vorteilhaft, diese Muster, die inneren Arbeitsmodelle, zu kennen, um in Gesprächen mit anderen bewusster mit Anforderungen umgehen zu können.

Symmetrische und komplementäre Interaktionen

Interaktion bedeutet nach Watzlawick et al. (2007) das Senden und Empfangen von Botschaften. Damit stellt er ausdrücklich den prozessualen Charakter der Interaktion heraus. Weil es sich dabei um einen Prozess handelt, beschäftigt sich die Kommunikationsforschung in besonderem Maße mit der (längerfristigen) Entwicklung von Beziehungen und ihrer kommunikativen Struktur.

Hinsichtlich der Interaktionsverläufe lassen sich unterschiedliche Formen unterscheiden, die von der gegenseitigen Beziehung der Interaktionspartner und ihrem Verhalten bestimmt werden:

- Die symmetrische Interaktion
- Die komplementäre Interaktion.

Mit symmetrischer Interaktion ist ein Gesprächsverlauf gemeint, der eher in die gleiche Richtung geht. Dementsprechend bedeutet Asymmetrie einen Verlauf in entgegengesetzter Richtung. Dieses Gegensatzpaar bedeutet nicht automatisch positive oder negative Kommunikationsverläufe, denn Gegenseitigkeit führt nicht automatisch zu befriedigenden Beziehungen. Ebenso wenig muss Asymmetrie unausweichlich zu Konflikten oder Antipathien führen.

Die symmetrische Interaktion

„Ich finde, wir sind ein wunderbares Team." – „Das kann ich nur bestätigen. Wir haben die letzten Aufgaben zusammen gut gemeistert." Diese Gesprächssequenz stellt eine symmetrische Interaktion dar: Beide Interaktionspartner gehen mit ihren Botschaften in die gleiche Richtung. In diesem Fall in eine positive Richtung, denn beide erteilen ihrer Arbeitsgemeinschaft gute Noten und loben sich gegenseitig. Beide Partner senden positive Signale aus und reagieren auf die Signale des anderen mit jeweils ähnlichen Signalen (z.B. Komplimente austeilen). Symmetrische Interaktion gibt es aber auch mit negativen Vorzeichen. Beispielsweise können sich Streithähne gegenseitig mit immer wilderen Beschimpfungen aufschaukeln, oder es kommt zu einem Wettbewerb im Prahlen, wer der Größte, Schönste, Beste ist.

Eine komplementäre Interaktion zeigt eine sich gegenseitig ergänzende Struktur auf. Auch hier gibt es positive und negative Interaktionsverläufe. Wenn beispielsweise in einem Gespräch der

Die komplementäre Interaktion

Wunsch nach Trost, Rat oder Unterstützung geäußert wird, wäre ein komplementäres Verhalten eben auch Trost, Rat oder Unterstützung zu gewähren. Komplementäres Interaktionsverhalten bedeutet aber auch Paarungen aus Fordern – Rückzug, Angriff – Verteidigung, Dominanz – Unterwürfigkeit. Interaktionen dieser Art haben negative Verläufe, weil die Interaktionspartner in ihrer jeweiligen Rolle verharren und es damit zu einer Verstärkung der ungleichen Beziehung kommt. Je mehr der eine Gemeinsamkeit fordert, desto mehr zieht sich der andere zurück. Je mehr sich der eine zurückzieht, desto mehr fordert der andere Gemeinsamkeit.

„Symmetrische Beziehungen zeichnen sich durch ein Streben nach Gleichheit und der Vermeidung von Unterschieden zwischen den Partnern aus. Komplementäre Interaktionen dagegen basieren auf Unterschiedlichkeiten, die sich gegenseitig ergänzen oder verstärken" (Watzlawick 2007, S. 69).

In jeder Beziehung gibt es symmetrische und komplementäre Interaktionsmuster, die je nach Thema und Situation unterschiedlich ausgeprägt sind. Gesunde Beziehungen enthalten beide Ebenen in einem ausgewogenen Verhältnis. In Beziehungen, die durch Störungen gekennzeichnet sind, dominiert entweder die symmetrische oder die komplementäre Ebene. In diesem System besteht die Gefahr von Eskalationen.

Gesunde Beziehungen enthalten symmetrische und komplementäre Interaktionsmuster

Beziehungsaufbau – Beziehungsabbau

Die Kommunikationsforschung befasst sich auch mit der Frage, wie durch Gespräche Beziehungen aufgebaut werden können bzw. woran zu erkennen ist, dass Beziehungen sich auflösen. Tatsächlich konnten in vergleichenden Studien verbale und nonverbale Signale für den Beziehungsaufbau herausgearbeitet werden. Anzeichen für vertrauter werdende Beziehungen sind (vgl. Stroebe 1996, S. 350):

- Verbale und nonverbale Annäherung (Überschreiten der körperlichen Distanz, häufigere längere Blickkontakte etc.)
- „Wir-Sätze" (Betonung des Gemeinsamen)

- Selbstbotschaften und Beziehungsaspekte
- Emotionalität und Intimität in Gesprächen.

Enge Beziehungen können durchaus konflikthaft beginnen und auch in der Folge konflikthaft bleiben. Ein Kennzeichen von Beziehungen ist nicht deren Konfliktfreiheit, sondern die Offenheit, mit Gegensätzen umzugehen, und die Bereitschaft, das Gleichgewicht der Beziehung wieder herzustellen. Das bedeutet: Beziehungen werden enger und vertrauter, wenn die Partner versuchen, einen Ausgleich bei den symmetrischen und komplementären Interaktionsmustern herzustellen und Eskalationen vermeiden.

Auch Beziehungen, die sich in Auflösung befinden, lassen sich anhand der Kommunikationsverläufe charakterisieren. Typische Anzeichen für Beziehungsabbau sind:

- Hervorheben von Gegensätzen (aus dem „Wir" wird ein „Du" und „Ich")
- Verbaler Rückzug (Verringerung des Austausches von Botschaften)
- Zunahme von schwierigen, unbeholfenen oder konflikthaften Gesprächen
- Vermeidung von Gesprächen und anderen Kontakten (aus dem Weg gehen)
- Auflösen der Beziehung (formale Erklärung).

Diese Strategien zum Kommunikations- und Beziehungsaufbau können im Prinzip für alle Formen von Beziehungen – von kollegialen Beziehungen bis hin zu engen, lebenslangen Partnerbeziehungen – beobachtet werden. Allerdings sind bei engen, persönlichen Beziehungen die Beziehungsaspekte und der Grad der Selbstkundgabe größer als in weniger verbindlichen, beruflichen Kontexten. Zu beachten ist, dass der Abbau von Beziehungen nicht einfach der umgekehrte Prozess eines Beziehungsaufbaus ist. Denn der große Unterschied nach einer Beziehung im Vergleich zu vorher besteht darin, dass die Partner durch die gemeinsamen Erfahrungen mehr voneinander wissen. Die preisgegebenen Selbstoffenbahrungen machen sie anfälliger für Verletzungen als andere Beziehungspartner.

Gespräche zwischen ungleichen Partnern

Gespräche werden auch davon geprägt, ob es sich um gleiche oder ungleiche Partner handelt. Gleiche Partner zeichnen sich durch eine ähnliche berufliche oder soziale Position in der Gesellschaft aus. Ungleiche Partner dagegen sind beispielsweise Lehrer und Schüler, Vorgesetzte und Mitarbeiter, Erwachsene und Kinder, Professionelle und Laien. Offensichtlich spielen Kompetenzen, Erfahrungen und Entscheidungsbefugnisse, aber auch Alter und Macht eine Rolle bei der Frage, ob es sich um gleiche oder ungleiche Partner handelt.

In Wirklichkeit sind die Beziehungen von Gesprächspartnern komplizierter als die vorher aufgeführten prototypischen Partner vermuten lassen. Wie ist zum Beispiel das Verhältnis zwischen Kolleginnen gekennzeichnet? Eher durch Gleichheit oder eher durch Ungleichheit? Haben die älteren, erfahrenen Kolleginnen die Position, andere Dinge ansprechen zu können als junge Kolleginnen? Welche Rolle spielen formale Qualifikationen, zum Beispiel berufliche Abschlüsse, für die Frage nach gleichen/ ungleichen Partnern? Welche Bedeutung haben Spezialkenntnisse (z.B. in bestimmten Bildungsbereichen) und persönliche Kompetenzen (z.B. Organisationstalent oder diplomatisches Geschick)?

Aus den Beispielen wird deutlich, dass Gesprächspartner viele Ungleichheiten aufweisen. Und Ungleichheiten machen sich in der Art der Gespräche durchaus bemerkbar. Gespräche mit lebenserfahrenen Menschen sind ja gerade deswegen so bereichernd, weil sie uns einen anderen Blick auf die Dinge eröffnen, die wir vielleicht in unserer gegenwärtigen Lebenssituation sehr verengt sehen. Es wäre schade, wenn die Weisheit des Gesprächspartners nicht zum Tragen käme, weil er befürchtet, in seinen Äußerungen zu dominant zu wirken. Wenn er sich auf die jugendliche Perspektive reduzieren würde, kämen wir in unserem Denkprozess keinen Schritt weiter. Dennoch hängt der Gesprächsverlauf stark davon ab, wie uns der Ältere seine Weisheit näherbringt: mit erhobenem Zeigefinger, mit wohlgemeinten Ratschlägen, mahnenden Worten oder mit Gelassenheit, weil ihm bewusst ist, selbst einmal jung und unerfahren gewesen zu sein.

Ein Gespräch zwischen ungleichen Partnern kann sehr bereichernd sein und durchaus positiv verlaufen, wenn bestimmte Grundsätze erfüllt sind:

Grundsätze für ein Gespräch zwischen ungleichen Partnern

- Beide Partner müssen mit einer grundsätzlichen Wertschätzung dem anderen gegenüber in das Gespräch hineingehen.
- Beide müssen sich gegenseitig aufmerksam zuhören und versuchen, die Perspektive des jeweils anderen zu verstehen.
- Das Gesagte und das Verhalten beider Partner müssen übereinstimmen. Das Interesse an dem anderen muss deutlich spürbar sein und nicht aufgesetzt wirken.

In gelingenden Gesprächen – ob zwischen gleichen oder ungleichen Partnern – spiegelt sich ein demokratisches Grundverständnis wider. Mit diesem Grundverständnis werden wir uns in Kapitel 2 eingehender befassen.

Störanfälligkeit als Wesensbestandteil der Kommunikation: Konfliktbewältigung

Beziehungen sind von Natur aus kompliziert und spannungsgeladen. Kommunikative Kompetenz besteht daher auch in der Fähigkeit, Beziehungsfallen und Rückschläge zu vermeiden oder Konflikte zu bewältigen und Schaden zu begrenzen. Kommunikation hat als wichtiges Ziel, Spannungen und Probleme zu lösen und zu konstruktiven Wegen aus der Krise zu führen (vgl. Stroebe 1996, S. 359).

Trotz aller Überlegungen zur Interaktion und einem noch so reflektierten, bewussten Umgang mit Gesprächen wird man immer wieder an die Grenzen des eigenen Könnens geraten. Das Verhalten anderer ist eben nur zu einem Teil vorherzusehen und

zu beeinflussen. Deshalb gelingt es selbst geübten Gesprächs-
führen manchmal nicht, ein Gespräch positiv zu gestalten. Nach
Gordon gibt es zwölf Kommunikationssperren, die durch Ge-
ringschätzung und Lenkung geprägt sind (vgl. Gordon 1989).

1.4 Kommunikative Kompetenz: Gespräche gestalten

In den vorangegangenen Kapiteln wurden die verschiedenen Aspekte und Ebenen der Kommunikation behandelt. Dabei zeigte sich, dass Kommunikation unsere sozialen Beziehungen prägt
und umgekehrt von den sozialen Beziehungen mitbestimmt wird.
Der Vorgang der Kommunikation ist immer ein gemeinsamer
Vorgang mehrerer Beteiligter. Was bedeutet es in diesem Zusammenhang, kompetent zu handeln?

Was bedeutet kommunikative Kompetenz? Kommunikative Kompetenz kann verstanden werden als die
angemessene Anwendung sozialen Wissens und sozialer Fähig-
keiten im Kontext einer Beziehung. Menschen, die über hohe
kommunikative Kompetenzen verfügen, können eben nicht nur
mit einem einzelnen Menschen „gut sprechen", sondern sind in
der Lage, sich in unterschiedlichen Situationen mit ganz verschiedenen Menschen so zu verhalten, dass Gespräche gelingen.
Kommunikative Kompetenz ist die individuelle Fähigkeit zu
kommunizieren und auf die kommunikativen Handlungen von
anderen einzugehen. Damit wird eine deutliche Abgrenzung zu
„Methodenkisten" und „Gesprächsanleitungen" gezogen, die
nicht das unplanbare Verhalten des Gegenübers berücksichtigen.

Kommunikative Kompetenz bedeutet die Fähigkeit zur Bewältigung hochkomplexer Anforderungssituationen in der Auseinandersetzung mit anderen. Aufgrund der großen Kontextabhängigkeit ist zu unterscheiden zwischen der grundsätzlichen
Fähigkeit zur Gesprächsführung (z.B. rhetorische Mittel oder
gute Umgangsformen) und der tatsächlichen Umsetzung in einer
konkreten Situation. Es geht also darum, mit Gesprächssituationen angemessen umgehen zu können und sie wirkungsvoll zu
gestalten.

Jede Form der Kommunikation hat bestimmte Ziele. Diese Ziele können ganz pragmatischer Natur sein, zum Beispiel das Einholen und der Austausch von Informationen. Der bloße Informationsaustausch (z.B. die Frage nach der Uhrzeit) ist aber nur in den seltensten Fällen Anlass und Ziel der Kommunikation. In fast allen Gesprächen geht es um Botschaften, die über die reine Information hinausgehen. Und diese Botschaften werden vermittelt über die Wortwahl, Betonung, Sprechgeschwindigkeit, aber auch über nonverbale Signale wie Mimik und Körpersprache. Kommunikative Kompetenz bedeutet daher die Fähigkeit, sich auf unterschiedlichste Menschen und Situationen einzulassen, die Möglichkeiten für die Gestaltung von Gesprächen zu erkennen und diese im Sinne der Ziele, die man mit dem Gespräch verbindet, auszuschöpfen. Kompetentes Verhalten bedeutet demnach ein an den jeweiligen Kontext angepasstes Verhalten.

Gespräche haben einen ausgeprägten Prozesscharakter. Im Vergleich zu Texten und Aufzeichnungen ist das Typische an Gesprächen ihre Vergänglichkeit und ihre Dynamik, die manchmal ruckartige Wendungen auslöst, aber auch Fixpunkte bereithält, auf die sich die Gesprächspartner wieder zurückziehen können. Gespräche sind nicht wie eine Landkarte, die man immer wieder in Ruhe betrachten kann, sondern wie eine Wanderung von Pionieren in unbekanntes Gelände. Das macht einerseits den Reiz und die Einzigartigkeit von Gesprächen aus, stellt andererseits aber auch die Anforderung, aufmerksam und aktiv zu sein. Daher umfasst kommunikative Kompetenz auch ein Handlungsgeschick, sich auf den Verlauf des Gesprächs einzulassen und das Gespräch selbst als Ausdruck und Basis für die Beziehung zwischen den Teilnehmern zu verstehen. Das bedeutet: Jedes Gespräch ist Teil einer gemeinsamen Gesprächsgeschichte zwischen den Beteiligten. Sie lernen aus dieser Geschichte und verändern sich und ihre Beziehung durch die gemeinsamen Erfahrungen. Kommunikative Kompetenz bezieht sich damit nicht nur auf das Wissen über kommunikative Grundregeln, sondern auch auf die Anpassungsfähigkeit und Flexibilität, die Gesprächsverläufe so mitzugestalten, dass stabile und kompetente Beziehungen geschaffen werden.

Gespräche haben einen ausgeprägten Prozesscharakter

Ein Gespräch steht selten isoliert da, sondern ist im Kontext der sozialen Beziehungen insgesamt zu sehen. Es ist nicht so bedeutsam, wie man mit einem Familienmitglied, mit einer Freundin, mit einem Kollegen, mit einem Fremden spricht, sondern wie man insgesamt in der Familie, mit Freunden, mit Kollegen, mit Fremden spricht – kurz: Es geht darum, welche Gesprächskulturen in welchen sozialen Kontexten gepflegt werden. Damit beinhaltet kommunikative Kompetenz auch einen gruppenbezogenen Aspekt, der das Gesprächsverhalten gegenüber Einzelnen dieser Gruppe mitprägt.

Kommunikation ist Ausdruck von Beziehungen

Kommunikative Kompetenz umfasst damit viele Aspekte und geht weit über eine reine Gesprächsführungstechnik hinaus. Der wichtigste Aspekt bei der kommunikativen Kompetenz aber ist der Beziehungsaspekt: Kommunikation ist Ausdruck von Beziehungen, prägt Beziehungen und ihre Verläufe. Beziehungsbotschaften in Gesprächen dominieren andere Botschaften und bestimmen darüber, ob Beziehungen enger und vertrauter werden, sich auflösen oder scheitern. Kommunikative Kompetenz wurzelt nicht in den Individuen, sondern in Beziehungen. Die einzelnen Partner einer Beziehung können zwar über ein aus ihrer Sicht hohes soziales Wissen verfügen, das sie zu einem sozial angemessenen Verhalten befähigt. Ob dies in der Beziehung zwischen beiden Partnern aber tatsächlich funktioniert, ist mit Bestimmtheit nicht vorherzusagen. Es gibt zu viele Störfaktoren: Kontextabhängigkeit, Hierarchiegefälle, die Ungleichheit der Partner, interkulturelle Missverständnisse und stereotype Gruppenbilder können dazu führen, dass Gespräche nicht gelingen. Gleichwohl gibt es Möglichkeiten, Gespräche erfolgreich zu gestalten. „Erfolgreich" meint nicht, ein kurzfristig „perfektes" Ergebnis zu erzielen, sondern die Beziehung entsprechend ihrer Bestimmung aufrechtzuerhalten oder zu verbessern.

Gespräche gestalten – Beziehungen gestalten

Aus der Psychotherapie wird seit langem auf die Bedeutung der Beziehungsgestaltung zwischen Therapeut/in und Patient/in verwiesen. Die Psychotherapieforschung kommt sogar zu dem Schluss, dass der Einfluss des Beziehungsgeschehens auf das Therapieergebnis im Vergleich zu allen übrigen Merkmalen der Therapie am besten gesichert ist (vgl. Lambert/Barley 2002).

Carl Rogers, einer der Begründer des sogenannten Personzentrierten Ansatzes, hat auf die Bedeutung der Beziehungsgestaltung bereits in den 1950er-Jahren hingewiesen. Seiner Auffassung nach müssen sich in einem therapeutischen Prozess zwei Personen in einer Beziehung befinden, in der sich beide nach Kräften darum bemühen, in der Interaktion sie selbst zu sein (vgl. Rogers 1959/1987, S. 40f.). In der Weiterentwicklung des Ansatzes wird betont, dass es sich dabei um eine „Du-Ich-Beziehung" (vgl. Schmid 2008, S. 127) handeln muss, bei der sich jeder als Person zu erkennen gibt und den anderen als Person anspricht. In der Gestaltung der Gespräche geht es damit also um die Gestaltung einer gemeinsamen, durch den Kontext definierten Beziehung zwischen Therapeut/in und Patient/in, bei der jedoch das Gespräch nicht durch die Rollen, sondern durch die Personen gestaltet wird, die sich „gegenseitig emotional berühren" (Lux 2007, S. 40f.).

Der Personenzentrierte Ansatz

Aufgrund der großen Erfolge, die der Personzentrierte Ansatz in der psychotherapeutischen Arbeit verzeichnen konnte, hat er sich in den letzten Jahrzehnten weit über das eigentliche Feld der Psychotherapie hinaus verbreitet. Anwendung findet er beispielsweise in der Sozialen Arbeit, aber auch in der Personal- und Organisationsentwicklung internationaler Unternehmen. In jüngster Zeit werden immer stärker auch Verbindungen zwischen dem Personzentrierten Ansatz und der Frühpädagogik gezogen (vgl. Fröhlich-Gildhoff 2009). In allen Anwendungsfeldern des Personzentrierten Ansatzes wird die Beziehungsdimension in der Gesprächsführung betont. Beziehungsgestaltung ist dabei weit mehr als die Beachtung von Grundregeln wie Kongruenz, Wertschätzung und Empathie. Denn diese Grundregeln zeigen nur dann eine Wirkung, wenn sie eng miteinander verbunden sind und sich in einer Beziehung entfalten (vgl. Eckert 2003). Beziehungsgestaltung wird verstanden als die aktive, ressourcenorientierte und individuelle Entwicklung einer Beziehung.

Die grundlegende Annahme des Personzentrierten Ansatzes geht von einem aktiven, nach eigener Weiterentwicklung strebenden Menschen aus (sog. „Aktualisierungstendenz", vgl. Rogers 1959/1987). Jeder Mensch hat danach eine richtungsgebende Kraft, um seine individuellen Stärken und Potenziale zu entfalten. Allerdings benötigt ein Mensch Beziehungen, um diese Potenziale wirksam werden zu lassen, um sich weiterentwickeln zu können (vgl. Schmid 2008, S. 126). Die Gestaltung der Beziehungen beeinflusst maßgeblich die individuelle Entwicklung; daher kommt es darauf an, die Beziehungen so zu gestalten, dass Potenziale wirksam werden.

Atmosphäre der Achtung und Wertschätzung

Entwicklungspotenziale können nur dann freigesetzt werden, wenn eine Atmosphäre der Achtung und Wertschätzung besteht. Fühlen sich Menschen ausgegrenzt, missachtet oder bedroht, sind sie nicht in der Lage, neue Erfahrungen zu machen. Denn es werden Selbstschutzmechanismen in Gang gesetzt, die eine innere Abwehr mobilisieren und zu einer Abschottung nach außen führen. Neue Erfahrungen, die im Kontext mit anderen Menschen gemacht werden, sind in dieser Abwehrhaltung nicht mehr möglich. Auf die Zusammenhänge zwischen wertschätzender, angstfreier Umgebung als Voraussetzung für Lern- und Erfahrungsprozesse verweisen nicht nur die Entwicklungspsychologen, sondern auch Hirnforscher, Früh- und Schulpädagogen ebenso wie Unternehmensberater und Personalentwickler.

Die Gesprächspartner werden nicht nach ihrem Verhalten beurteilt, sondern nach dem, was in ihnen steckt

Der Personzentrierte Ansatz impliziert eine ausdrücklich wertschätzende Haltung gegenüber dem Gesprächspartner. Diese Wertschätzung bezieht sich – und dies ist eine wichtige Grundlage für die Gestaltung von Beziehungen – nicht nur auf das Sichtbare, also das, was der andere tut oder sagt, sondern auch auf dessen Potenziale. „Das Mögliche ist ebenso eine Dimension des Person-Seins, wie das bereits Verwirklichte" (Schmid 2008, S. 126). Das, was noch nicht da ist, aber als Keim in einer Person angelegt und durch die Gestaltung gelingender Beziehungen zur Entfaltung gebracht werden kann, ist deswegen eine so wichtige

Grundlage, weil es die Möglichkeit für eine echte Wertschätzung des anderen darstellt. Die Gesprächspartner werden nicht nach ihrem Verhalten beurteilt, sondern nach dem, was in ihnen steckt. Damit kann man Menschen auch dann in ihrem Wert schätzen lernen, wenn man deren aktuelles Verhalten ablehnt. Man nimmt den Gesprächspartner als Person an und setzt sich ernsthaft mit ihm auseinander, weil man sicher ist, dass er in der Lage ist, sich mit seinen Fähigkeiten weiterzuentwickeln, wenn er über Beziehungen eine Gelegenheit dazu bekommt. Über Beziehungen, die wir über Gespräche aktiv gestalten.

Grundannahmen für kommunikative Kompetenzen

In den grundlegenden Arbeiten von Carl Rogers zur Theorie der Psychotherapie, der Persönlichkeit und der zwischenmenschlichen Beziehungen (1959/1987) werden folgende grundlegende Annahmen getroffen:

- Jeder Mensch lebt in seiner subjektiven Welt und hat eine individuelle Wahrnehmung von den Dingen.
- Neue Erfahrungen werden von den individuellen Erfahrungsmustern bestimmt und müssen sich in die vorhandenen Erfahrungsmuster einfügen.
- Verhalten (und damit Interaktion) ist der Versuch, individuelle Bedürfnisse zu äußern.
- Vor der Eigenständigkeit des Menschen und seiner Eigenverantwortung ist eine große Achtung zu wahren.

Diese Grundannahmen müssen nach C. Rogers in einer Gesprächssituation beachtet werden. Vorhaltungen, Kritik oder Ratschläge scheitern häufig an der Missachtung dieser Grundannahmen, weil eine innere Abwehr organisiert wird, die es unmöglich macht, sich mit den inhaltlichen Aspekten der Botschaft auseinanderzusetzen. Und zwar nicht in Form einer Trotzreaktion, sondern weil die enthaltenen Botschaften (z.B. der Versuch zu unterstützen) gar nicht verstanden werden können. In Gesprächen ist also für Bedingungen zu sorgen, die Veränderungen möglich machen. Dafür ist eine Grundhaltung notwendig, die Akzeptanz und Wertschätzung des Gegenübers deutlich in den Vordergrund rückt.

Wer über die eigene Grundhaltung nachdenkt, wird zu dem Ergebnis kommen, dass Akzeptanz und Wertschätzung meistens gegeben sind. Wir akzeptieren die Gesprächspartner, mit denen wir zu tun haben, und schätzen auch den Austausch mit ihnen. Diese Einschätzung werden wahrscheinlich die meisten von uns vertreten und damit liegt weder ein Fall von Selbsttäuschung noch eine sozial erwünschte Antwort vor: Wir sprechen – sofern wir es uns aussuchen können – tatsächlich meistens mit dieser Grundhaltung. Was aber ist mit den Menschen, mit denen wir nicht sprechen? Was ist mit denjenigen, denen wir vielleicht eher aus dem Weg gehen, bei denen wir kurz angebunden sind oder mit denen wir bewusst Gesprächssituationen meiden? Können wir immer noch davon überzeugt sein, dass in diesen Fällen unsere Grundhaltung positiv ist? Höfner und Schachtner beschreiben das Kommunikationsverhalten folgendermaßen: „In weiten Bereichen funktioniert das Gesprächsverhalten, nur irgendwo bringt ein Steinchen im Getriebe den Motor zum Spucken" (1995, S. 73).

Es ist sehr einfach, sich mit Menschen auszutauschen, die uns sympathisch, die uns ähnlich sind oder mit denen wir uns gut verstehen. Und es ist verständlich, dass wir eher das Gespräch mit diesen Menschen suchen, weil wir uns selbst natürlich auch eher gemocht, akzeptiert und verstanden fühlen wollen. Die Kunst ist, ein gelingendes Gespräch mit Menschen zu führen, die anders sind. Mit Menschen, die uns vielleicht weniger sympathisch sind, oder von denen wir nicht das Gefühl haben, dass sie uns besonders wohlgesonnen sind. Ob solche Gespräche immer gelingen, ist auch deswegen zweifelhaft, weil der Verlauf natürlich auch von dem Gegenüber abhängt. Aber die Chance, dass das Gespräch länger, freundlicher und konstruktiver verläuft als das letzte Mal, ist deutlich größer, wenn wir mit einer Grundhaltung hineingehen, die von den vier Grundsätzen von C. Rogers geprägt ist.

Die Kunst ist, ein gelingendes Gespräch mit Menschen zu führen, die anders als wir selbst sind

Anregungen für die Praxis

Gibt es jemanden aus Ihrem Umfeld, mit dem die Kommunikation nicht funktioniert? Wenn ja, besteht der erste Schritt in dem festen Vorsatz, mit diesem Menschen ins Gespräch zu kommen. Dies muss man sich vor allem nach misslungenen Gesprächen wirklich fest vornehmen, weil es von alleine nicht passiert. Es gibt immer viele Gründe, warum man kurz angebundenen aneinander vorbeigeht.

Nehmen Sie sich also bewusst vor, bei der nächsten Gelegenheit ein Gespräch zu beginnen. Es muss nicht lang und tiefschürfend sein. Die Unterhaltung kann sogar in echtem Smalltalk oder einem Tür- und Angelgespräch bestehen. Auf den Inhalt des Gesprächs kommt es dabei eigentlich nicht an – die wenigsten Gespräche sind wegen der Inhalte problematisch, sondern wegen der Beziehungsaspekte. Das einzige Ziel des Gesprächs ist, eine positive Atmosphäre herzustellen.

Woran erkennt man eine positive Atmosphäre – welche Signale helfen bei der Deutung? Dazu gehören ein offener Blick, Augenkontakt, eine aufrechte Körperhaltung, ein Lächeln, ein Nicken der Zustimmung. Senden Sie genau solche Signale aus, die Sie von einem Gesprächspartner mit positiver Einstellung erwarten. Und erwarten Sie nicht prompt eine freundliche Reaktion. Viele Menschen brauchen eine Denkpause, um eine neue Situation zu verstehen. Lassen Sie Ihren Gesprächspartner also vielleicht mit einem freundlichen Lächeln leicht irritiert zurück. Und freuen Sie sich zunächst über die gelungene Situation, die Sie initiiert und gestaltet haben.

Kommunikative Kompetenz erfordert interkulturelle Kompetenz

Kommunikative Kompetenz kann als eine handlungsbezogene Fähigkeit bezeichnet werden, in einer konkreten Situation mit Gesprächspartnern wertschätzend und kompetent zu interagieren. Dazu gehört es auch, Beziehungen im interkulturellen Kontext gestalten zu können. Hierfür ist interkulturelle Kompetenz erforderlich.

Was bedeutet interkulturelle Kompetenz?

Damit ist die grundsätzliche Bereitschaft und Fähigkeit gemeint, Gesprächspartner in ihrem kulturellen Zusammenhang wertzuschätzen und anzuerkennen, dass es kulturbedingte große Unterschiede im Gesprächsverhalten gibt. Gilt der angemessene Abstand zu Geschäftspartnern und wenig vertrauten Personen in den westlichen Industrieländern und in asiatischen Ländern beispielsweise mit 1,2 Metern als angemessen, liegt er für Latein- und Südamerikaner bei einem halben Meter.

Welche Auswirkungen die kulturspezifischen Konventionen im Kontakt haben können, zeigt die folgende amüsante Szene, die der Kommunikationsforscher Richard D. Lewis beschreibt: „Auf Cocktailparties in Tokio kann man häufig beobachten, wie ein brasilianischer oder kolumbianischer Geschäftsmann sich vor einem kleinen Japaner aufbaut und vertraulich dessen Oberarm ergreift, während der Japaner zurückweicht und Mühe hat, die eigene Balance und die seines Glases aufrechtzuerhalten. Der Latino jedoch in seinem Eifer folgt dem zurückweichenden Japaner jeden Zentimeter. Nach zwanzig Minuten haben die beiden den gesamten Raum durchquert, wobei der Japaner am Ende mit dem Rücken an der Wand landet. Der Südamerikaner wiederum nimmt keine Notiz von der unkomfortablen Lage des Japaners, bis diesem schließlich nichts anderes übrig bleibt, als nach der Toilette zu fragen und mit seinem Glas in der Hand die Flucht zu ergreifen" (Lewis 1996, S. 152, zit. nach Wolf 2004).

Kulturspezifische Konventionen der Gesprächspartner richtig interpretieren

Interkulturelle Kommunikation beinhaltet eine zusätzliche Störanfälligkeit aufgrund der verschiedenen kulturspezifischen Konventionen der Gesprächspartner. Wie das Beispiel auf der Cocktailparty zeigt, kommt es zu Störungen in der Kommunikation, weil die unterschiedlichen Konventionen – Körperhaltung, Berührungen, Blickkontakt, Lautstärke oder Tonlage – den Beteiligten nicht oder nicht vollständig bekannt sind. Sie haben daher keine Möglichkeit, sie als kulturbedingte Unterschiede zu akzeptieren und über sie – hier die ungewohnte Nähe – hinwegzusehen. So interpretiert ein Gesprächspartner das Verhalten seines Gegenübers als unangemessen oder aufdringlich und zieht den Rückzug vor.

Es gibt aber auch eine andere Möglichkeit zur Fehlinterpretation: Das Verhalten – nehmen wir ruhig das vermeintlich aufdringliche Benehmen des Geschäftspartners als Beispiel – wird als allgemeine Verhaltensnorm einer Kultur interpretiert. Handelt es sich dabei aber tatsächlich um ein unangemessenes Verhalten des Einzelnen (z.b. Aggression oder Distanzlosigkeit), wird das Fehlverhalten auf andere Angehörige der jeweiligen Kultur übertragen. Das mangelnde Wissen über kulturspezifische Verhaltensnormen wirkt damit leicht als Verstärker für Stereotype und Vorurteile. Welche Möglichkeit gibt es, kulturspezifische Kommunikationsfallen zu umgehen?

Missverständnisse, die sich auf kulturspezifische Verhaltens- und Interpretationskonventionen beziehen, sind nur dann aufzudecken, wenn bestimmte Kenntnisse über die jeweiligen Kulturen vorliegen (z.B. über spezifische Rituale oder Tabus). Wären diese Kenntnisse aber vorhanden, würden solche Missverständnisse gar nicht erst auftreten. Die wichtigste Grundlage, um kulturspezifische Kommunikationsfallen zu umgehen, ist daher das direkte Ansprechen der kulturellen Normen und Gewohnheiten der beteiligten Gesprächspartner. Findet dieses Gespräch auf einer von gegenseitigem Respekt und Wertschätzung geprägten Basis statt und gehen die Gesprächspartner nicht davon aus, dass sie ihr Verhalten als Ergebnis des Gesprächs verändern müssen – das würde eine Abwehrhaltung hervorrufen, die eine Beziehungsgestaltung unmöglich macht –, schaffen sie die Voraussetzung dafür, dass eine interkulturelle Kommunikation weitgehend störungsfrei verläuft.

Kulturspezifische Kommunikationsfallen umgehen

Methoden
der Gesprächsführung

2.1 Wozu braucht man Gesprächsmethoden?

„Was kann denn eine Gesprächsmethode besser als meine Intuition?" Diese oft gestellte Frage ist nicht einfach zu beantworten, hat doch Intuition als spontane erste Eingebung für das Gelingen von Gesprächen und Beziehungen überhaupt eine große Bedeutung. Dennoch gibt es eine ganze Fülle von Argumenten, die für Methodenorientierung sprechen.

Aus den Publikationen des Intuitionsforschers Gerd Gigerenzer (2007) geht hervor, dass sich Intuition als „Bauchgefühl" nicht aus dem Bauch heraus, sondern vor allem aus tiefer liegenden Wissensschichten ergibt. Die Quelle der Intuition ist ver-innerlichtes und ganzheitlich verarbeitetes, quasi „vergessenes" Wissen. Aus Erfahrungen filtert das Unbewusste Erkenntnisse, die sich in bestimmten Situationen nicht in bewussten Gedanken, sondern in Gefühlen bemerkbar machen.

Wer sich im Kontakt mit Menschen von seinen Bauchgefüh-len alleine leiten lassen kann – zum Beispiel auf einer Party oder auf Reisen –, kann in Beziehungen spontane Entscheidungen in Bezug auf Nähe oder Vermeidung treffen. Wenn aber, wie in pädagogischen Berufen, Menschen nicht unterschiedlich behan-delt werden dürfen, sondern gleichberechtigt wahrgenommen, in ihrer Persönlichkeit geschätzt und professionell begleitet werden sollen, verhalten sich die Dinge anders. Hier kommt es darauf an, auch mit solchen Menschen gute Gespräche zu führen, die in der ersten Begegnung vielleicht eher schlechte Bauchgefühle verur-sacht haben. Mithilfe bewusst eingesetzter Gesprächsmethoden können solche Vorbehalte ins Bewusstsein gerufen und durch tat-sächliche Erfahrungen ersetzt werden.

Das erste Bauch-gefühl bewusst machen und durch Erfahrungen ersetzen

Sich Zeit zur Vorbereitung nehmen

Ein weit verbreitetes Anti-Methoden-Argument ist der Mangel an Zeit, um sich intensiv auf ein Gespräch vorzubereiten. Die Er-fahrung lehrt, dass die meisten Gespräche tatsächlich auch ohne umfassende Vorbereitung gut geführt werden. Doch wie sieht es mit nicht-alltäglichen, weichenstellenden oder konfliktbeladenen Gespräche aus, die uns erwarten? Für die meisten Menschen ist es gerade in schwierigen Situationen nicht einfach, im Vertrauen auf die eigenen kommunikativen Fähigkeiten gelassen zu bleiben. Wer kennt sie nicht, die inneren Verspannungen und Ängste im Vorfeld problematischer Gespräche? Die Gedanken sind ohnehin bei dem Gespräch – also lohnt es sich, die Zeit produktiv zu nut-zen und die eigenen Kompetenzen weiterzuentwickeln.

Sich Zeit für eine Reflexion zu gönnen, kann helfen, diese un-angenehmen Gefühle schon im Vorfeld bewusst wahrzunehmen und sie anzunehmen: „So sieht es also in mir aus!" ist der ers-

Zeit für eine Reflexion gönnen

te Schritt, ihre Wirkungsmacht zu bändigen. Zeit schafft Raum. Raum schafft Distanz. Der Gewinn liegt darin, sich Distanz zu schaffen, die zunächst vor allem der eigenen Entspannung dient. So kann das, was auf den ersten Blick als ärgerliches „Problemgespräch" wahrgenommen wurde, in einen forschenden „Meinungsaustausch" umbenannt werden. Schon in einer Umbenennung liegt ein erster Schritt für erfolgreiche Gespräche. Wer in einen Meinungsaustausch geht, möchte zunächst einmal andere Standpunkte erkunden und die eigenen transparent und verständlich machen. Ein Meinungsaustausch hat also im Vergleich zum Problemgespräch etwas mehr mit Dialog zu tun.

Fragen zur Selbstreflexion

Rufen Sie sich eine Gesprächssituation ins Gedächtnis, die Sie in der Vergangenheit als schwierig und unbefriedigend erlebt haben. Erkunden Sie die Gefühle, Einstellungen und Positionen, mit denen Sie in das Gespräch gegangen sind:

→ Hatte ich vorher Ruhe und Zeit, mich auf Gesprächspartner und Thema innerlich einzustellen? ....

→ War mir das Anliegen des Gesprächspartners wirklich klar?

→ Mit welcher Haltung habe ich das Gespräch erwartet? ....

→ Welche Bedeutung hatte das Thema für mich? ....

→ Wer hat das Gespräch begonnen und geführt? ....

→ Welche Worte sind mir besonders in Erinnerung? ....

→ Was habe ich im Gesprächsverlauf über meinen Gesprächspartner gedacht? ....

→ Habe ich die Sichtweise des Gesprächspartners wahrgenommen, akzeptiert und ihm meine Wahrnehmungen dazu mitgeteilt?

→ Welches Körpergefühl hatte ich und wie habe ich gesprochen?

→ Welche Positionen habe ich vertreten und wie bin ich zu ihnen gelangt?

→ Aus welchen Gründen waren mir diese Positionen wichtig?

→ Gab es weitere Motive, meine Positionen zu behaupten, durchzusetzen?

Wer bei der Reflexion dieser Fragen feststellt, dass es einige gute Gründe für „schlechte Gefühle" gibt, dem sei zum Trost gesagt: Auch aus solchen Rückschau-Übungen können gesprächsmethodische Kompetenzen weiterentwickelt werden. Wer den Mut hat, sich diese Fragen aufgeschlossen und ehrlich zu stellen, kann die „Forschungsarbeit" und den Entwicklungsprozess beginnen. Es geht nicht darum, sich nachträglich zu verurteilen. Vielmehr ist daran gelegen, die eigene Aufmerksamkeit und Sensibilität am Beispiel schwierig verlaufener Gesprächssituationen zu schulen. Es kommt darauf an, zu lernen, dass aus einer an Verständnis und Lösungssuche orientierten Haltung heraus auch schwierige Gespräche angstfrei oder zumindest mit immer weniger Angst und erfolgreich geführt werden können.

Sich selbst stärken

In der Hektik des Alltags ist es oftmals nicht möglich, anstehenden Gesprächen die erforderliche Zeit und Aufmerksamkeit zu schenken. Wer sich jedoch so oft wie möglich bewusst auf Gespräche vorbereitet, gewinnt vielfach dazu:

- Eine intensive Vorbereitung auf Gespräche wirkt sich unmittelbar auf das eigene Wohlbefinden aus.

- Im Gesprächsverlauf und -ergebnis wird deutlich, dass es sich gelohnt hat, sich vorbereitet zu haben.
- Unsere Erfahrungen in Gesprächen werden verknüpft, sodass sich Muster und Strategien ausbilden, die in künftigen Situationen wieder genutzt werden können.

Die Arbeitsweise unseres Gehirns ist auf Erfahrungen, aus denen Spuren und Strukturen gebildet werden, angewiesen. Durch Verknüpfungen von Erfahrungen aus verschiedenen Situationen werden Kompetenzen für zukünftige Gespräche erworben. Mit jeder positiven Gesprächserfahrung werden also Fähigkeiten gefördert, die zu einer dialogischen Haltung führen.

Erfahrungen strukturieren das Gehirn

In zahlreichen Publikationen, Vorträgen und Filmen hat der Mediziner, Psychologe und Philosoph Manfred Spitzer den heutigen Wissensbestand zur Entwicklung und Arbeitsweise des Gehirns zusammengetragen. Er leitet das Transferzentrum für Neurowissenschaften und Lernen in Ulm (ZNL). Für Pädagoginnen und Pädagogen ist das im Jahr 2002 veröffentlichte Buch „Lernen. Gehirnforschung und die Schule des Lebens" besonders lesenswert. Das folgende Zitat wurde aus seinem Werk „Selbstbestimmen. Gehirnforschung und die Frage: Was sollen wir tun?" entnommen: „Man spricht von positiver Rückkoppelung (…). Irgendetwas kommt zu den Sinnen herein, wird verarbeitet und hinterlässt eine Spur. Diese Spur führt dazu, dass eine ähnliche Erfahrung besser verarbeitet wird. (…) Selbst wenn das Gehirn zu irgendeinem Zeitpunkt seiner Entwicklung keinerlei innere Struktur aufweisen würde, käme es durch das Erfahren in der Welt ganz automatisch zur Bildung von Strukturen" (Spitzer 2004, S. 71).

Gespräche üben

Zu den Merkmalen des pädagogischen Alltags zählen Heterogenität, Meinungsvielfalt und Interessensgegensätze. Keine Pädagogin und kein Pädagoge kommen in dieser Komplexität ohne Gesprächsmethoden zurecht. Sie brauchen sie, um die Zusammenhänge selbst besser wahrzunehmen, strittige Situationen meditativ aufzugreifen und das konstruktive Zusammenwirken der Beteiligten zu unterstützen. Die pädagogischen Fachkräfte müssen auch auf überraschende Situationen, Irritationen und Fragestellungen kompetent eingehen können. Dazu reicht es nicht aus, zu wissen, welche Methoden es gibt. Wie beim Kochen gibt es auch für die Gesprächsführung die wunderbarsten Rezepte aus Büchern. Ein leckeres Essen kommt aber nur durch das eigene Kochen auf den Tisch. Mit anderen Worten: Gesprächsführung muss man üben, üben, üben. Das gilt vor allem für schwierige Gespräche. Schwierig erscheinen sie, weil sie schon im Vorfeld negative Gefühle oder Ängste verursachen.

Im geschützten Raum eines Rollenspiels proben

Die Erfahrung in Fortbildungen zeigt immer wieder: Wer eine anstehende schwierige Gesprächssituation im geschützten Rahmen eines Rollenspiels probt, traut sich eher zu, dieses Gespräch später tatsächlich zu führen. Wichtig ist, dass die Erfahrungen des Rollenspiels mit anderen reflektiert werden. Anders als in der realen Situation kann aus der Selbstbeobachtung und den Ideen anderer ein neuer, ermutigender Wahrnehmungsraum eröffnet werden. Angesichts der Dominanz, die Gefühle haben, darf man nicht erwarten, dass sie sich in schwierigen Situationen verflüchtigen. Besser ist es, sich diese negativen Gefühle bewusst „anzuschauen" und ihnen mit passenden Strategien zu begegnen. Wohlüberlegte Vorbereitung ermöglicht, sich selbst und das Gegenüber ernst zu nehmen und aktiv auf einen lösungsorientierten Verlauf hinzuwirken.

Orientierung finden und Grenzen überwinden

In Gesprächssituationen treffen unterschiedliche Vorstellungswelten zusammen. Illusionär ist die Erwartung, dass alle in einer Gesprächssituation versammelten Menschen zu jedem Zeitpunkt mit der gleichen persönlichen Motivation und dem gleichen inhaltlichen Interesse mitwirken können und wollen. Auch wenn es allen um das gleiche Ziel – das Wohl der Kinder – geht. Wer kommunikativen Teufelskreisen entgegenwirken will (sie führen in keinem

Aspekt zu mehr Qualität), kommt nicht ohne professionelle Werkzeuge aus. Sie bieten ein Orientierungssystem, um auch bei Störungen und Abweichungen den Weg zum Ziel erkennen zu lassen.

Methoden der Gesprächsführung geben Orientierung

Methoden der Gesprächsführung geben Orientierung, um dann mit „kleinen Schritten" zum Ziel zu kommen. Wer das Ziel kennt, kann sich entscheiden, wie langsam oder schnell der Weg bewältigt werden soll. Er hat auch die Freiheit, sich Zeit für links und rechts des Weges liegende Phänomene zu nehmen. Und er kann, wenn ihm das sinnvoll erscheint, noch einmal einen Teil der Strecke rückwärtsgehen, zum Beispiel um andere mitzunehmen.

Der weltberühmte Dirigent Claudio Abbado soll in den Orchesterproben eine bemerkenswerte Kommunikation mit seinen Musikern entwickelt haben. Er sagt nicht: „Mehr piano!" oder „Mehr fortissimo!" Er sagt: „Hören Sie auf die Klarinette!" oder „Hören Sie auf die Geigen!" Es ist zu spüren, dass er an die musikalischen Fähigkeiten der Musikerinnen und Musiker glaubt. Seine Rolle sieht er offensichtlich darin, das Ganze im Ohr zu haben und dem Orchester aus dieser Position Rückmeldungen zu geben. Es genügt, den Musikern das gemeinsame Ziel zu zeigen; den Weg finden sie in ihrer Virtuosität von selbst.

Es kommt darauf an, einen anderen Standpunkt einzunehmen

Einen anderen Standpunkt einnehmen – darauf kommt es an. Es ist entscheidend, von einem anderen Standpunkt aus die Sache mit anderen Augen zu sehen und mit anderen Ohren zu hören. Dies hilft, sich selbst und die anderen besser wahrzunehmen und sich so auch besser aufeinander abzustimmen. Bei Claudio Abbado kann man sehen und hören, welche Ergebnisse auf diese Weise entstehen: Heraus kommt eine verzaubernde Atmosphäre, die jeden Konzertbesucher fasziniert.

Grenzen muss man nicht setzen, sie sind für jeden Menschen immer schon da: Kein Musiker kann jede Komposition auf jedem Instrument spielen. Kein Maler kann jedes Bild in jeder Technik malen. Kein Mediziner kann alle Krankheiten kennen und heilen. Auch für die kommunikativen Fähigkeiten gilt, dass hier individuelle Grenzen gesetzt sind. Und auch beim Erwerb von Methoden sind Grenzen durch die Persönlichkeit gesetzt. Diese Grenzen können durch Reflexion, Lernen und Praxis erweitert, aber nicht aufgelöst werden. Wer sich in Gesprächssituationen eher spontan oder impulsiv mit seinen Gedanken einbringt, hat es zum Beispiel schwer, sich Methoden anzueignen, die das Zuhören, Abwarten, Abwägen erfordern. Auch mit sehr viel innerer Disziplin und Reflexion wird die Methode nicht wie „maßgeschneidert" sitzen. Umgekehrt gilt: Wer in Gesprächssituationen gerne beobachtet und zuhört, sich auch ohne aktives Mitsprechen wohl fühlt, wird es nicht leicht haben mit Methoden, die ihm Moderationsverantwortung oder Meinungsäußerungen abverlangen. In diesem Fall werden diese Methoden immer wieder eine Herausforderung darstellen, die Mut und Selbstüberwindung kosten.

Selbstveränderungspotenziale nutzen

Menschliche Entwicklungsprozesse entziehen sich der nachträglichen Bewertung. Niemand kann tatsächlich wissen, welche Erfahrungen zu welchen Wirkungen auf die Persönlichkeitsentwicklung geführt haben. Ebenso wenig lässt sich in der Rekonstruktion mit Gewissheit darstellen, welche alternativen Entwicklungen durch andere Erfahrungen möglich gewesen wären. Es gehört zu den universellen Grundlagen menschlicher Kommunikation, dass wir im Kontakt mit Menschen aus der Sprechweise und Körperhaltung entnehmen, ob wir es mit einem eher selbstsicheren oder eher unsicheren Menschen zu tun haben. Ob wir es wollen oder nicht: Wir stellen uns darauf ein.

Jeder Mensch entwickelt sich permanent durch Impulse und Eindrücke, die er aus der Umwelt aufnimmt. In einem langwierigen, oftmals unbewussten Vorgang verarbeitet er diese Eindrücke und integriert sie schließlich in sein eigenes Wissen. Diese komplexen Vorgänge wurden aus anthropologischer, biologischer, psychologischer und neurologischer Perspektive erforscht. Wir wissen, dass sich diese Lernprozesse des Menschen nicht selektiv auf die Ausbildung bestimmter Fähigkeiten begrenzen lassen, sondern jedes Lernen auf den ganzen Menschen und seine Persönlichkeit einwirkt.

Jedes Lernen wirkt auf den ganzen Menschen und seine Persönlichkeit ein

Dachte man früher, dass Temperament, Intelligenz, Lernfreudigkeit, Zielstrebigkeit und Lebenseinstellungen als konstante Größen kaum beeinflussbar sind, wissen wir heute, dass das Selbstveränderungspotenzial des Menschen sehr groß ist. Die eigene Lernfreudigkeit kann allerdings sehr stark variieren. Emotion und Motivation haben in vielen Lernsituationen mehr Einfluss auf das Lerngeschehen als die Attraktivität des Themas.

Anregungen für die Praxis

Wenn es, wie die Hirnforschung uns lehrt, Erfahrungen sind, die unser Gehirn und damit unser Fühlen und Denken prägen, dann liegt die Frage auf der Hand, wie wir uns Erfahrungen bewusst machen können, sie bestmöglich dokumentieren und reflektieren. Vor der Erfindung von Fernsehen, PC und Internet haben viele Menschen regelmäßig Tagebuch geführt. Sich selbst noch einmal über das Erlebte in schriftlicher Form Gedanken zu machen, ermöglicht, sich

- über sich selbst oder Entdeckungen des Tages zu wundern,
- nachdenkend und schreibend über Ereignisse oder Erlebnisse noch einmal zu freuen,
- der eigenen oder erfahrenen Verhaltensweisen bewusst zu werden und sich zu distanzieren,
- Pläne und Strategien zu überlegen, die weiterverfolgt werden könnten.

Ein Pädagogisches Journal ist ein Tagebuch über die eigene Professionalität. Hier werden alltägliche Erfahrungen aus der Praxis festgehalten. Es kann alles aufgeschrieben werden, was bei der Erarbeitung eines neuen Arbeitsbereiches oder einer speziellen Fachaufgabe von Bedeutung erscheint. Das Pädagogische Journal bietet die Möglichkeit, sich selbst Fragen zu stellen, sich die Etappen des eigenen Lernens bewusst zu machen. Die gesammelten Notizen, Bilder, Artikel oder Dokumentationen können immer wieder neu gesichtet, reflektiert, geordnet, ergänzt und ausgewählt werden.

Erwartungen, Erfahrungen, Emotionen

Ob eine Gesprächssituation von den Beteiligten als befriedigend oder unbefriedigend bewertet wird, ist keineswegs immer klar. Der Maßstab hängt von den Erwartungen, Erfahrungen und Emotionen der Beteiligten ab. Gesprächsmethoden bieten eine Möglichkeit, diese häufig undurchschaubare Mischung zu erkennen und Klärungen herbeizuführen.

Eine besondere Rolle spielen dabei Emotionen. Emotionen sind tief im Menschen verankerte Kräfte und Reaktionsweisen, die sich im Verlauf der Evolution herausgebildet haben. Sie bewirken reflexartige Handlungsweisen wie Verteidigungsbereitschaft in Gefahrensituationen oder Hilfsbereitschaft, selbst in ausweglosen Notfällen. In einer Welt der Gefährdungen in der Frühzeit der menschlichen Entwicklung dienten starke Emotionen dem Schutz der Familie. In dieser Zeit waren sie überlebensnotwendig.

Emotionen spielen eine besondere Rolle

Diese Reaktionen kommen reflexartig zustande und können durch besondere Anlässe ausgelöst werden. Gerade deshalb müssen sie in der zivilisierten Welt „an die Leine gelegt" werden. Ge- und Verbote wurden errichtet, um Menschen abzuhalten, ihre Emotionen (z.B. durch Selbstjustiz) unmittelbar auszuleben. Soll es im Überschwang von Gefühlen also nicht zu zwischenmenschlichen Übergriffen kommen, muss jeder Mensch lernen, seine Emotionen zu kontrollieren. Dazu schreibt der Psychologe Daniel Goleman: „Die langsamen, bedächtigen Kräfte der Evolution, die unsere Emotionen formten, haben ihr Werk im Laufe von Millionen Jahren getan; die letzten zehntausend Jahre, in denen die menschliche Zivilisation einen rapiden Aufstieg erlebte und die Bevölkerung von fünf Millionen auf fünf Milliarden anschwoll, haben in den biologischen Grundformen unseres Gefühlslebens kaum eine Spur hinterlassen" (1996, S. 21).

Indem Emotionen kontrolliert werden, sind sie jedoch nicht verschwunden. Denn es kommt nach wie vor zur Ausschüttung von Botenstoffen, die Gefühlszustände und Reaktionswünsche definieren. Von Wut und Aggression bis Angst und Depression ist dabei alles möglich. Die Zivilisation fordert also einen hohen Preis von unserem Gefühlsleben. Gleichwohl haben wir evolutionär auch etwas in unserem „Gepäck", das wir dringend benötigen und auch weiterentwickeln können. Goleman nennt es „Emotionale Intelligenz".

Was bedeutet „Emotionale Intelligenz"?

Darunter versteht er ein ganzes Bündel an Fähigkeiten und Verhaltensweisen, die im zwischenmenschlichen Bereich entspannende und entlastende Funktionen haben. Goleman berichtet auch von Beispielen „Emotionaler Brillanz". Sie wird dort sichtbar, wo ein Mensch über Fähigkeiten verfügt, selbst dort noch Auswege zu ermöglichen, wo Situationen eskalieren (ebd., S. 161).

Wer über eine hohe emotionale Intelligenz verfügt, kann sich in andere Menschen hineinversetzen. So kann beispielsweise die Leiterin einer Kindertageseinrichtung nachfühlen, dass sich eine Mutter sehr verletzt gefühlt hat, als ihr kürzlich in knappen Worten mitgeteilt wurde, dass ihr Kind in der körperlich-motorischen Entwicklung „Defizite" habe.

2.2 Methoden der Gesprächsführung in der Kita

Gesprächsführungs-kompetenzen kann man erwerben

Gesprächsführungskompetenzen muss und kann man erwerben. Durch eine hohe Aufmerksamkeit in Gesprächen und regelmäßige Reflexion von gelungenen oder misslungenen Gesprächsverläufen bekommt man ein Gefühl dafür, worin das Geheimnis der Gesprächsführung liegt. Oft hilft auch die Orientierung an guten Vorbildern: Gibt es jemanden im eigenen beruflichen oder privaten Umfeld, der beeindruckend gut reden und zuhören kann? Kann er Gespräche so einleiten, gestalten und beenden, dass sie im Sinne der Inhalte erfolgreich und für die Beteiligten „eine Lust" waren? Dann hilft es, nach dem Schlüssel seines Erfolges zu suchen. Denn in guten Gesprächen – dies ist der bewunderten Person vielleicht selbst gar nicht bewusst – steckt eine Methode.

Es handelt sich um ein Verfahren zur Gesprächsführung, das die einzelnen über lange Zeit entwickelt und erprobt haben. Alles, was sich als erfolgreich bewährt hat, wird in den nächsten Gesprächen, in anderen Zusammenhängen, mit anderen Menschen wieder verwendet oder abgewandelt und weiterentwickelt.

Alles, was ein Gespräch zum Stocken gebracht, in eine falsche Richtung gezogen oder unglücklich beendet hat, wird verworfen. Jeder Mensch, sofern er sich Gedanken über Gespräche macht und diese möglichst gut führen möchte, entwickelt so im Laufe seines Lebens seine eigenen Methoden.

Im Prinzip können auch die „Erfinder" von Gesprächsführungsmethoden als solche Vorbilder angesehen werden. Sie können nicht als Personen kopiert werden. Aber ihre Erfolgsgeheimnisse, die sie über ihre Veröffentlichungen und Fortbildungen anderen Menschen zugänglich machen, sind über lange Jahre bewährte Methoden, die in den unterschiedlichsten Zusammenhängen Gespräche erfolgreich gestalten. Im Folgenden werden Methoden vorgestellt, die sich ganz besonders für Gespräche in der Kindertageseinrichtung eignen. Dazu gehören „Klassiker" wie der Personzentrierte Ansatz nach Carl R. Rogers, die Themenzentrierte Interaktion nach Ruth C. Cohn und die Gewaltfreie Kommunikation von Marshall B. Rosenberg. Zunehmend werden aber auch neuere Ansätze aus der Kommunikationsforschung oder der Unternehmensberatung für den Kita-Bereich adaptiert bzw. ganz spezielle Methoden entwickelt.

„Erfinder" von Gesprächsführungsmethoden als Vorbild

Der Personzentrierte Ansatz nach Carl R. Rogers

Carl R. Rogers (1902 – 1987) brauchte eine Weile, bis er seinen Beruf, besser seine Berufung, gefunden hatte: Zunächst studierte er Agrarwissenschaften und Theologie, anschließend Psychologie. Ihn interessierte die Arbeit mit Menschen – genauer mit Menschen, die aus den unterschiedlichsten Gründen therapeutische Hilfe benötigten. In den 1940er-Jahren begann er, sein eigenes Konzept „nichtdirektiver Therapie" zu entwickeln. Unverbrüchlich war sein Vertrauen in das Entwicklungspotenzial von Menschen, ganz ungeachtet ihrer Herkunft, ihrer Krankheiten und Störungen oder ihres Fehlverhaltens. Kurz vor seinem Tod 1987 war er auf der Kandidatenliste für den Friedensnobelpreis.

Einige Jahre vor seinem Tod fasste er in dem Buch „Der neue Mensch" (1980) seine zentralen Überlegungen und Erfahrungen in Form einer Aufsatzsammlung zusammen. Im Vorwort zur deutschen Ausgabe (1981) beschreibt er seine Grundüberzeugung: „(…) meine Erfahrung mit einzelnen und mit Gruppen hat mir gezeigt, dass das Individuum, wenn es sich der ihm offen stehenden Wahlmöglichkeiten voll bewusst ist, einer konstruktiven Wahl in Richtung auf soziale Harmonie den Vorzug gibt gegenüber einer destruktiven Richtung aus sozialer Disharmonie" (Rogers 1981, S. 7).

Seine therapeutische Praxisforschung ist darauf ausgerichtet, Wege zu finden, den Klienten darin zu unterstützen, sich der ihm offen stehenden Wahlmöglichkeiten bewusst zu werden. Dieser Weg stellt hohe Ansprüche an den Therapeuten. Er muss in der Lage sein, sich auch auf sehr schwierige Klienten einlassen zu können. Für seinen Ansatz fand Rogers im Verlauf seiner Publikationen unterschiedliche Bezeichnungen, zuletzt nannte er ihn den „Personzentrierten Ansatz".

Das Beziehungs-
geschehen
zwischen „Ich",
„Du" und „Wir"

Rogers richtet die Aufmerksamkeit vor allem auf das Beziehungsgeschehen von „Ich", „Du" und „Wir", stellt also das „Du" zwischen „Ich" und „Wir". Erst wenn der Mensch sich als „Ich" seiner Möglichkeiten bewusst ist, kann er diese konstruktiv im „Wir" einbringen. Auf dem Weg zu diesem Bewusstsein steht das therapeutische oder erzieherische Gespräch. Es soll ein förderliches Klima schaffen, das sich darauf richtet, das „Ich" im „Du" zu stärken. Rogers sagt: „Drei Bedingungen müssen erfüllt sein, damit ein Wachstum förderndes Klima entsteht. Diese Bedingungen gelten sowohl für die Beziehung zwischen Therapeut und Klient wie auch für das Verhältnis zwischen Eltern und Kind, Leiter und Gruppe, Lehrer und Schüler oder Führungskraft und Mitarbeiter:

- Das erste Element könnte man als Echtheit, Unverfälschtheit oder Kongruenz bezeichnen.
- Die zweite Voraussetzung für ein Klima, das Veränderung fördert, ist das Akzeptieren, die Anteilnahme oder Wertschätzung – das, was ich als bedingungslose positive Zuwendung bezeichnet habe.
- Der dritte förderliche Aspekt einer solchen Beziehung ist das einfühlsame Verstehen. Das bedeutet, dass der Therapeut genau die Gefühle und persönlichen Bedeutungen

spürt, die der Klient erlebt, und dass er dieses Verstehen dem Klienten mitteilt" (ebd., S. 67).

Anregungen für die Praxis

Lernziel: Der Teilnehmer soll sich auf den Gesprächspartner konzentrieren, aufmerksam zuhören.

Dauer: maximal 15 Minuten pro Runde.

Erste Runde: Setzen Sie sich zu zweit gegenüber. Eine dritte Person übernimmt die Beobachterrolle und sitzt etwas abseits des Geschehens, eventuell mit Papier und Stift für Notizen ausgerüstet. Person A spricht über eine schwierige Situation aus dem pädagogischen Alltag: von einem Kind, einer Mutter oder Eltern, vielleicht auch über einen Konflikt im Team. Person B hört aktiv zu, zeigt nonverbale Signale des Verstehens und bekundet Verständnis, indem sie das Gehörte mit eigenen Worten wiedergeben wird. Person C ist Metabeobachter. Sie achtet auf die Körpersprache und die Rückmeldungen von Person B und auf die Zeit.

Nach circa 8 bis 10 Minuten gibt es einen kurzen Austausch darüber, wie sich die Personen A und B beim Gespräch fühlten, und anschließend teilt Person C ihre Beobachtungen mit. Das Ende der ersten Runde erfolgt spätestens nach 15 Minuten.

Die **zweite und dritte Runde** wird mit wechselnder Rollenbesetzung durchgeführt, damit die Teilnehmer sich in jeder Rolle erfahren können (vgl. Reemen 2009).

Der Personzentrierte Ansatz ist ein anspruchsvolles Konzept, das nicht ohne Übung erlern- und umsetzbar ist. Vor allem – und darauf kommt es ja an – in schwierigen Gesprächssituationen. Ein zentrales Element des Ansatzes ist das „Aktive Zuhören". Rogers

Das „Aktive Zuhören"

leitet die Haltung der gesprächsführenden Person aus den Voraussetzungen ab, die er grundsätzlich für Beziehungen formuliert hat:

- **Kongruenz:** Authentisch auftreten heißt ehrlich und echt sein.
- **Respekt:** Akzeptanz der Person, ihr mit unbedingter Wertschätzung (positiver Einstellung) begegnen.
- **Empathie:** Sich sensibel in die Wahrnehmungsweise der Person einfühlen.

Aus diesen drei Anforderungen an die Haltung lassen sich wichtige Grundsätze für die Gesprächsführung ableiten:

- **Wahrnehmen:** zuhören, worum es der sprechenden Person geht.
- **Zuordnen:** spiegeln, wie ich das Gesagte (Verbale und Nonverbale) gehört und verstanden habe.
- **Abwägen:** nachdenken, welche Schlüsse ich aus dem Gehörten ziehe.
- **Antworten:** rückmelden, was ich dazu sagen kann/sagen will.

Anregungen für die Praxis

Zum „Aktiven Zuhören" gehören:
- Auf ungestörte Gesprächsumgebung achten
- Zugewandte Sitzposition und Körpersprache
- Blickkontakt halten
- Zuhören ohne positive / negative Bewertungen abzugeben
- Pausen zulassen und aushalten
- Auf eigene Gefühle achten
- Gefühlsäußerungen der sprechenden Person aufmerksam wahrnehmen und ansprechen
- Warten, bis die sprechende Person signalisiert, dass sie fertig ist

- Sich durch verbale Angriffe oder Vorwürfe nicht provozieren lassen
- Sich in die Wahrnehmungswelt der sprechenden Person einfühlen
- Sparsam mit der eigenen Meinung umgehen

Die von Rogers formulierte Grundhaltung des „Aktiven Zuhörens" ist auf allen Ebenen der Kommunikation in der Kindertageseinrichtung anwendbar: im Team, mit Kindern, mit Eltern und auch im weiteren Umfeld. Es lohnt, sich Zeit für die Entwicklung dieser Kompetenzen zu nehmen. Teams, die diesen Weg gegangen sind, machen die Erfahrung, dass sich eine solche Haltung unmittelbar auf die Beziehungsqualität in der Kita auswirkt. Angesichts der großen fachlichen Herausforderungen, mit der jede Kindertageseinrichtung konfrontiert ist und für die sie mit den beteiligten Fachkräften, Eltern und Kindern richtige Antworten finden muss, haben diese Kompetenzen die Funktion eines Zentralschlüssels.

Die Themenzentrierte Interaktion (TZI) nach Ruth C. Cohn

Ruth C. Cohn (1912 – 2010) entwickelte das TZI-Konzept nach dem Zweiten Weltkrieg in den USA, wo sie als Psychotherapeutin wirkte, nachdem sie im Jahre 1933 emigrierte, um einer Deportation in ein Konzentrationslager zu entgehen. Ende der 1960er-Jahre nahm sie erstmals Einladungen zu Fachkongressen in der Schweiz an. Nach einigen Jahren des Reisens fand sie im Jahr 1974 ihr Domizil schließlich in der Schweiz. Bis ins hohe Alter arbeitete sie aktiv mit Gruppen und Institutionen zusammen.

Im Vorspann zu einem ihrer letzten Bücher schreibt Ruth C. Cohn: „Gute Theorien sind gut geerdete Schienen, auf denen die Praxis weitergleitet. Je weiter die Landschaft und je größer das Schienennetz, umso wichtiger sind Grundkenntnisse der Umgebung, Präzision der Technik und Sorgfalt für die Weichenstellung" (1993, S. 10).

Mit diesem Bild wirbt Ruth C. Cohn nicht nur für das Interesse, sich mit Theorien zu beschäftigen, sondern sie vermittelt auch anschaulich die Dynamik und Komplexität kommunikativer Situationen. Immer gibt es ein „Es" (das Thema, eine Frage, eine Sache, um die es hier und jetzt geht), ein „Wir" (die Menschen, deren gemeinsame Aufgabe darin besteht, dieses „Es" zu bewältigen), ein „Ich" (das sowohl zum „Es" wie zum „Wir" finden muss) und einen „Globe", also eine Umwelt, die das Dreieck umgibt und zu der es sich verhalten muss.

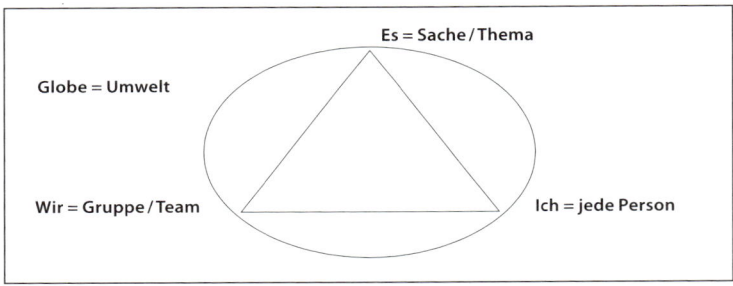

Es = Sache/Thema
Globe = Umwelt
Wir = Gruppe/Team
Ich = jede Person

Weichen im kommunikativen Geschehen stellen

Wird einer dieser vier Aspekte nicht oder nur unzureichend berücksichtigt, kommt es zur Störung. Die Herausforderung besteht also darin, Weichen im kommunikativen Geschehen zu stellen, um Störungen frühzeitig entdecken und ihnen angemessen begegnen zu können. Einer kommunikativen Störung muss unbedingte Aufmerksamkeit gewidmet werden, um auf dem Weg des „Es" weiterzukommen. Ruth C. Cohn berichtete in mehreren Veröffentlichungen, wie sie nichttherapeutische Gruppen leitet: „Ich vertrete das Thema und die Wichtigkeit der Personen und ihrer Kommunikationen. Gefühle und Gedanken sind mir gleich wichtig. Wenn Störungen oder starke Betroffenheiten oder anderweitiges Engagement jemanden behindern, sich auf die Gruppe und das Thema einzulassen, gebe ich Störungen und Ablenkungen den Vorrang" (Cohn 1984, S. 343).

Cohns Konzept verbreitete sich in den 1980er-Jahren mit rasender Geschwindigkeit. Auf große Resonanz und Akzeptanz stieß es insbesondere in der Ausbildung, Beratung und Fortbildung von Supervisoren, Sozialarbeitern und Sozialpädagogen. Es bildeten sich zahlreiche Gruppen, die sich zur Reflexion und zum Training ihrer TZI-Kompetenzen trafen. Bis heute inspiriert und ermutigt Cohns Idee von der dynamischen Balance zwischen dem „Ich", „Wir", „Es" und „Globe". Immer war sie besorgt, dass diese Suche nach Balance zu einer instrumentellen Technik missbraucht werden könnte. Dem entgegenzuwirken, nennt sie drei Voraussetzungen, die sogenannten TZI-Axiome, um die TZI-Methode kompetent anwenden zu können (Cohn 1987, S. 356):

- „Der Mensch ist eine psycho-biologische Einheit und ein Teil des Universums. Er ist darum gleicherweise autonom und interdependent (abhängig). Die Autonomie des einzelnen ist umso größer, je mehr er sich seiner Interdependenz mit allen und allem bewusst wird (Anthropologisches Axiom).

    Drei Voraussetzungen für die kompetente Anwendung der TZI-Methode

- Ehrfurcht gebührt allem Lebendigem und seinem Wachstum. Respekt vor dem Wachstum bedingt bewertende Entscheidungen. Das Humane ist wertvoll, Inhumanes ist wertbedrohend (Ethisch-religiöses Axiom).
- Freie Entscheidung geschieht innerhalb bedingender innerer und äußerer Grenzen; Erweiterung dieser Grenzen ist möglich (Pragmatisch-politisches Axiom)."

Cohn entwickelte eine ganze Palette von Hilfsregeln, die Gespräche nach der TZI-Methode erleichtern sollen. Allerdings wehrt sie sich ausdrücklich gegen eine starre Anwendung dieser Regeln. Es bleibt immer in der Verantwortung der Gesprächsleitung zu entscheiden, wann welche Hilfsregeln eingesetzt werden können. In Aus- und Fortbildungsseminaren zur Gesprächsführung werden vor allem folgende Hilfsregeln angewendet (vgl. Cohn 1987, S. 361f.):

Hilfsregeln, die Gespräche nach der TZI-Methode erleichtern

- Vertritt dich selbst in deinen Aussagen, sprich per Ich und nicht per Wir oder per man.
- Sei zurückhaltend mit Verallgemeinerungen (sie unterbrechen die Gruppenprozesse).

- Sage, warum du fragst, wenn du eine Frage stellst (echte Fragen benötigen Information).
- Sei authentisch und selektiv. Mache dir bewusst, was du denkst, fühlst und glaubst und überdenke vorher, was du sagst und tust (Filterfunktion).
- Halte dich mit Interpretationen anderer zurück. Sprich über deine eigenen Reaktionen.
- Beobachte Signale aus deiner Körpersphäre und beachte diese auch bei anderen Teilnehmern.

Das Besondere an Cohns Ansatz ist, Störungen oder Ablenkungen als bedeutsamen Teil des Kommunikationsprozesses zu betrachten und diese methodisch basiert zu klären.

Gewaltfreie Kommunikation (GFK) nach Marshall B. Rosenberg

Marshall B. Rosenberg (geb. 1936) studierte unter anderem bei Carl R. Rogers Psychologie und wurde 1966, nur wenige Jahre nach seiner Promotion, zum offiziellen Prüfer für Klinische Psychologie ernannt. Im Jahr 1984 gründete er in den USA das gemeinnützige Center for Nonviolent Communication (Zentrum für gewaltfreie Kommunikation). Seit vielen Jahren ist er ein international bekannter und gefragter Mediator.

Das GFK-Konzept hat weltweit Beachtung gefunden und wird inzwischen in vielen Ländern gelehrt. Rosenberg selbst engagiert sich für die Ausbildung von zahlreichen Berufsgruppen. Eine große Fülle an lesenswerten Büchern und anderen Materialien eignen sich für die praktische Arbeit mit Kindern, Jugendlichen und Erwachsenen ebenso wie für die Aus- und Fortbildung (z.B. Rust 2006).

Vier Phasen im Prozess der Gewaltfreien Kommunikation

Für die Anwendung der Gewaltfreien Kommunikation, zum Beispiel in Konfliktsituationen, empfiehlt er einen Prozess, der in vier Phasen abläuft (vgl. Rosenberg 2007):

Phase 1: **Beobachtungen**
Was ich beobachte …   Was du beobachtest …

Phase 2: **Gefühle**
Wie ich mich fühle …   Wie du dich fühlst …

Phase 3:	Bedürfnisse	
	Was ich brauche	Was du
	oder schätze …	brauchst oder schätzt …
Phase 4:	Bitten	
	Konkrete Handlungen,	Konkrete Handlungen,
	die ich mir wünsche …	die du dir wünschst …

Dialogvereinbarungen: Grundlage zur Entwicklung einer Gesprächskultur im Team

Im Rahmen von Projekten oder Fortbildungen sind Vereinbarungen zum Dialog eine gute Möglichkeit, Sicherheit und Vertrauen in Zusammenarbeit zu erzeugen. Die Erfahrung zeigt, dass es in Gruppen, die sich auf solche Vereinbarungen verständigt haben, seltener zu Irritationen und Konflikten kommt.

Alle Teilnehmenden wissen, dass es Möglichkeiten, Räume und Zeiten gibt, die eigenen Gefühle und Meinungen zu äußern. Die im Folgenden aufgeführte Dialogvereinbarung wurde in langjährigen Team- und Qualitätsentwicklungsprozessen mit Kindertageseinrichtungen entwickelt und erprobt (vgl. Kebbe o. J.). Sie besteht aus drei Bausteinen, die sich auf die Gruppenatmosphäre, den Arbeitsprozess und die Gesprächsregeln beziehen:

Verantwortung für eine positive und produktive Gruppenatmosphäre

Drei Bausteine für eine Dialogvereinbarung

- Auf den anderen neugierig sein
- Im Umgang wohlwollend sein
- Andere annehmen und sich annehmen lassen (Offenheit und Akzeptanz)
- In Bezug auf die eigenen Bedürfnisse achtsam sein
- Strukturen und Pausen für den Arbeitsrhythmus schaffen und beachten.

Gestaltung des Arbeitsprozesses in der Gruppe

- In der Mitarbeit / Teilhabe eigenverantwortlich sein

- In der Umsetzung von vereinbarten Aufgaben verbindlich sein
- Sich in die Sichtweise und Situation anderer eindenken und einfühlen (Perspektivenwechsel)
- Bereit sein, auch das Alte in neuem Licht zu sehen (Offenheit für Neues)
- Für das Einbringen von Themen und Unterlagen Selbstverantwortung zeigen
- Gemeinsame Verantwortung für Ideen- und Methodenvielfalt tragen
- Verantwortung für den inhaltlichen Ablauf von Gesprächen übernehmen: am Thema bleiben
- Ergebnisse festhalten und Aufgabenverantwortung gerecht verteilen
- Rollen und Aufgaben zu Beginn von Arbeitsbesprechungen klären: Moderation, Dokumentation und Ergebnistransfer.

Einhaltung von Gesprächsregeln
- Regeln für „Aktives Zuhören" beachten
- Spontane Kommentare und Interpretationen möglichst sparsam verwenden
- Verallgemeinerungen (Kinder, Eltern und Kolleginnen betreffend) möglichst vermeiden
- Feedback geben und Feedback annehmen
- Datenschutz beachten und einhalten
- Diskretion im Umgang mit Namen und personenbezogenen Informationen zeigen.

Fragen zur Selbstreflexion

Es kann durchaus sinnvoll sein, auch in bereits langjährig zusammengesetzten Teams „neue" Dialogvereinbarungen abzuschließen oder die alten auf ihre Tragfähigkeit hin zu überprüfen. Dialogvereinbarungen haben den Vorteil, dass sich alle Beteiligten auf die Fairness von Rollenverteilungen und Sprechweisen verständigen. Ob eine Dialogvereinbarung gut für ein Team wäre, kann anhand folgender Reflexionsfragen eingeschätzt werden:

→ Ist die Gesprächsatmosphäre einladend und ermutigend? ....

→ Gibt es eine „vorbereitete Umgebung", die Wohlbefinden schafft? ....

→ Wer hat die Rolle der Gesprächsführung? ....

→ Wird diese Rolle hierarchisch oder kompetenzorientiert verteilt? ....

→ Wer bestimmt die Themenauswahl? ....

→ Werden Prioritäten gesetzt und wer setzt sie? ....

→ Wie sind die Gesprächsbeiträge im Team verteilt und werden alle einbezogen? ....

→ Bleibt das Team bei den aufgerufenen Themen? ....

→ Werden Widersprüche und andere Meinungen zugelassen?

→ Wird grundsätzlich wertschätzend über die Nichtanwesenden gesprochen? ....

→ Wird Datenschutz ernst genommen? ....

Feedback geben: Die Kultur der Rückmeldung

Sicher, Pädagoginnen und Pädagogen bekommen im Alltag oft ein unmittelbares Feedback von den Kindern selbst: Je jünger die Kinder sind, umso offener. Auf der Ebene der Erwachsenen sieht es allerdings oft ganz anders aus. Eine positive Rückmeldung zwischen den Erwachsenen – im Team oder von Eltern – kommt meistens nur dann an, wenn außerordentliche, das eigentliche Maß überschreitende Leistungen erbracht wurden. Gleichzeitig haben die pädagogischen Fachkräfte trotz der öffentlichen Debatte um Frühe Bildung noch immer den Eindruck, dass ihre Arbeit als solche kaum in der Gesellschaft wahrgenommen und anerkannt wird – und dabei gilt: Je jünger die Kinder sind, umso weniger Anerkennung. Wer aber immer nur im Wettbewerb um die Aufmerksamkeit nach vorne hetzt, läuft bald Gefahr, erschöpft und ausgebrannt zu sein.

Anerkennung ist ein wichtiger Grundsatz

Gerade in Gesprächen, die zum Zweck der Ziel- und Leistungsvereinbarung geführt werden, ist die Anerkennung ein wichtiger Grundsatz. Die Würdigung des bereits Geleisteten ist dabei ebenso wichtig wie die realistische Einschätzung der nächsten Ziele. Feedback geben und entgegennehmen zu können, gehört zu den Kernkompetenzen für alle pädagogischen Berufsgruppen. Es gibt eine ganze Palette von Feedbackinstrumenten (mündliche, schriftliche, offene, anonyme, Gruppenfeedbacks, Vier-Augengespräche etc.), deren Kombinationsvielfalt keine Grenzen gesetzt sind. Je weniger schematisch das Feedback eingeholt wird, desto aussagekräftiger und authentischer ist es. Es lohnt sich deshalb, auch ab und an ein Feedback über die Art des Feedbacks einzuholen. Denn ein Feedback macht nur Sinn, wenn es Chancen zur Reflexion und Veränderung schafft.

 Anregungen für die Praxis

Feedback im Team: Für einen fairen und produktiven Ablauf des Feedbacks ist es hilfreich, die Feedback-Fragen schon vorher für alle sichtbar aufzuschreiben. Ein Feedback-Bogen kann auch bereits zu Beginn einer Besprechung oder eines Konzeptionstages an die Teammitglieder verteilt werden. Vor dem Abschluss der Sitzung werden etwa drei Minuten Bedenkzeit gegeben, in der die Teilnehmenden Stichworte dazu notieren, was zu sagen ist. Damit

METHODEN DER GESPRÄCHSFÜHRUNG

kann sichergestellt werden, dass die Rückmeldung nicht zu stark von den Vorrednern beeinflusst wird. In der anschließenden Feedback-Runde bekommen alle Teilnehmenden die Möglichkeit, ihre wichtigsten Eindrücke und Meinungen rückzumelden. Dabei besteht auch die Möglichkeit, auf die Gruppendynamik zu reagieren, sich also spontan den Aussagen anderer anzuschließen (weil man diesen Aspekt übersehen hatte), oder sich klar davon zu distanzieren (was Mut erfordert, aber dem Gebot der Fairness entspricht).

Kollegiales Feedback: Es kann auch ein Feedback-Gespräch unter vier Augen geführt werden. In diesem Fall sollten die Themen oder Fragen schon vorher bekannt sein. Geht es um ein einseitiges Feedback, zum Beispiel die Rückmeldung der Praxisanleiterin an die Praktikantin? Oder soll ein doppelseitiges Feedback erfolgen, bei dem sich beispielsweise die Leitung und eine Mitarbeiterin wechselseitig mitteilen, wie sie die Zusammenarbeit in einem Projekt erlebt haben?

Feedback unter Kindern: In Projekten oder Kinderkonferenzen können die Kinder motiviert werden, sich zu überlegen, welche Ideen (anderer Kinder) ihnen im Verlauf des Projektes oder in den letzten Tagen besonders gut gefallen haben. Die Aussagen der Kinder werden mit einem Diktiergerät aufgezeichnet oder von einer Kollegin schriftlich festgehalten. Es können auch Karten für das Portfolio geschrieben werden, auf denen ein Feedback als gemeinsame Erinnerung und Dankeschön festgehalten wird. Ein Beispiel: „Paul fand diese Woche klasse, dass Paulina die Idee hatte, zum Bauernhof zu gehen. Er war gerne dort, weil es dort Kühe und Schafe gab. Zum ersten Mal hat er ein Lämmchen auf den Arm genommen. Das war ganz weich und hat ´mäh´ gerufen, und dann ist die Mama von dem Lämmchen gekommen und Paul hat es schnell wieder auf den Boden gestellt. Paul wird Paulina diese Karte schenken, möchte aber vorher noch ein Bild dazu malen, wie er das Lämmchen hält. Zum Glück hatte die Gruppenleiterin die Szene auch fotografiert und Paulina und Paul können sich ein Bild für ihr Portfolio aussuchen."

Wichtige Grundlagen im Feedback sind Wohlwollen und Vertrauen. Es gibt kaum eine Fachtagung oder eine Fortbildung, die ohne Feedback oder Evaluation endet. Die Referenten oder Seminarleiter bitten um Rückmeldung und erhoffen sich neben Lob auch gute Anregungen für die Weiterentwicklung ihrer Angebote. Sie sind darauf eingestellt, dass dies auch eine Gelegenheit ist, sich mit Kritik zu Wort zu melden. Manchmal müssen sie sich auch damit auseinandersetzen, dass diese Gelegenheit missbraucht wird, um eine schlechte Stimmung loszuwerden, die ganz unabhängig von der Veranstaltung im persönlichen Umfeld entstanden sein kann.

Feedback in einer externen Gruppen zu geben und Feedback einer Gruppe anzunehmen erfordert von beiden Seiten – den Sendern und dem Empfänger – Wohlwollen und Vertrauen. Wer das Feeback „im Schutz der Gruppe" abgibt, muss sich klar machen, dass jede Äußerung nicht nur beim Empfänger, sondern auch bei der ganzen Gruppe ankommt und alle weiteren Rückmeldungen beeinflussen wird.

Kollegialer Austausch

In Projekten, in der Teamberatung und Teamhospitation wird oft die Frage zur Effektivität der Arbeit gestellt: „Wie können wir lernen, besser an unseren Projekten, Vorhaben und Vereinbarungen dran zu bleiben?" Dahinter steht oftmals die Erfahrung, dass Vereinbarungen nur teilweise oder gar nicht umgesetzt wurden, obwohl alles mehr als einmal in den Teambesprechungen erörtert und vereinbart wurde. Das frustriert und demotiviert gerade die Ideenreichen, Engagierten im Team. Sie wagen kaum, bei all den „Dauerbrennern" neue Ideen und Vorschläge einzubringen.

Geht man solchen Berichten auf den Grund, zeigt sich häufig, dass eine vermeintliche Verweigerungshaltung des Teams andere Ursachen hat. Selten gibt es eine grundsätzliche Verneinung und Abwehr, sondern eine fachliche oder persönliche Unsicherheit. Die einen haben die Vereinbarungen ganz anders verstanden als die anderen. Nicht jeder hat eine klare Vorstellung von einer Aufgabe oder die Fantasie, konkret in die Umsetzung zu gehen. Häufig basiert die Trägheit in Projekten nicht auf Verweigerung, sondern auf Missverständnissen im Team. Der kollegiale Austausch hilft, diese Missverständnisse aufzudecken. Unabhängig von der fachlichen Aufgabe bringt ein kollegialer Austausch, wenn er verantwortungsvoll durchgeführt wird, eine konstruktive Klärung.

Im Folgenden wird eine Methode des kollegialen Austausches vorgestellt, die sich in vielen Prozessen zur Teamentwicklung bewährt hat (vgl. Kebbe o. J.). Voraussetzungen für den kollegialen Austausch sind:

Voraussetzungen für den kollegialen Austausch

- Möglichst gruppenübergreifend Kleingruppen (je 3 bis max. 4 Personen) zusammenstellen.
- Im Dienstplan verbindlich realisierbare Besprechungszeiten (45 bis 60 Minuten pro Woche) für jede Gruppe ausweisen.
- Thematische Schwerpunkte setzen. Zu welchem Thema soll der kollegiale Austausch erfolgen?
- Zeitrahmen für das jeweils anstehende Thema festlegen. Einige Beispiele als Erfahrungswerte: Zwei bis vier Monate für die Umstellung auf „Offene Gruppen", für die Veränderung der Raumnutzung oder Entwicklungsgespräche mit Eltern; drei bis sechs Monate für die Erweiterung mit einem Krippenangebot; sechs bis zwölf Monate für die Einführung einer weitreichenden pädagogischen Fachaufgabe wie stärkenorientierte Entwicklungsdokumentation.
- Dokumentation vereinbaren. Wie und wann werden die für die Team- oder Konzeptionsentwicklung relevanten Punkte gefiltert, dokumentiert und verankert?
- Strukturen für den Ablauf der Besprechungen vereinbaren (entsprechende Arbeitsblätter bereitstellen).
- Vereinbarungen zur Berichterstattung treffen. Jede Kleingruppe vereinbart, in welcher Reihenfolge die Kolleginnen berichten.
- Verantwortung übernehmen. Die jeweils berichtende Kollegin fertigt für das eigene Portfolio Notizen zu den Erkenntnissen und Ergebnissen für die jeweilige Fachaufgabe an.

Ein kollegialer Austausch sollte gut strukturiert werden. Eine mögliche Struktur orientiert sich an den folgenden fünf Schritten: Berichten, Verknüpfen, Bewerten, Filtern, Verstehen. Zu jedem Besprechungspunkt werden diesen einzelnen Schritten feste Zeiten eingeräumt. Die wesentlichen Erkenntnisse werden schriftlich festgehalten.

Anregungen für die Praxis

Das folgende Beispiel aus einer Teamentwicklung illustriert die Struktur eines kollegialen Austausches:

1. Berichten (10 bis 15 Minuten)
Die Moderatorin der heutigen Sitzung leitet das Kleingruppengespräch ein: Worum geht es heute, was ist das Thema? Eine Kollegin spricht über eine Beobachtung, die sie in einer oder mehreren Situationen gemacht hat. Sie hat diese Situationen fotografiert und sich Notizen gemacht, um den Kolleginnen einen möglichst guten Einblick in ihre Beobachtungen zu ermöglichen. Sie spricht auch über die Gefühle, die sie in den Situationen hatte. Die Kolleginnen hören aufmerksam zu, fragen bei Bedarf nach und versuchen, sich möglichst umfassend in die Situation(en) einzufühlen.

2. Verknüpfen (10 bis 15 Minuten)
Die Kolleginnen überlegen, ob und welche eigenen Erfahrungen sie mit dem eingebrachten Bericht in Verbindung bringen. Gab es ähnliche Situationen? Wie haben sie diese wahrgenommen und erlebt? Hatten sie andere oder ähnliche Gefühle? Welche weiteren Wahrnehmungen haben sie im Kontext der geschilderten Situationen gemacht?

3. Bewerten (15 bis 20 Minuten)
Die Kleingruppe versucht, die gesammelten Erfahrungen zusammenzubringen und zu bewerten: Was ist passiert und wie kam es dazu? Welche Chancen und Stärken liegen in den beob-

achteten Situationen? Was war bemerkenswert? Gab es ernst-
zunehmende Risiken für Kinder oder Erwachsene und, wenn ja,
worin bestanden sie? Liegen die Wahrnehmungen dieser Situation noch im Bereich dessen, was pädagogisch gewollt wird?
Tragen sie dazu bei, den Kindern mehr Entscheidungsfreiraum
zu ermöglichen? Oder ist das Gegenteil der Fall?

4. Filtern (5 bis 10 Minuten)

Im Anschluss an den Austausch von Erfahrungen und Bewertungen wird danach gefragt, welche Hinweise sich aus dem
Gespräch für die Konzeptionsentwicklung ergeben. Sind aus der
Bewertung wichtige Schlüsse zu ziehen, die im Gesamtteam
aufgegriffen werden müssen?

5. Verstehen (5 bis 10 Minuten)

In einem abschließenden Schritt reflektiert die berichtende
Kollegin, welche Anregungen sie für sich aus diesem Austausch
mitnimmt. Inwieweit konnte sie ihre Wahrnehmungen durch
die Sichtweisen der anderen erweitern? Ist es ihr gelungen,
negative Gefühle zu „entsorgen"? Haben die Kolleginnen Anregungen oder Ideen aus dem Gespräch aufgenommen, die sie
selbst weiterbringen? Was wollen sie der berichtenden Kollegin
noch mitteilen? (vgl. Kebbe o. J.)

Diese Vorgehensweise zeigt, dass es nicht darauf ankommt, jedes
Mal „großartige" Ergebnisse zu erzielen. Um voranzukommen,
ist es vielmehr wichtig, so lange bei einem Arbeitsschwerpunkt
zu bleiben, bis sich alle kompetent und sicher fühlen. Der Vorteil
kleiner Austauschgruppen liegt darin, dass die vertraulichere Atmosphäre dazu ermutigt, auch über Ängste und Schwierigkeiten
mit einem Arbeitsschwerpunkt zu sprechen.

Und was ist mit der Zeit? Es ist wahr: Ein kollegialer Austausch
benötigt Zeit, und die ist im pädagogischen Alltag nicht einfach
zu finden. Noch immer steht in den meisten Kindertageseinrichtungen nicht in ausreichendem Maß Zeit für Besprechung und

Reflexion zur Verfügung. Andererseits: Wie viel Zeit kostet es, bestimmte Themen immer und immer wieder auf die Tagesordnung der großen Teambesprechung zu setzen, ohne damit tatsächlich etwas zu erreichen? In einigen Kindertageseinrichtungen wurde die Idee positiv aufgenommen, die erforderliche Zeit (45 bis 60 Minuten) jeweils zur Hälfte aus der geplanten Vorgabe für Teambesprechung und aus der individuellen Vorbereitungszeit zu berechnen. Sollte auch diese Planung nicht möglich sein und stehen gleichzeitig große konzeptionelle Aufgaben an, ist ein Gespräch mit dem Träger notwendig. Denn: Neuerungen erfordern ein Lernen im Team. Und ohne die dafür notwendigen Strukturen und Zeiten wird ein solches Teamlernen sehr schwer.

Neuerungen erfordern ein Lernen im Team

Prozessmanagement: Das Sieben Phasen Modell als dialogisches Instrument der Qualitätsentwicklung

„Es ist zum Verzweifeln! Wir hatten uns so auf das Projekt gefreut, waren so hoch motiviert, haben so viel Zeit und Anstrengung investiert. Aber heute, nur sechs Monate später, muss ich feststellen, dass es kaum im Alltag angekommen ist." So oder so ähnlich drücken Leiterinnen oft ihre Enttäuschung darüber aus, dass auch Themen und Anliegen, die allen wichtig waren und sind, keinen Eingang in die Routinen finden. Wie ist das möglich? Forscht man nach den Ursachen, werden typische Probleme des Prozessmanagements deutlich:

Typische Probleme des Prozessmanagements

Wissenslücken: Sie kommen zustande, wenn nicht alle zur gleichen Zeit über die gleichen Informationen oder Grundlagen verfügen. Die weniger gut informierten Kolleginnen mögen das als Kränkung, als Entwertung ihrer Person oder ihrer fachlichen Position empfinden.

Mangelnde Transparenz: Wenn nicht für alle Beteiligten klar ist, auf welche Ziele und Schwerpunkte hingearbeitet wird, sondern in jeder Besprechung ein anderes Thema im Vordergrund steht, fehlt der rote Faden. Besprechungen enden dann häufig in Grundsatzdebatten, die nicht nur Kraft und Zeit kosten, sondern auch notwendige Klärungen verhindern.

Handlungsunsicherheit: Sie kann entstehen, weil einige im Team nicht ausreichend neue Methoden (z.B. Beobachtungen) üben konnten und sich daher nicht sicher in der Umsetzung der erforderlichen Aufgaben fühlen.

Identifikationsdifferenzen: Die Bedeutung von neuen Aufgaben wird von den Teammitgliedern häufig unterschiedlich eingeschätzt. Die Identifikation mit der eigenen Arbeit und Professionalität ist entsprechend unterschiedlich (z.B. „Was geht mich als Leiterin der Vorschulgruppe das Thema Krippe an?").

Fehlendes Zeitmanagement: Wird die für bestimmte Aufgaben notwendige Zeit nicht differenziert ermittelt, kann es zu Diskrepanzen zwischen dem erforderlichen und dem vorgegebenen Zeitbudget kommen.

Kommunikationsstörungen: Fehlt es an fachlichem Austausch kann es zu Kommunikationsstörungen kommen, weil sich Kolleginnen durch den Kompetenzvorsprung von den anderen „abgehängt" fühlen.

Überforderungen: Wenn Aufmerksamkeit, Ressourcen und Anstrengungen gleichzeitig auf zu viele „Baustellen" verteilt werden müssen, kommt es zwangsläufig zu Abwehrreaktionen, weil sich einzelne oder das ganze Team überfordert fühlen. Unzufriedenheit und Motivationsverlust hemmen jeden Qualitätsentwicklungsprozess.

Personalengpässe: Die eng bemessene Personalbesetzung in Kindertageseinrichtungen (Urlaub, Fortbildung, Krankheit sind oft nicht im Personalplan berücksichtigt) führt zu einer höheren Arbeitsbelastung der Kolleginnen, wenn ständig neue Reglungen für die Gruppenbesetzung oder Funktionsaufteilung getroffen werden müssen.

Ressourcenknappheit: Werden die zur Umsetzung von Fachaufgaben erforderlichen Arbeitsmittel (z.B. Kameras, Camcorder, PC, Drucker, Laminiergerät, Folien, Ordner, Register für die Erstellung von Entwicklungsdokumentation) nicht zur Verfügung gestellt, kann die Qualität der Aufgabe so darunter leiden, dass es zu einem Motivationseinbruch kommt.

Da sich das Scheitern oder ein „sang- und klangloses Untergehen" von Projekten und Vorhaben negativ auf die Veränderungs- und Lernbereitschaft eines Teams auswirkt, sollte ein Prozessmanagement entwickelt werden, das in der Lage ist, die Grenzen und Möglichkeiten der Handlungsspielräume in der Kindertageseinrichtung auszuloten und zielgerichtet einzusetzen. Angesichts der zahlreichen Aufgaben und knappen Ressourcen müssen Prioritäten gesetzt und klare Strategien entwickelt werden, die eine Zielerreichung wahrscheinlicher machen. Insofern ist eine Kita durchaus mit einem „normalen" Unternehmen vergleichbar, in dem es ein Management zur Organisations- und Personalentwicklung gibt.

Gehen wir davon aus, dass einige der typischen Probleme gegeben sind, dann kann die Einführung eines Instruments zum Prozessmanagement helfen, die unterschiedlichen Fachaufgaben transparent und dialogisch einzuführen und zu steuern. Das im Folgenden vorgestellte Konzept „Prozessmanagement in sieben Phasen" (vgl. Kebbe o. J.) wurde im Rahmen verschiedener Praxis- und Qualitätsentwicklungsprojekte entwickelt und mehrfach überarbeitet. Es lässt sich für verschiedene Fachaufgaben (z.B. Einführung systematischer Entwicklungsdokumentationen) sehr gut nutzen, um die einzelnen Prozessphasen zu planen und zu steuern. Zu Beginn einer neuen Phase verständigt sich das Team verbindlich auf die umzusetzenden Aufgaben und Vorgehensweisen. Die sieben Phasen des Prozessmanagements bestehen aus:

- Vorbereitung
- Auswahl
- Qualifizierung
- Erprobung
- Umsetzung
- Überprüfung
- Konzeptionelle Verankerung.

In jeder dieser Phasen werden Ziele, Aufgaben, Vorgehensweisen, Ressourcen, Verantwortlichkeiten, Zeiten und Ergebnisse festgelegt.

Sieben Phasen Modell zum Prozessmanagement

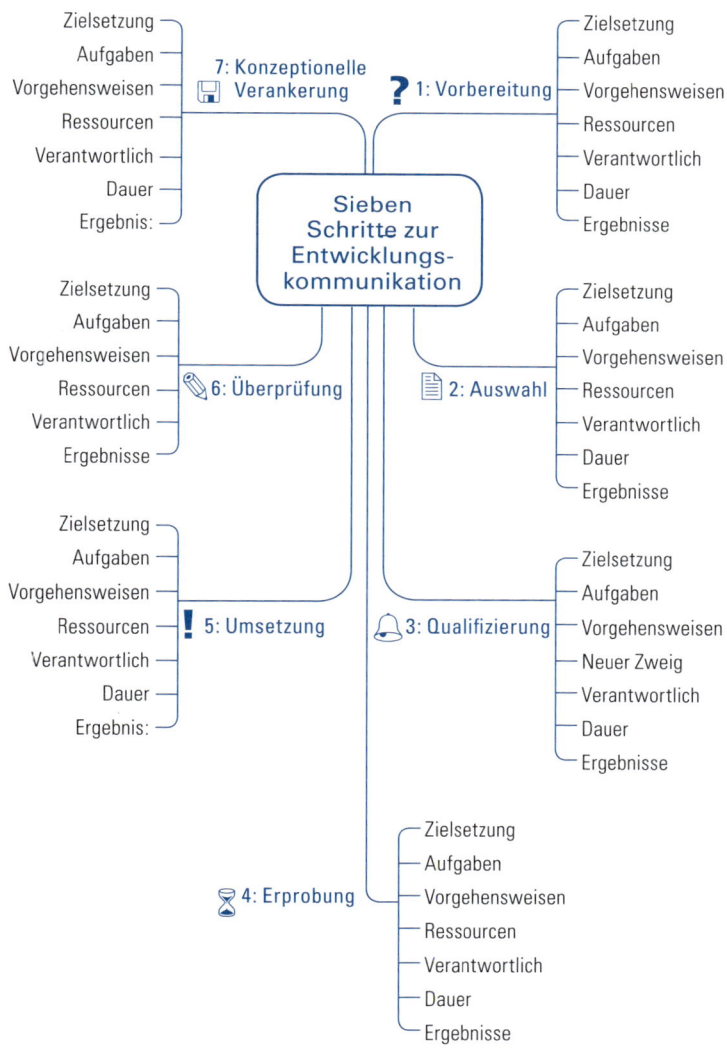

Für die Einführung des Sieben Phasen Modells wird anhand eines konkreten Beispiels eine Mindmap in Form eines Plakats oder als Tischvorlage erstellt. Jedes Teammitglied kann so wahrnehmen, dass es in jeder Phase der Entwicklung mit seinen Vorstellungen gefragt ist und an allen Entscheidungen und Umsetzungen mitwirken kann und soll. Zur besseren Transparenz wird jeweils auf dem Plakat gekennzeichnet, welche Phasen bereits abgearbeitet wurden und an welcher Phase aktuell gearbeitet wird. So können auch Kolleginnen und Kollegen, die längere Zeit gefehlt haben, mit einem Blick erkennen, welche Aufgaben anstehen und wie sie bearbeitet werden.

Wenn zum Beispiel die Fachaufgabe „Entwicklungsdokumentation" noch nicht systematisch im Team geklärt und eingeführt ist, kann dieses Thema mithilfe des Sieben Phasen Modells strukturiert bearbeitet werden. Aber auch andere Themen wie die Erweiterung der Kita durch ein Krippenangebot, Umstrukturierungen in Richtung „Offene Gruppen" oder die Konzeptionsentwicklung können überschaubar geplant, umgesetzt und überprüft werden.

Phasenbezogene Zielfindung Eine für viele Pädagoginnen und Pädagogen neue Erfahrung erschließt sich durch die phasenbezogene Zielfindung. Es wird grundsätzlich gefragt: Was wollen wir jeweils in dieser Phase, in der wir uns gerade befinden, erreichen. Auf diese Weise wird nicht ständig auf die ganz großen, oftmals noch sehr entfernt liegenden Ziele geschaut, sondern auf die naheliegenden, konkreten Schritte. Es lohnt sich auf jeden Fall, diese Ziele sehr genau zu beschreiben. Dazu eignet sich beispielsweise die „SMART-Technik".

Anregungen für die Praxis

Die SMART-Technik wird im Projektmanagement genutzt, um schon in der Zielbeschreibung Orientierung in Bezug auf den Arbeitsprozess und (mögliche) Arbeitsergebnisse zu geben. Hier ein Beispiel.

Projekt: Entwicklungsdokumentation
Ziel: Wir wollen Überblick über die vorhandenen Methoden gewinnen.

S = spezifisch/konkret (Ist das Ziel spezifisch und konkret beschrieben?)
M = messbar (Ist das Ziel quantitativ oder qualitativ messbar?)
A = attraktiv (Ist das Ziel positiv und motivierend formuliert?)
R = realistisch (Ist das Ziel erreichbar?)
T = terminiert (Ist für das Ziel ein Zeitrahmen festgelegt?)

In der folgenden Grafik ist für die Fachaufgabe „Entwicklungs-dokumentation" exemplarisch dargestellt, wie ein Plakat für die Phase 1 aussehen könnte. Im Verlauf der geplanten acht bis zehn Wochen kann jeweils markiert werden, was bereits erledigt wurde.

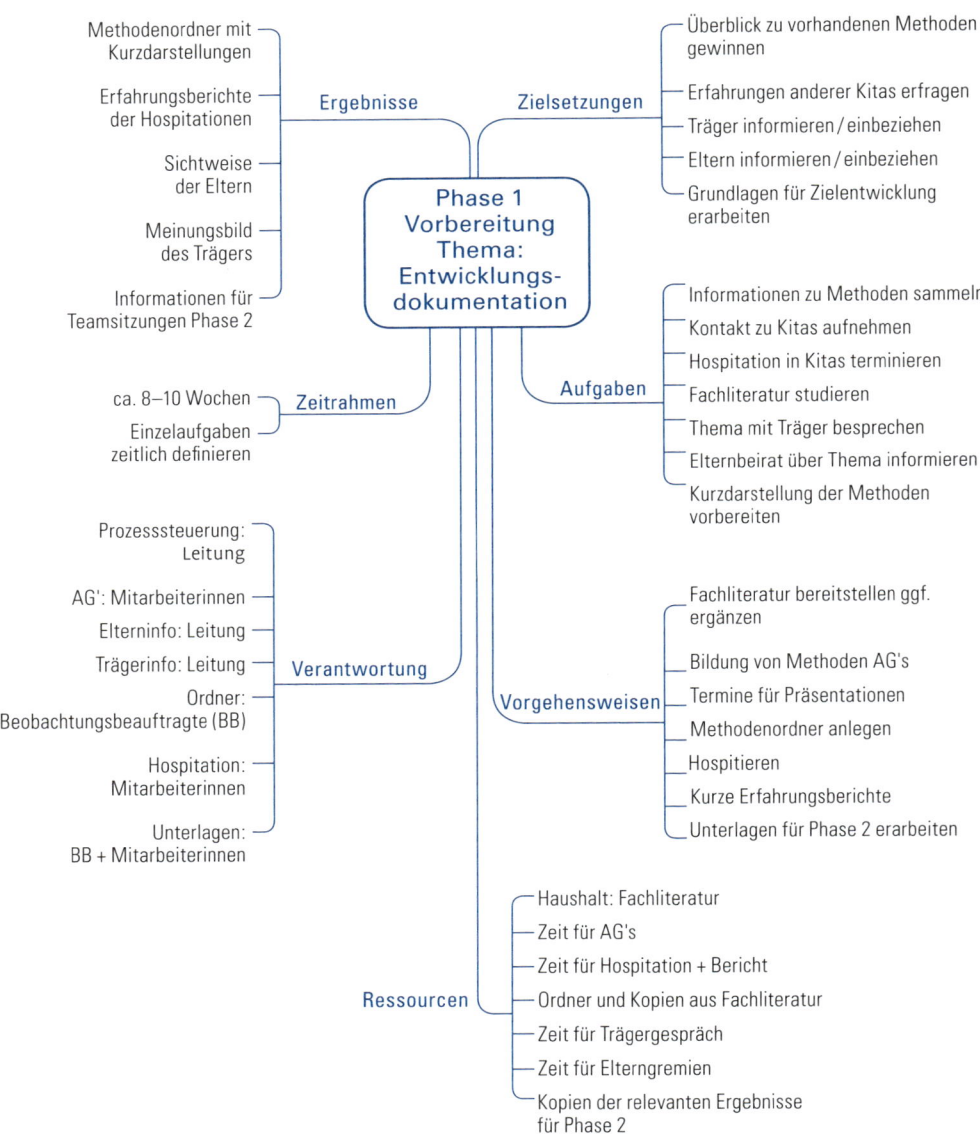

Methodenordner mit
Kurzdarstellungen

Erfahrungsberichte
der Hospitationen

Sichtweise
der Eltern

Meinungsbild
des Trägers

Informationen für
Teamsitzungen Phase 2

Ergebnisse

Zielsetzungen

Überblick zu vorhandenen Methoden
gewinnen

Erfahrungen anderer Kitas erfragen

Träger informieren / einbeziehen

Eltern informieren / einbeziehen

Grundlagen für Zielentwicklung
erarbeiten

**Phase 1
Vorbereitung
Thema:
Entwicklungs-
dokumentation**

ca. 8–10 Wochen

Einzelaufgaben
zeitlich definieren

Zeitrahmen

Aufgaben

Informationen zu Methoden sammeln

Kontakt zu Kitas aufnehmen

Hospitation in Kitas terminieren

Fachliteratur studieren

Thema mit Träger besprechen

Elternbeirat über Thema informieren

Kurzdarstellung der Methoden
vorbereiten

Prozesssteuerung:
Leitung

AG': Mitarbeiterinnen

Elterninfo: Leitung

Trägerinfo: Leitung

Ordner:
Beobachtungsbeauftragte (BB)

Hospitation:
Mitarbeiterinnen

Unterlagen:
BB + Mitarbeiterinnen

Verantwortung

Vorgehensweisen

Fachliteratur bereitstellen ggf.
ergänzen

Bildung von Methoden AG's

Termine für Präsentationen

Methodenordner anlegen

Hospitieren

Kurze Erfahrungsberichte

Unterlagen für Phase 2 erarbeiten

Ressourcen

Haushalt: Fachliteratur

Zeit für AG's

Zeit für Hospitation + Bericht

Ordner und Kopien aus Fachliteratur

Zeit für Trägergespräch

Zeit für Elterngremien

Kopien der relevanten Ergebnisse
für Phase 2

Gerade die Erarbeitung der Ziele erscheint anfangs oft überflüssig: „Wir wissen doch alle, was wir wollen. Lasst uns einfach anfangen!" sind oft gehörte Sätze. Doch dieser Eindruck erweist sich spätestens in der konkreten Umsetzung als Hindernis. Wer in laufende Entwicklungsprozesse bremsend eingreifen muss, weil sich in der Realität zeigt, dass die Unterschiede in der Wahrnehmung und Umsetzung der Aufgabe zu groß sind, sorgt für Enttäuschung. Grundsatzdebatten bringen in den allermeisten Fällen nicht Transparenz und Dialog, sondern befördern Abgrenzung und Positionierung und damit Abwehr für Neues.

Das Sieben Phasen Modell zum Prozessmanagement kann auch als Instrument zur Evaluation eines laufenden Prozesses verwendet werden. In einer rückblickenden Strukturierung und Bewertung des Prozesses wird sichtbar, warum manche Aufgaben nicht zufriedenstellend bewältigt wurden, manche Vereinbarungen nicht eingehalten werden konnten. Die jeweiligen Phasen sind erst dann abgeschlossen, wenn die formulierten Aufgaben von allen Beteiligten erledigt sind. Eine Überforderung des Teams, zum Beispiel wegen der Bearbeitung mehrerer komplexer Themen zur gleichen Zeit, wird durch die Struktur des Phasenmodells vermieden.

Ein Prozessmanagement, wie es hier als Sieben Phasen Modell vorgestellt wird, ist allerdings – auch das muss deutlich gesagt werden – kein Allheilmittel für Teamprobleme und mangelnde Qualitätsentwicklung. Im Gegenteil, noch so bewährte Instrumente können sich als kontraproduktiv erweisen, wenn sie als Grund für Stagnation und Resignation im Team vorgeschoben werden.

Vor der Nutzung eines solchen Modells lohnen sich eine ausführliche Information und eine verbindliche Teamvereinbarung über die Einführung, weil es sich um ein aufwendiges und anspruchsvolles Verfahren handelt. Es sollte für entsprechend wichtige Fachaufgaben genutzt werden. Die Möglichkeiten und Fähigkeiten für spontane Projekte und Innovationen sollten sich Teams dennoch bewahren, weil sie den beruflichen Alltag bereichern und lebendig halten.

Lernen vom Erfolg

Üblicherweise werden in Reflexionen eher Fehler und Misserfolge als die Erfolge systematisch untersucht. Die Auseinandersetzung mit dem Scheitern wirkt sich nicht förderlich für die Entwicklung des Teamgeistes aus. Dabei werden häufiger Gefühle des Versagens, der Scham oder des Ärgers ausgelöst. Nur in seltenen Fällen wird ein Team in der Lage sein, die Verantwortung für das Scheitern fair auf alle Schultern zu verteilen. Offen oder versteckt wird immer wieder nach der oder dem Schuldigen gesucht.

Lernen im Team

Zweifellos gibt es Situationen, die kritisch untersucht werden müssen, um daraus Rückschlüsse für das Lernen im Team zu ziehen. Die Methode „Lernen vom Erfolg", die ursprünglich von Jona Rosenfeld (Jerusalem) entwickelt wurde, hat Reinhart Wolff mit großem Erfolg in der Aus- und Fortbildung von Sozialarbeitern und Sozialpädagogen etabliert. „Lernen vom Erfolg" stellt ein echtes Gegengewicht zur üblichen Negativ-Reflexion dar. Gerade in sozialen Berufsfeldern werden Erfolge (immer noch) nebenbei abgehakt. Man freut sich kurz, ist einen Moment zufrieden und wehrt sich gegen zu viel Anerkennung und Lob – ganz nach dem alten Motto: „Eigenlob stinkt".

Erfolgsuntersuchungen führen die Gruppe ans „wärmende Licht"

Das ist bedauerlich. Schließlich kommt kein Erfolg „einfach so" zustande. Immer sind bestimmte Menschen mit ihren Ideen unter konkreten Bedingungen mit spezifischen Ressourcen am Werk gewesen. Oft spielen auch Zufälle eine Rolle: Die Idee „zündet" und führt zu überraschenden Kooperationen, die wiederum wunderbare Entwicklungen ermöglichen. Jedenfalls ist eine Fülle von Faktoren wirksam gewesen, die den Erfolg erst möglich machten. Diese Faktoren systematisch zu untersuchen, schöpft Wissen, das auch für andere Vorhaben genutzt werden kann. Erfolgsuntersuchungen führen die Gruppe ans „wärmende Licht", Untersuchungen der Misserfolge in den „kühlen Keller".

Wer seine Erfolge untersucht, lernt zudem, seine eigene Arbeit strukturiert und nachvollziehbar darzustellen und eine positive, wertschätzende Haltung zur eigenen Leistung zu entwickeln. Das ist eine wichtige Voraussetzung, um auch die Leistungen anderer differenzieren, wertschätzen und anerkennen zu können.

Anregungen für die Praxis

Wie kann eine **„Lernen-vom-Erfolg-Sitzung"** ablaufen?
Vorbereitung: Eine vorbereitete Umgebung mit einer Sitzanord-
nung, in der sich die Teilnehmenden gegenseitig sehen können
– mit Medien, Schreibunterlagen und Bewirtung – ist ausschlaggebend für eine Arbeitsatmosphäre, in der sich alle (auch sich
selbst) gut wahrnehmen können und wohl fühlen. Durch eine
rechtzeitige Einladung haben alle Zeit, sich auf die Sitzung vorzubereiten. Notwendig ist ausreichend Zeit (etwa 120 Minuten
pro Erfolgsuntersuchung), eine einfühlsame, ermutigende Moderation (Aktives Zuhören), ein Ablaufplan für die Sitzung und
die Klärung der Dokumentation.

Einführung (5 bis 10 Minuten): Die Gestaltung der Einführung
ist davon abhängig, ob sich die Teilnehmer kennen oder neu zu-
sammengesetzt sind. Kennt man sich und das Thema, reicht es
aus, alle zu begrüßen, den Grund des Treffens noch einmal zu
nennen, die Arbeitsschritte zu erläutern und dann in den Prozess überzuleiten. Wenn alle bereit sind, lädt die Gesprächsleitung ein, sich nun ganz dem Vortrag eines Erfolgsbeispiels zu
öffnen und Fragen zunächst schriftlich festzuhalten, um den
Erzählfluss möglichst nicht zu unterbrechen.

Darstellung des Beispiels (20 bis 25 Minuten): Das Erfolgsbei-
spiel wird für die Zuhörenden möglichst strukturiert vorgestellt.
Gliederungspunkte können sein:
Ausgangssituation: Warum wird dieses Beispiel vorgestellt (z.B.
ein erfolgreiches Gespräch / Projekt / Fest / Seminar)?
Darstellung der Ziele: Was sollte entwickelt / erreicht / verändert werden?
Beschreibung der Bedingungen: Gab es gesetzliche, zeitliche,
materielle oder räumliche Vorgaben bzw. Grenzen, die beachtet
werden mussten?

Beschreibung der Beziehungen: Wer hat wie und an welchen Aufgaben aktiv mitgewirkt, die (neuen) Möglichkeiten für sich erkannt, sich mit vorher unbekannten Qualitäten engagiert, sich als verlässlicher Partner erwiesen?

Schwierigkeiten im Prozessverlauf: An welchen Punkten wurde es kompliziert, drohte das Ganze vielleicht zu scheitern, ging die Motivation zurück, und welche Lösungen wurden entwickelt?

Überraschungen im Prozessverlauf: In welchen Situationen ergaben sich ganz spontan Ideen, Perspektiven oder Lösungen, an die niemand vorher gedacht hatte, die alle überraschten?

Ergebnisse: Welche Ziele wurden erfolgreich gemeistert oder sogar übertroffen?

Pause (5 bis 10 Minuten): Die Gesprächsleitung bedankt sich für die Darstellung und informiert kurz über die nach der Pause anstehenden Arbeitsschritte.

Rückfragen und Erörterungen im Plenum (15 bis 20 Minuten): In dieser Phase übernimmt die Moderation die Aufgabe, das Plenum im Frage-Antwort-Modus zu Wort kommen zu lassen. Nachdem die wichtigen Fragen gestellt und aus der Perspektive der Vortragenden beantwortet sind, kommt es zur Übertragung in die eigene Praxis. Es geht darum, eigene Erfahrungen in Beziehung zu dem vorgestellten Beispiel zu stellen und mit anderen zu erörtern. In größeren Gruppen (mehr als 15 Teilnehmende) kann diese Reflexion auch in zwei oder drei Kleingruppen verlegt werden. Wichtig ist, dass alle sich aktiv einbringen können.

Erfolgsfaktoren generieren (15 bis 20 Minuten): In dieser Phase analysiert das Plenum den Erfolg des Beispiels. Jeder formuliert für sich Faktoren, die zum Erfolg beigetragen haben (auf Moderationskarten), die anschließend für alle dokumentiert werden.

Wer das Beispiel vorgestellt hat, notiert sich die Punkte, die ihm neu oder bemerkenswert erscheinen.

Zusammenfassung (5 bis 10 Minuten): Die Gesprächsleitung bündelt und kommentiert die Ergebnisse der Analyse. Sie weist auf besonders interessante Aspekte hin und bringt ihre Wertschätzung für die vorgestellte Arbeit zum Ausdruck.

Rückmeldung (5 bis 10 Minuten): Anschließend hat die Pädagogin, die das Beispiel eingebracht hat, die Gelegenheit, rückzumelden, welche Erkenntnisse sie selbst aus der Vorbereitung, der Präsentation, den Fragen und Diskussionen und schließlich aus der Sammlung der Erfolgsfaktoren und der Fokussierung gewinnen konnte.

Abschluss (5 Minuten): Die Gesprächsleitung dankt allen für ihre Mitwirkung, besonders den Beispielgebern für die Vorbereitung. Sie gibt Hinweise zur Dokumentation und gegebenenfalls einen Ausblick auf die nächsten Sitzungen.

Sicherlich ist diese Erfolgsuntersuchung aufwendiger als ein schnelles Abhaken und Weitermachen. Als Beitrag zur Entwicklung einer positiven und tragfähigen Teamkultur lohnt es sich aber, diese Methode in die Jahresplanung der Teambesprechungen aufzunehmen und zum Beispiel zweimal jährlich „Lernen-vom-Erfolg-Sitzungen" festzulegen.

Qualitätszirkel: Qualität vernetzt entwickeln

„Wenn der Mensch nicht weiter weiß, gründet er `nen Arbeitskreis." Diesen Spruch haben wir alle schon einmal gehört, und manchmal wird damit ein wenig abfällig eine Arbeitsgruppenpraxis zum Ausdruck gebracht, von der nicht allzu viel zu erwarten ist. Tatsächlich ist es so, dass die Gründung eines Arbeitskreises keine Garantie für lösungsorientiertes Lernen der Gruppenmitglieder darstellt. Man kann diesen Spruch aber auch durchaus positiv deuten:

Ein Netzwerk kann mehr bewirken als die Summe der einzelnen Mitglieder

Ein Arbeitskreis ist ein Netzwerk von Köpfen, und aus der Netzwerkforschung ist bekannt, dass ein – gut funktionierendes – Netzwerk mehr bewirken kann als die Summe der einzelnen Mitglieder. Vorausgesetzt, es finden Veränderungen statt und die Mitglieder sind dazu bereit (vgl. Kapitel 5). Wer sich auf der Suche nach Problemlösungen mit anderen vernetzt, hat nicht nur mehr Aussicht auf eine Lösung, sondern auch das Gefühl, stärker zu werden. Das Gefühl, vor scheinbar ausweglosen Problemen zu stehen, erzeugt dagegen oftmals eine lähmende Schwäche.

Im Qualitätszirkel geht es um eine systematische Lösungsorientierung. Sie kann gelingen, wenn folgende Voraussetzungen erfüllt sind:

- Die Teilnehmer zeigen ernsthaftes thematisches Interesse.
- Sie verständigen sich auf Strukturen für die Problembearbeitung.
- Sie üben Selbstdisziplin.
- Sie schaffen eine Basis des gegenseitigen Vertrauens.

Qualitätszirkel im Kita-Bereich

„Erst im Qualitätszirkel bin ich für das Thema Entwicklungsdokumentation so richtig wach geworden", berichtet die Beobachtungsbeauftragte einer Kita, nachdem sie schon eine ganze Weile mit den „Bildungs- und Lerngeschichten" (Leu et al. 2006) Erfahrung gesammelt hatte. „Anfangs hatte ich immer ein wenig Angst und habe versucht, mich regelrecht an der Methode festzuklammern. Aber jetzt, nachdem ich mich so oft mit anderen austauschen konnte, hat sich das total geändert. Mir macht es jetzt richtig Spaß und ich bringe nach jedem Qualitätszirkel neue Ideen mit für mein Team."

Darum geht es: Im Qualitätszirkel vertiefen und erweitern sich die Kompetenzen der Teilnehmenden. Jede Kompetenzerweiterung fördert die persönliche Motivation und das Interesse, andere an den eigenen Kompetenzen teilhaben zu lassen. Die Mitwirkung in Qualitätszirkeln sorgt dafür, dass bestimmte pädagogische Aufgaben im Alltag nicht abgedrängt werden. Je mehr Begeisterung für ein Thema erzeugt wird, umso wahrscheinlicher wird es umgesetzt.

Im Rahmen des Qualitätszirkels liegt eine Gruppenarbeitsform vor, die einen passenden Rahmen für lösungsorientierte Gesprächsführung eröffnet. Qualitätszirkel setzen sich – je nach Thema – aus zehn bis fünfzehn Pädagoginnen und Pädagogen verschiedener Kindertageseinrichtungen zusammen. Es werden drei bis vier jeweils halbtägige Treffen pro Jahr vereinbart und im Vorfeld Moderation, Tagungsraum, Visualisierungsmöglichkeiten sowie – und dies ist ganz wichtig – das konkrete Thema (Teilaspekte des Qualitätszirkels, aktuelle Fragen/Probleme aus den Teams) festgelegt.

Qualitätszirkel haben einen Doppelcharakter: Zum einen werden die fachlichen und übergreifenden Kompetenzen der Beteiligten durch die engagierte Arbeit in diesem Forum gestärkt. Zum anderen geht es bei Qualitätszirkeln um eine Form der Teamentwicklung. Der Qualitätszirkel bietet den beteiligten Teams über die jeweiligen Qualitätsbeauftragten die Möglichkeit, Fragen und Probleme einzubringen und Lösungsansätze zu erhalten. Jedes Team hat die Freiheit, Ideen anzunehmen oder – inspiriert durch die neuen Perspektiven – zu eigenen Antworten zu kommen.

In Zuge der zunehmenden Professionalisierung und Spezialisierung der pädagogischen Teams sind Kitas häufig mit ihren jeweiligen Expertinnen und Experten in verschiedenen Qualitätszirkeln vertreten. Mögliche Themen sind:

- Offene Gruppenarbeit
- Lernlandschaft Kita
- Beobachtung und Dokumentation
- Natur und Umwelt
- Ernährung, Gesundheit und Bewegung
- Kooperation Kita, Grundschule und Eltern.

Für den strukturierten Ablauf der Qualitätszirkeltreffen bietet sich folgender Leitfaden an:

1. Erfahrungsberichte zum Transfer: Welche Antwort/Idee/ Empfehlung wurde nach dem letzten Qualitätszirkel in den Kitas aufgegriffen?
2. Fragen und Probleme schildern: Worüber sprechen wir heute?
3. Analyse der Frage- oder Problemstellung: Wie ist es zu dieser Frage/zu diesem Problem gekommen?
4. Verknüpfung mit ähnlichen Erfahrungen: Welche Assoziationen weckt die Frage/das Problem bei mir?
5. Orientierung an guter Fachpraxis: Wer kennt gute Beispiele und welche Antworten/Lösungen werden dort praktiziert?
6. Orientierung an Praxistheorie: Welche Anregungen können wir aus der Fachliteratur oder Lehrfilmen gewinnen?
7. Antworten/Empfehlungen formulieren: Wir haben folgende Antworten gefunden/so sehen wir das Problem/mit dieser Lösung wurden gute Erfahrungen gemacht.
8. Ideen zum Transfer der Ergebnisse: Wie können Antworten/ Lösungen an die Fragesteller vermittelt werden?

Ein Qualitätszirkel braucht gegenseitiges Vertrauen

Ein Qualitätszirkel kommt undenkbar ohne gegenseitiges Vertrauen aus. Dieses Vertrauen lässt sich nicht setzen, nicht verordnen. Es entwickelt sich aus der ganz konkreten Erfahrung, dass alle Beteiligten bereit sind, sich auf die jeweiligen Fragen oder Probleme einzustellen und das eigene Erfahrungswissen lösungsorientiert zur Verfügung zu stellen. Vor allem aus diesem Grund ist es sinnvoll, einen konstanten Kreis von Beteiligten für diese Arbeit zu gewinnen und die Freiwilligkeit der Teilnahme zur unabdingbaren Voraussetzung zu machen.

Wie werden Qualitätszirkel gebildet?

Zwei Möglichkeiten für die Bildung von Qualitätszirkeln sind denkbar:

- Zur Qualitätszirkelarbeit vernetzen sich mehrere Kindertageseinrichtungen, die ähnliche konzeptionelle Entwicklungen anstreben und sich – jenseits von Konkurrenz – bei der Bewältigung aufkommender Schwierigkeiten und Probleme unterstützen wollen. In diesem Fall ist es wichtig, sich auf die zentralen Themen zu verständigen. Für jedes Thema entsteht ein Qualitätszirkel. Jede Kindertageseinrichtung klärt, welche pädagogische Fachkraft in welchen Qualitätszirkel entsandt wird. Die Leitungen übernehmen die Steuerung. Sie kümmern sich um die zeitlichen, räumlichen und organisatorischen Fragen und achten darauf, dass die eigenen Anliegen an den Qualitätszirkel übermittelt werden und die Lösungsvorschläge im Teamprozess Beachtung finden.

- Eine Kindertageseinrichtung vernetzt sich zu den für sie konkret anstehenden Aufgabenfeldern mit jeweils anderen Einrichtungen. Dieses Modell eignet sich besonders dann, wenn die Qualitätszirkel von externen Moderatoren (Fortbildung/Fachberatung) angeboten und begleitet werden. Es kann entschieden werden, ob Delegierte für einen oder mehrere Qualitätszirkel entsandt werden sollen.

Ein Qualitätszirkel kann sich zur Bearbeitung der Fragen in Kleingruppen aufteilen. Aus den Ergebnispräsentationen formuliert die Gesamtgruppe anschließend Empfehlungen. Damit wird sichergestellt, dass die Expertise des gesamten Qualitätszirkels systematisch für lösungsorientierte Empfehlungen genutzt wird.

Abhängig vom Umfang der Fragestellung oder Besonderheit des Problems kann es durchaus vorkommen, dass entsprechend umfangreiche Lösungsansätze nicht in einem Arbeitstreffen entwickelt werden können. So müssen zum Beispiel zunächst Hospitationen (Beispiele guter Fachpraxis) oder Literaturrecherchen bis zum folgenden Treffen durchgeführt werden, um fundierte Empfehlungen geben zu können. Beim nächsten Treffen des Qualitätszirkels wird dann an diese Ergebnisse angeknüpft und in systematischer Weise weiter an Lösungen gearbeitet.

Die Arbeit eines Qualitätszirkels sollte dokumentiert werden, um den eigenen Professionalisierungsprozess und die „Erträge" für die Teams später rekonstruieren zu können. Indem festgehalten wird, mit welchen Fragen sich der Qualitätszirkel beschäftigt hat und welche Lösungen entwickelt wurden, kann eine gute Grundlage für den Transfer ins eigene Team geschaffen und die Arbeit des Qualitätszirkels reflektiert werden.

Zeitmanagement: Umgang mit knapper Zeit

> *„Das Gewissen ist eine Uhr,*
> *die immer richtig geht.*
> *Nur wir gehen manchmal falsch. "*
> Erich Kästner

Es gibt zahlreiche Ratgeber, die sich mit der Frage beschäftigen, wie man mit der knappen Zeit effizienter umgehen kann. Bei dieser Lektüre entsteht leicht das Gefühl, das Leben werde vom Zeitdruck befreit, wenn man lernt, Nein zu sagen und seine Selbstdisziplin zu erhöhen. Dann werde man auch mehr Zeit für das Wesentliche haben. Nur: Worin besteht das Wesentliche in der pädagogischen Arbeit mit Kindern und ihren Familien?

Zugang zum Thema „Zeit"

Kinder im Vorschulalter haben einen Zugang zum Thema „Zeit", der sich vollständig von dem der Erwachsenen unterscheidet. Für sie gibt es keine „knappe Zeit", sondern nur schöne, reiche oder öde, langweilige Zeit. So gesehen passen Kinder und Erwachsene nicht gut zusammen: Kinder leben im Hier und Jetzt. Erwachsene bewegen sich auf der Achse zwischen Vergangenheit und Zukunft. Wer mit Kindern zu tun hat, kann die Zeit nicht nach Sekunden oder Minuten durchtakten. Kinder kommen in die Kindertageseinrichtung, weil sie hier das „Geschenk der Zeit" erfahren sollen. In der Kita gibt es Erwachsene, deren Beruf es ist, eine intensive, förderliche Zeit mit den Kindern zu verbringen.

Was heißt das für den Umgang mit Zeit? Zweifellos gibt es knappe Zeiten, die durch die begrenzten Personalressourcen und die zeitlichen Rahmenbedingungen (Öffnungszeiten, Schließtage etc.) entstehen. Wenn an der festen Größe der Zeit – der Quantität – nichts zu ändern ist, kommt es darauf an, die Qualität der Zeit zu bemessen. Zeitmanagement bedeutet in diesem Zusammenhang, Prioritäten bei Aufgaben und Verantwortungsbereichen so zu setzen, dass die pädagogischen Ziele der Einrichtungen bestmöglich erreicht werden können. Die Frage nach der „richtigen" Zeitverwendung mündet also unmittelbar in die Frage nach der pädagogischen Qualität der Einrichtung. Diese Frage sollte im dialogischen Prozess im Team gestellt werden.

Die Qualität der Zeit bemessen

Fragen zur Selbstreflexion

Einstiegsfragen für einen fachlichen Dialog zum Thema „Zeit" könnten sein:

→ Welches sind die pädagogischen Grundsätze unserer Arbeit? Worauf legen wir besonders viel Wert? Wo setzen wir Prioritäten? ....

→ In welche Bildungsbereiche wollen wir zukünftig stärker „Zeit investieren"? ....

→ Was sind die notwendigen Alltagsarbeiten, die wir nicht als „Zeitposten" vergessen dürfen? ....

→ Was sind „Zeitfresser" in unserer Arbeit? Welche fachliche Begründung haben diese „Zeitfresser"? ....

Die Zeit visualisieren: Ein möglicher Weg zur Prioritätenorientierung

Die Vielzahl und Komplexität der Aufgaben verstärkt das Empfinden der Zeitproblematik und führt oftmals dazu, den Schwerpunkt des Handelns auf die „sichtbaren" Tätigkeiten zu legen. Den eher „unsichtbaren" Aufgaben wie der professionellen Gestaltung von Beziehungen, der individuellen Förderung der Kinder oder der Unterstützung der Eltern im Dialog wird dagegen regelmäßig zu wenig Zeit eingeräumt. Um einen Weg zu finden, den Prioritäten der pädagogischen Arbeit angemessene Zeiten einzuräumen und diese auch für andere – zum Beispiel Träger und Eltern – transparent und nachvollziehbar zu machen, bietet es sich an, die verwendeten Zeiten zu visualisieren.

Anregungen für die Praxis

In einem **Zeitkonten-Modell** werden zunächst die wichtigsten Tätigkeiten gesammelt und in eine Übersicht gebracht, zum Beispiel in Form der folgenden neun Konten:

1. Pflege und Gesundheit (z.B. Versorgung der Kinder: Hygiene / Versorgung / Mahlzeiten / Schlafen / Wickeln)
2. Beziehung / Kommunikation / Entwicklungsdokumentation (z.B. individuelle Zuwendung zu Kindern: Gespräche / Trost / Spiel / Beobachtung / Austausch / Portfoliopflege)
3. Bildung / Lernen (z.B. Aktivitäten mit einzelnen Kindern / Kleingruppen / Projektgruppen / Hausaufgaben im Hortbereich / Exkursionen)
4. Gemeinschaft (z.B. Gruppenaktivitäten: Gesprächskreis / Geburtstag / Ausflüge / Feste in der Kindergruppe)
5. Veranstaltungen und Feste (z.B. Veranstaltungen für Eltern / Feste und Feiern für Eltern und Kinder: Weihnachten / Sommerfest / Zuckerfest)
6. Administration / Organisation / Kooperation (z.B. Telefon / Führen von Listen / Gespräche mit Lehrerinnen)
7. Elterngespräche (z.B. spontane Gespräche / Krisengespräche / Entwicklungsgespräche)
8. Anleitung von Praktikantinnen (z.B. Reflexion bestimmter Situationen)
9. Sonstiges („Was in kein Konto passt…")

Im Rahmen einer moderierten Teamdiskussion werden nun den einzelnen Konten Punkte zugewiesen (Skala von 0 bis 10 Punkten), die ihren Wert (Priorität) verdeutlichen sollen. Anschließend erstellt jedes Teammitglied eine individuelle Kontenübersicht und gewichtet je nach geleistetem Zeitumfang (z.B. im Rückblick auf die letzte Woche) die einzelnen Konten auf der Skala von 0 bis 10 Punkten. Anschließend werden die Ergebnisse der Teammitglieder zusammengeführt und dem jeweiligen Konto wird ein Durchschnittswert (nach dem zeitlichen Umfang der tatsächlich geleisteten Arbeit) zugeordnet. Diese Durchschnittswerte werden mit den vorab vereinbarten Prioritäten der pädagogischen Arbeit verglichen. Welche Übereinstimmungen zeigen sich? Welche Differenzen tun sich auf?

Die Konten 1 bis 9 können auch für eine Befragung der Eltern und der Trägervertreter genutzt werden. Sie werden ebenfalls gebeten, die Wichtigkeit der genannten Tätigkeitskonten zu bewerten. In abgewandelter Form kann auch eine Befragung der Kinder (z.B. mithilfe von Symbolen) erfolgen. In der Reflexion der Bewertungen ergeben sich neue Möglichkeiten, die pädagogische Zeit wahrzunehmen und Prioritäten deutlicher zu machen. So zeigt sich oft, dass das „Beziehungskonto" besser mit Zeit ausgestattet werden muss und andere Dinge dafür etwas in den Hintergrund treten sollten.

Der Einstieg in einen bewussten Umgang mit Zeit bietet sich immer dann an, wenn der Eindruck von „gehetzt sein" im Team dominiert. Gerade in der Zusammenarbeit mit Eltern kann dieser Klärungsprozess für mehr Transparenz und Verständnis sorgen. Das Team kann darstellen, wie das Gesamtbudget an Zeit aussieht und warum es bewusst bestimmte Aufgaben mit sehr viel und andere dafür mit weniger Zeit ausstattet. Damit wird es möglich, die oftmals unsichtbaren, aber wertvollen Arbeitsbereiche deutlicher hervorzuheben und ihren professionellen Aspekt

Bewusster Umgang mit Zeit

zu erläutern. Pflege wird beispielsweise nicht als „notwendiges Übel“, sondern als wertvolle Gelegenheit zur Beziehungsgestaltung und individuellen Zuwendung herausgearbeitet, die unmittelbar der Förderung des einzelnen Kindes zugute kommt.

Letztlich kommt es auch hier auf das professionelle Selbstverständnis des Teams an. Wird die Professionalität in der Kommunikation und Beziehungsgestaltung mit Kindern und Eltern gesehen, werden manche „Zeitfresser-Aufgaben“ aussortiert, auch wenn sie vielleicht bereits zu lieb gewonnenen Traditionen geworden sind. Teams, die neue Wege der Zeitverwendung gehen, werden merken, dass sich solche Traditionen manchmal verselbstständigt haben und hinsichtlich der aufzubringenden Zeit ausgeufert sind. Entscheidend ist bei der Auseinandersetzung mit der Zeit, dass es zu einer gemeinsamen Orientierung im Team kommt und alle Aufgaben, die außerhalb der Beziehungsgestaltungen liegen, stärkenorientiert und fair geteilt werden.

Im „World Café“ ins Gespräch kommen

Juanita Brown und David Isaacs, beide dialogerfahrene Kommunikations- und Unternehmensberater, erfanden die Methode des World Café Mitte der 1990er-Jahre spontan in einer für sie unerwarteten Situation: Sie hatten eine internationale Gruppe von Wirtschaftsexperten zu einer kreativen Dialogrunde zum Thema „Intellektuelles Kapital“ auf die Terrasse ihres Hauses in Kalifornien eingeladen. Doch es regnete heftig und ausdauernd. Innerhalb kürzester Zeit musste eine räumliche Alternative für die 24 Gäste gefunden werden. Die Gastgeber beschlossen, Tische und Stühle für die Dauer des Regens von der Terrasse ins Wohnzimmer zu räumen. Als „Tischdecken“ legten sie weiße Flipchartbögen aus. Bunte Stifte auf den Tischen, ein paar Blümchen und Getränke verwandelten den Wohnraum in ein Café. „Welcome to the Homestead CAFÉ“ schrieben sie auf ein improvisiertes Schild. Die Gäste trafen ein und es entwickelten sich angeregte Gespräche.

Im Verlauf dieser Dialogrunden – längst regnete es nicht mehr – wurde der Wunsch geäußert, in dieser Umgebung weiterdenken und reden zu wollen. Doch wollten die Teilnehmenden auch von den kreativen Gedanken an den anderen Tischen hören und profitieren. Im Dialog wurde so eine neue, für die Methode des World-Cafés zentrale Idee entwickelt: die Rotation der Teilnehmer. Jeweils ein Tischgastgeber verbleibt dabei als Berichterstatter am Tisch, während alle anderen getrennt an andere Tische wechseln. Wieder entstanden intensive Gespräche. Um auch den Tischgastgebern einen Wechsel zu ermöglichen, wurde vereinbart, in der zweiten Runde neue Tischgastgeber zu benennen, und noch einmal wechselten alle anderen ihre Plätze. Die Inspiration eines Augenblicks hatte Folgen: „Wir sind Zeugen von etwas, das wir nicht in Worte fassen können. Es scheint als wäre die Intelligenz eines größeren kollektiven Selbst für uns alle sichtbar geworden – eine Intelligenz jenseits des individuellen Selbst jedes Einzelnen von uns" (Brown/Isaacs 2007, S. 27).

Anregungen für die Praxis

Das World-Café ist eine Methode der Gesprächsführung für große Gruppen ab etwa 20 Personen. Einzige Voraussetzung der Teilnahme ist das ernsthafte Interesse am Thema. In großen Teams eignet sich das World-Café zum Beispiel zu Beginn einer Konzeptionsentwicklung. Es ist eine gute Methode, um sich im Rahmen der Netzwerkarbeit in Kommunen oder Kirchengemeinden über gemeinsame pädagogische Orientierungen auszutauschen. In Elternversammlungen kann sie zur Auseinandersetzung mit pädagogischen Schlüsselthemen verwendet werden.
Wichtig sind die Einstiegsfragen, die den Gesprächsfluss in Gang setzen sollen. Diese Fragen – es sollten nicht mehr als drei oder vier sein – müssen weder der Reihe nach, noch vollständig „abgearbeitet" werden. Jede Dialogrunde entscheidet selbst darüber, mit welcher Frage sie sich auseinandersetzen möchte. Alle Teilnehmer können ihre Assoziationen und Einfälle unmit-

telbar auf die „Tischdecke" schreiben, malen oder zeichnen: Je kreativer, umso besser.

Für Neueinsteiger ist es hilfreich, wenn der Moderator eine Einführung in die Idee und den Ablauf des World-Cafés und einige Hinweise für den Dialog in den Gruppen gibt:

- Alle suchen sich einen Platz im Raum. An jedem Tisch gibt es fünf oder sechs Plätze.
- Getränke und Gebäck stehen bereit (Tassen und Gläser beim Tischwechsel bitte mitnehmen).
- Die Fragen liegen auf den Tischen bereit und können nach eigenen Wünschen aufgegriffen werden.
- Eine Person übernimmt die Rolle des Gastgebers; sie berichtet den Gästen der neuen Runde, worüber bereits gesprochen wurde und welche Antworten und Ideen notiert wurden.
- Antworten, Ideen, eigene Gedanken können in Schrift und Bild auf der „Tischdecke" festgehalten werden.
- Mit dem „Zeitzeichen" (z.B. ein Gongschlag) wechseln alle Gäste mit Ausnahme der Tischgastgeber ihre Plätze.
- Nach der letzten Runde werden die Ergebnis-Plakate an einer großen Wand aufgehängt, um die unterschiedlichen Perspektiven, Ideen und Gedanken für alle sichtbar zu machen.

Eine Runde sollte nicht kürzer als 20 Minuten sein. Insgesamt stehen zwei Stunden zur Verfügung. Anschließend sollten noch 30 bis 45 Minuten Zeit bleiben, um die Ergebnisse miteinander betrachten und vernetzen zu können. Bei Bedarf können die Ergebnisse zu einem späteren Zeitpunkt sortiert und systematisch dokumentiert werden.

In einigen Kitas wurde das World-Café eingesetzt, um mit den Eltern über das Thema „Beobachtung und Dokumentation" ins Gespräch zu kommen. Dazu wurden folgende Fragen vorbereitet:

- Wenn Sie an Ihre Kindheit denken: Welche Erinnerungen haben Sie an Gefühle, die Sie hatten, wenn Sie sich beobachtet glaubten?
- Wenn Sie an Ihre Kinder denken: Wie reagieren sie, welche Gefühle zeigen sie, wenn sie beobachtet werden?
- Wenn Sie an die Meilensteine Ihres Lernens denken: Was wissen Sie (noch) darüber, wann Sie welche Fähigkeit zum ersten Mal hervorgebracht haben?
- Wenn Sie an die Zukunft Ihres Kindes denken: Welche Momente und Erfahrungen möchten Sie für und mit Ihrem Kind gerne aufheben/dokumentieren?

Diese Fragen motivieren Eltern, sich die eigenen Erfahrungen und Gefühle zu vergegenwärtigen und diese mit den Erinnerungen anderer in Beziehung zu setzen. In einer anschließenden Zusammenführung der Gespräche kann herausgearbeitet werden, welche Gefühle, Erfahrungen, Wünsche und Vorstellungen zu dem Thema aus der Perspektive der Eltern bestehen. Beispielsweise werden sich viele daran erinnern, dass sie sich als Kind „ertappt" fühlten und entsprechend schlechte Gefühle mit dem Thema „Beobachten" verbinden. Auch bei einer Reflexion im Team werden diese Gefühle häufig benannt. Hieraus kann eine Überleitung zu einem Fachreferat über neue Beobachtungsmethoden, zum Beispiel die Bildungs- und Lerngeschichten, entstehen, bei denen die Kinder aktiv in den Prozess der Entwicklungsdokumentation einbezogen werden. Die in dem World-Café entstandenen Gedanken und Ideen können in einem solchen Vortrag aufgegriffen und mit dem Vorhaben – Einführung systematischer Beobachtungsverfahren – verknüpft werden. Die Methode des World-Café entwickelt, so die Erfahrung vieler Teams, eine lebendige Dynamik, die die eher frontalen Gewohnheiten von größeren Versammlungen ersetzt. Sie ist damit ein gutes Beispiel für Partizipation und Dialogkultur in Kindertageseinrichtungen.

World-Café – ein gutes Beispiel für Partizipation und Dialogkultur

2.3 Erfolgreiche Methoden brauchen eine dialogische Grundhaltung

Praxisbeispiel

„Er hat es doch überlebt." So endete der Bericht einer Fachkraft, in dem sie eine Situation aus dem Alltag im Kita-Hof geschildert hatte. Ein vierjähriger Junge wartet jeden Vormittag auf die letzte halbe Stunde, bevor er abgeholt wird. Dann darf er, wie alle anderen Kinder auch, in den Garten. Vorher spricht und spielt er kaum etwas, weder alleine noch mit den anderen Kindern. Im Garten gibt es ein bestimmtes Spielgerät, ein Dreirad, das er besonders mag. An diesem Vormittag sind bis auf wenige Ausnahmen alle Spielgeräte im Geräteschuppen eingeschlossen. Er geht zu seiner Erzieherin und zupft sie an der Jacke. Als sie ihn nach einer Weile anschaut, sagt er: „Dreirad holen!" „Nein!", ist ihre Antwort. Er gibt nicht auf, versucht es noch mehrfach, doch das Nein bleibt bestehen. „Man muss doch konsequent sein und außerdem hätte ich hinterher alles wieder aufräumen müssen", verteidigt die Erzieherin ihre abweisende Reaktion. Ohne ein anderes Spiel zu finden, wartet der Junge am Tor darauf, abgeholt zu werden. Die Leiterin und das Team schweigen zu diesem Bericht. „Geht es hier um Überleben oder um Entwicklung und Bildung?", fragt die fassungslose Teamberaterin.

Dialog ist eine Haltung zum Menschen Dialog ist, wie aus diesem erschreckenden Beispiel hervorgeht, weniger eine Methode, sondern vielmehr eine Haltung zum Menschen, eine Lebenseinstellung. Wie kein anderer zuvor hat sich der jüdische Sozial- und Religionsphilosoph Martin Buber mit der Erforschung des Dialogs, der dialogischen Haltung, deren Voraussetzungen, Grenzen und Wirkungen befasst. Er schreibt: „Dialogisches Leben ist nicht eins, in dem man viel mit Menschen zu tun hat, sondern eins, in dem man mit den Menschen, mit denen man zu tun hat, wirklich zu tun hat" (Buber 1992, S. 167).

Gesprächsmethoden einzusetzen ist keineswegs eine Garantie für Harmonie. Im Gegenteil: Dialogorientierte Methoden wie Ruth C. Cohns „Themenzentrierte Interaktion", Carl R. Rogers „Personzentrierter Ansatz" oder auch Marshall B. Rosenbergs „Gewaltfreie Kommunikation" zielen darauf, eigene Bedürfnisse wahrzunehmen, Beziehungen zu klären, echte Themen anzusprechen und neue Wege zu gehen. Unvermeidlich werden im Rahmen solcher Gesprächsmethoden auch verborgene Gefühle und konfliktträchtige Themen zum Ausdruck – manchmal auch zum Ausbruch – kommen. Oft gibt es ja eine Ahnung von diesem „Untergrund". Entsprechend groß sind die Ängste, Verantwortung für die „Bergungsarbeit" zu übernehmen.

Eine dialogische Grundhaltung schafft die Sicherheit, den Glauben an die eigenen Fähigkeiten und die der anderen nicht zu verlieren. Sie ist das Fundament, auf dem sich eine lebenslange Weiterentwicklung in der Kommunikation mit anderen ausbreiten kann. Sie ist die Wurzel, die Kompetenzen wachsen lässt und sich mit zunehmender Erfahrung immer tiefer und sicherer in der eigenen Persönlichkeit verankert.

3. Gespräche im Team

3.1 Analysieren: Welcher Dynamik folgen Teamgespräche?

Auf welcher Grundlage basieren erfolgreiche Gespräche im Team? Worin zeigt sich das dialogische Verständnis der Teammitglieder? Und wie kommen Teams zu einer Dialogkultur, in der Gespräche bewusst gestaltet und reflektiert werden?

Praxisbeispiel

Die Teambesprechung beginnt um 16 Uhr. Frau A., die Leiterin einer großen Kindertageseinrichtung, steht in einem schlauchartigen, für die Anzahl der Mitarbeiterinnen viel zu engen Raum am Kopfende eines langen Tisches. Rechts und links des Tisches sitzen die insgesamt 14 Teammitglieder. Vor sich hat Frau A. einige Papiere liegen, in denen sie – jeweils nachdem sie einen Besprechungspunkt vorgetragen hat – blättert, um zum nächsten Punkt zu kommen. Manchmal beugt sie sich nach unten und macht einen Haken auf einem Zettel, auf dem offenbar alle Themen des heutigen Tages notiert sind.

Das Team wird informiert. Frau A. berichtet unter anderem von einem Treffen mit dem Träger, Pfarrer O., bei dem es schon wieder um Fragen der personellen Besetzung gegangen sei. Man sei ratlos gewesen, habe sich gefragt, warum auf die jungen Mitarbeiterinnen einfach kein Verlass sei. Schließlich hätte in den letzten Monaten keine von ihnen überhaupt das Ende der Probezeit erreicht. Während Frau A. weitere Ausführungen zu diesem Thema vorträgt, schauen einige Mitarbeiterinnen auf den Tisch. Eine malt Kritzelbilder, andere verschränken ihre Arme und blicken aus dem Fenster, zwei nicken zustimmend.

Die Leiterin informiert das Team über die Anzahl der neuen Bewerberinnen (drei) und meint, dass eigentlich keine dabeigewesen sei, die ihren Vorstellungen – welche das sind, sagt sie nicht – entsprochen habe. Dennoch habe man beschlossen – schließlich sei man ja offen – einer Bewerberin doch eine Chance zu geben. Die neue Kollegin wird in der Gruppe eingesetzt, die nun schon den dritten Wechsel innerhalb des letzten Jahres verkraften musste. Die Mitarbeiterinnen registrieren die Mitteilung, ohne aktiv zu reagieren. Auch die betroffene Kollegin stellt keine Fragen. Einige werfen sich vielsagende Blicke zu. Das Thema wird abgehakt. Die Atmosphäre im Raum wirkt eigenartig schwer, beklommen.

In diese Stimmung hinein sagt Frau A. mit einer Stimme, die deutlich gereizt wirkt: „Meine Damen, leider musste ich mich in der letzten Woche mehrfach über die Unordnung im Flurbereich ärgern. Das macht keinen guten Eindruck vor den Eltern, wenn Schuhe, Jacken und Taschen nicht aufgeräumt sind." Auf diese „Ansage" reagieren einige Kolleginnen mit fragendem Stirnrunzeln.

Ohne weitere Erklärung oder Diskussion kommt die Leiterin – inzwischen wieder im sachlichen Ton – zum nächsten Thema: Elternabend. Sie erläutert, wie sie sich den Elternabend zum Thema „Regeln – Kinder brauchen Grenzen" vorstellt. Sie selbst werde ein Referat zu diesem Thema halten. Dann verteilt sie einige Aufgaben an das Team: Sitzgelegenheiten vorbereiten, Tür rechtzeitig öffnen, Anwesenheit überprüfen. Frau A. lässt keinen Zweifel darüber aufkommen, dass auch zu diesem Abend ohnehin die „falschen" Eltern kommen werden. Sie gehe davon aus, dass die anwesenden Eltern einen fachlich fundierten Vortrag wünschen. Für Diskussionen werde die Zeit wohl kaum reichen, schließlich wollten die Eltern rechtzeitig zu Hause sein.

Um 17 Uhr ist die „Teambesprechung" beendet. Alle erheben sich sofort von den Plätzen, greifen zu ihren Taschen und Jacken und verlassen mit kurzen Grüßen die Einrichtung. In einiger Entfernung stehen ein paar Mitarbeiterinnen rauchend in kleinen Grüppchen zusammen und haben sich offenbar viel zu erzählen.

Kommunikationsprobleme in Gruppen untersuchen

Dieses Beispiel soll als „Steinbruch" für die Untersuchung von Kommunikationsproblemen in Gruppen dienen. So drastisch es wirkt, entspricht es doch zahlreichen Erfahrungen aus der Fortbildungs- und Beratungspraxis, die hier verdichtet zusammengeführt wurden. Das Bespiel soll helfen,

- eigenen Erfahrungen mit Gesprächssituationen nachzuspüren,
- zu verstehen, welche Dynamiken durch unachtsam geführte Gespräche ausgelöst werden können,
- Ideen für gelingende Gesprächsverläufe zu entwickeln.

Analyse nach dem Cohn´schen Dreieck

Bei der Analyse kommt es darauf an, möglichst umfassend und sachlich festzustellen, welche Informationen aus dem vorher beschriebenen Beispiel über die Teambesprechung zu gewinnen sind. Dabei orientieren wir uns am Cohn´schen Dreieck, das eine Analysestruktur nach dem „Es" (Thema/Sache), dem „Wir"

(Gruppe/Team) und dem „Ich" (jede Person) vorgibt und diese in Beziehung zum „Globe" (Umwelt) setzt (vgl. Kapitel 2). Ohne den Anspruch auf Vollständigkeit zu erheben, können folgende Gesichtspunkte festgehalten werden:

In der Sache („Es")
- geht es um Informationen zu den Themen Personalsituation, Ordnung im Haus und Elternabend.

Das Team („Wir") der 14 Mitarbeiterinnen
- nimmt diese Informationen kollektiv als Zuhörer auf,
- erfährt, was ihre Leitung und der Träger über junge Kolleginnen denken,
- erfährt, welche Entscheidungen für die offene Stelle getroffen wurden,
- wird für bestimmte Verhaltensweisen (Ordnung im Flur) kritisiert,
- wird über das Thema des Elternabends und die Art der Präsentation unterrichtet,
- erfährt, dass die „falschen" Eltern zum Elternabend kommen,
- bekommt Aufgaben für die Vorbereitung des Elternabends.

Das „Ich" wird sprachlich nur durch eine Person, die Leiterin Frau A., sichtbar. Sie
- spricht, bewertet, kritisiert, verkündet, verteilt Aufgaben.

Das „Ich" der weiteren in der Teamsitzung anwesenden Personen bleibt im Bereich des Nonverbalen. Beobachtbar sind
- zustimmendes Kopfnicken,
- aus dem Fenster schauen,
- auf den Tisch blicken,
- Arme verschränken,
- Kritzelbilder malen,
- Austausch vielsagender Blicke,

- fragendes Stirnrunzeln,
- rasches Verlassen des Personalraumes,
- lebhafte, aber nicht hörbare Gespräche in einiger Entfernung.

Aus der Umwelt (Globe), erfahren wir in dieser Situation:
- Für die Teambesprechung gibt es eine Stunde Zeit.
- Der Raum für die „Teambesprechung" ist eng, die 14 Kolleginnen sitzen, ohne sich gegenseitig anschauen zu können, in einer langen Reihe.
- Der Träger hinterfragt die Zuverlässigkeit junger Mitarbeiterinnen.
- Der Träger und die Leiterin bilden eine Allianz in Bezug auf bestimmte Vorstellungen von jungen Mitarbeiterinnen, die jedoch nicht mitgeteilt werden.
- Der Träger und die Leiterin möchten sich großzügig zeigen, indem sie einer neuen Kollegin eine Chance geben, obwohl sie nicht ihren Anforderungen entspricht.
- Die Leiterin bewertet Eltern nach zwei Kategorien. Es gibt Eltern, die zum Elternabend kommen, und es gibt Eltern, die zum Elternabend kommen *sollten*.

3.2 Verstehen: Gesprächssituationen im Team erkunden und bewerten

Im zweiten Schritt geht es nun darum, die Dynamik dieser Teambesprechung zu verstehen. Ein Verstehensprozess ist ein individuelles Geschehen – daher kommt es darauf an, einen eigenen Zugang zu den sichtbaren und unsichtbaren Aspekten des Geschehens zu finden. Um einen, auch emotionalen Zugang zu bekommen, bietet sich zunächst eine Reflexionsübung zu den eigenen Erfahrungen in Gesprächssituationen an.

Denken Sie an die vergangenen Monate oder Jahre Ihrer beruflichen Tätigkeit zurück. Welche Erinnerungen und Gefühle kommen hoch, wenn Sie einige Gespräche noch einmal Revue passieren lassen? Welche Erkenntnisse haben Sie daraus gewonnen? Halten Sie Ihre Erfahrungen schriftlich anhand folgender Leitfragen fest:

→ In welchen Situationen habe ich selbst schon ähnliche Erfahrungen wie in dem vorher beschriebenen Beispiel zur Teambesprechung gemacht? ....

→ Welche Formen der Macht sind mir im beruflichen Umfeld begegnet? ....

→ Welche Gefühle entstanden bei mir, als ich mich als mächtig oder ohnmächtig wahrgenommen habe? ....

→ Wer hatte in den Situationen Macht und wie wurde diese eingesetzt? ....

→ Welche Interessen verfolgten die Teilnehmenden in den Gesprächssituationen? ....

→ Welche Bedeutung hatte das Umfeld (Globe) in diesen Situationen? ....

→ Auf welchen Ebenen habe ich Störungen festgestellt? Wie machten sich die Störungen bemerkbar? ....

Zurück zu unserem Beispiel: In dem Schritt des Verstehens geht es darum, sich in die unterschiedlichen Rollen von Leitung und Mitarbeiterinnen hineinzuversetzen. Es ist wichtig, die Perspektiven der Beteiligten zu übernehmen, um hinter die Dynamik des Geschehens zu kommen. Und schließlich geht es auch um eine wertende Interpretation, bei der die herausgearbeiteten Aspek-

Die Perspektiven der Beteiligten übernehmen

te des Beispiels mit den eigenen Vorstellungen von einer guten Teambesprechung in Beziehung gesetzt werden. In diesem Beispiel stellen wir nun auf den unterschiedlichen Ebenen Vermutungen darüber an, was jeweils erreicht wird und was nicht.

Was wird erreicht?	Was wird nicht erreicht?
Vermutungen auf der Sachebene	
Mitarbeiterinnen werden in einer Sitzung über alle vorgesehenen Themen informiert.	Eine Teambesprechung, bei der ein Team strukturiert über anstehende Themen spricht und Entscheidungen trifft, kommt nicht zustande. Gedanken, Sichtweisen, Ideen oder Erklärungen der Mitarbeiterinnen werden nicht erkundet.
Vermutungen auf der Wir-Ebene	
Mitarbeiterinnen drücken Gedanken und Gefühle nonverbal mittels Blickkontakt / Blickrichtung aus.	Das Wir wird ohne die Leiterin gebildet: Sie positioniert sich mehr als Teil des Globe als des Wir. Ein offener Prozess der Meinungsbildung kann sich nicht entwickeln. Die Mitarbeiterinnen können sich nicht als mitdenkende, aktive Erwachsene zeigen, weil Entscheidungen nicht diskutiert werden. Der neuen Kollegin wird das Team nicht offen begegnen können. Für einen partnerschaftlichen Umgang mit allen Eltern wird dem Team durch polarisierende Einordnung der Leiterin keine Basis geboten.
Vermutungen auf der Ich-Ebene	
Die Leiterin hat die Macht, eine Stunde lang ihre Informationen, ihre Kritik und ihre Meinung auszudrücken. Sie hat alle Themen abgehakt und kann die Sitzung pünktlich beschließen. Sie hat ihren Ärger über die Unordnung im Flur ausgedrückt.	Einige Mitarbeiterinnen denken: Teambesprechungen machen keinen Spaß, aber ich muss aussitzen, aushalten, überstehen. Einige haben das Gefühl, keine wertvolle Mitarbeiterin zu sein, deren Kompetenz geachtet und geschätzt wird. Einige sagen sich: Diese Informationen betreffen mich nicht „persönlich", ich bin hier nicht gemeint. Irgendjemand kann sich um die kritisierten Bereiche kümmern. Die Mitarbeiterinnen könnten sich distanzieren, indem sie sich der unangenehmen Situation gedanklich entziehen oder (heimlich) den Ausstieg planen (die These von der Unzuverlässigkeit wird so bestätigt). Auch die Leiterin wird nicht mit dem Gefühl echter Zufriedenheit aus der Sitzung gehen. Obwohl sie alle Informationen und ihre Gefühle (Ärger) darstellen konnte, hat sie registriert, dass ihr keineswegs alle Mitarbeiterinnen Zustimmung signalisiert haben und manche ihr nicht tatsächlich zugehört haben. Sie hat kein Feedback erhalten und weiß nicht, was ihre Mitarbeiterinnen denken.

Vermutungen zu Wechselwirkungen mit der Umwelt	
Der Träger kann sich auf seine Leiterin verlassen; Sie teilt und vertritt seine Positionen. Die Eltern werden zum Elternabend eingeladen.	Die Mitarbeiterinnen der Kita werden weder vom Träger noch von Eltern als selbstbewusst, kompetent und engagiert wahrgenommen. Wenn es etwas mitzuteilen oder zu fragen gibt, wendet man sich besser direkt an die Leiterin. Aus den alltäglichen Eindrücken wird für Eltern nicht erkennbar, welche Ziele hier verfolgt werden. Das Vertrauen der Eltern in die Arbeit des Teams ist gering.

Nach dieser kurzen Analyse wissen wir schon mehr und können besser verstehen, welche Auswirkungen eine Gesprächsmethode (in diesem Fall ist es die Form des Monologs) haben kann, und welche Schwierigkeiten sich daraus ergeben können. Nun kann man sich fragen: Lassen sich daraus Rückschlüsse auf die Qualität des Teams und damit auf die ganze Kindertageseinrichtung ziehen?

Aus der Bilanz ergibt sich zwingend, dass auf allen Untersuchungsebenen mehr Probleme als Erfolge verbucht werden mussten. Ist aber die Analyse einer Teambesprechung ausreichend, um weitreichende Rückschlüsse auf die Team- und Einrichtungsqualität zu ziehen? Sicherlich wäre es heikel, wenn sich die Bewertung ausschließlich auf eine Beobachtung stützt. Schließlich könnte es ja durchaus sein, dass dieses Team aus einem speziellen Anliegen heraus (ganz einvernehmlich) beschlossen hat, in dieser Sitzung tatsächlich nur frontal informiert werden zu wollen. Aber wie wären in diesem Fall die nonverbalen Signale und die bedrückende atmosphärische Schwere zu verstehen?

Atmosphäre und Verlauf von Gesprächssituationen sind, unabhängig von der gewählten Gesprächsform, ein wichtiger Indikator für Qualität. Inhalt und Form der Kommunikation im Team bilden ab, welche Ziele (Es) verfolgt werden und wie diese im Zusammenspiel des Teams (Wir) erreicht werden sollen. In Stil und Ton der Kommunikation zeigt sich, wie es um die Arbeitsbeziehungen bestellt ist, wie die Rollen- und Machtverteilung (Ich) verstanden und gelebt werden. Jede Gesprächssituation erzeugt eine Resonanz, die sich wellenartig ausbreitet und wie ein Stein-

Atmosphäre und Verlauf von Gesprächssituationen sind ein wichtiger Indikator für Qualität

115

wurf noch lange an den Wasseroberfläche Wellen sichtbar macht, auch wenn der Stein längst versunken ist. Solche Wellen sind in dieser Teambesprechung deutlich zu spüren:

- Warum und wie sollte eine Mitarbeiterin in dieser Kindertageseinrichtung gerne arbeiten wollen und sich positiv mit ihrer Rolle und ihren Aufgaben identifizieren, wenn sie in Gesprächssituationen keine direkten Beteiligungsmöglichkeiten hat?
- Was soll sie mit Informationen, Kritik und Aufgabenverteilung anfangen, wenn diese einseitig und konfrontierend vorgebracht werden?
- Wie soll sie sich verhalten und engagieren, wenn ihre Vorgesetzten ihre Fragen und Meinungen nicht hören wollen?
- In welcher Hinsicht kann sie sich weiterentwickeln, wenn sie nicht ermutigt wird, sich aktiv mit ihren Vorstellungen und Ideen einzubringen?
- Wem kann sie vertrauen, wenn es keine Offenheit für den Austausch von Schwierigkeiten, Sichtweisen und Argumenten gibt? – Und schließlich:
- Welche Auswirkungen hat das alles auf ihren Kontakt mit Kindern oder Eltern?

Es darf bezweifelt werden, dass es unter diesen Bedingungen auch nur ein Teammitglied schaffen kann, sich von diesen negativen Gefühlen und Verhaltensweisen freizumachen. Legen wir die Grundsätze der Themenzentrierten Interaktion von Ruth C. Cohn zugrunde, dann bleibt hier keine Wahl, als festzustellen: Es ist ein kommunikatives Desaster. Und die Prognose sieht nicht gut aus, solange niemand den Willen, den Mut und die Kompetenz aufbringen kann, daran etwas Grundsätzliches zu ändern. Im nächsten Schritt geht es daher um die Veränderung, die Erweiterung der Grenzen, wie Ruth C. Cohn es formuliert.

3.3 Verändern: Gespräche als Teil der Teamkultur wahrnehmen

Der Frosch im Brunnen

Ein Frosch lebte in einem Brunnen. Er hatte dort seit langer Zeit gelebt, war dort geboren und aufgewachsen und war immer noch ein kleiner und unbedeutender Frosch. Nun kam eines Tages ein anderer Frosch, der im Meer gelebt hatte, und fiel in den Brunnen.

„Woher kommst du?", fragte der Frosch im Brunnen. „Ich komme aus dem Meer", sagte der andere Frosch. „Das Meer, wie groß ist das? Ist es so groß, wie mein Brunnen?", fragte der Frosch im Brunnen, und er machte einen Satz von der einen Seite des Brunnens auf die andere. „Mein Freund", sagte der Frosch vom Meer, „wie kannst du das Meer mit deinem kleinen Brunnen vergleichen?" Da machte der Frosch im Brunnen einen zweiten Sprung und fragte: „Ist das Meer so groß?" – „Was sagst du da für einen Unsinn und vergleichst das Meer mit deinem Brunnen!", sagte der Frosch vom Meer.

„Nun denn", sagte der Brunnenfrosch, „nichts kann größer sein als mein Brunnen. Es kann nichts Größeres geben als dies. Dieser Kerl ist ein Lügner. Werft ihn hinaus!" (Blenk 2003, S. 174)

Betrachten wir das Beispiel gescheiterter Kommunikation in der vorher geschilderten Teambesprechung mithilfe der drei von Carl R. Rogers genannten Voraussetzungen für ein entwicklungsförderndes Klima. Ein entwicklungsförderndes Beziehungsklima in Kindertageseinrichtungen ist eine der wesentlichen Grundlagen der pädagogischen Arbeit und kann daher gar nicht überschätzt werden. Wir finden sofort Ansatzpunkte dafür, wie es um das Beziehungsklima der Teilnehmenden bestellt ist und was anders gemacht werden kann. In diesem Fall geht es um Veränderungen auf allen Ebenen:

Ein entwicklungsförderndes Beziehungsklima entwickeln

- Das Beziehungsklima zwischen der Leiterin und dem Träger, über die wir nur indirektes Wissen (Vermutungen) haben, weist Veränderungsbedarf auf.

- Ändern muss sich auch das Beziehungsklima zwischen der Leiterin und jeder einzelnen Mitarbeiterin, über das wir im Beispiel der Teambesprechung ebenfalls nur Spekulationen anstellen können, denn keine Mitarbeiterin wird direkt im „Du" angesprochen.
- Großen Entwicklungsbedarf sehen wir auch für das Beziehungsklima der Mitarbeiterinnen untereinander. Im Beispiel übernimmt keine Kollegin die Verantwortung dafür, sich gegen die Form der Besprechung, gegen verallgemeinernde und abwertende Äußerungen jungen Kolleginnen und Eltern gegenüber und den Stil der Aufgabenverteilung zu wehren.
- Auch wenn es aus dem Beispiel nicht unmittelbar deutlich wird, muss doch davon ausgegangen werden, dass auch im Beziehungsklima zwischen Team, Kindern und Eltern Änderungsbedarf gegeben ist.

Nehmen wir uns nun die Freiheit, das vorgestellte Beispiel umzudenken und beginnen noch einmal von vorne: Die Leiterin weiß, dass ihre Mitarbeiterinnen große Potenziale haben und legt diese Annahme jedem Gespräch zugrunde. Sie hat die Erfahrung gemacht, dass mit jedem Austausch der Kolleginnen Möglichkeiten zur Weiterentwicklung der individuellen und gemeinschaftlichen Kompetenzen erschlossen werden. Sie möchte allen Teammitgliedern, auch den stilleren, Gelegenheit geben, sich gedanklich auf die anstehenden Themen einzustellen. Aus diesen Gründen – aber auch, weil sie ihrem Team damit ihre Wertschätzung zum Ausdruck bringen möchte – lädt sie ihre Mitarbeiterinnen mit einem kleinen Anschreiben ein. Dafür hat sie einige Vorlagen entwickelt. Eine solche Einladung legt sie jeder Kollegin bereits einige Tage zuvor im Personalraum ins Info-Fach. Fehlenden Kolleginnen wird die Einladung als E-Mail zugestellt. Manchmal verschickt die Leiterin auch eine kurze Terminerinnerung mit den allerwichtigsten Punkten in Form einer SMS, was die jungen Kolleginnen richtig klasse finden.

Praxisbeispiel

Meine lieben Kolleginnen,

zur nächsten Teambesprechung am kommenden Montag von 16 bis 18 Uhr lade ich Sie herzlich ein. Wir tagen wieder im Besprechungszimmer des Gemeindezentrums. Für das körperliche Wohl ist mit Kaffee, Tee, Kaltgetränken, Obst und Gebäck gesorgt.

Wie in der letzten Teambesprechung beschlossen, werden wir – nach der üblichen ersten Runde zu „Aktuellen Mitteilungen" – die folgenden Themen besprechen. Vereinbarungsgemäß habe ich dieses Mal auch die Namen der jeweils zuständigen Gesprächsführerin zu den Themen gesetzt. Bitte sprechen Sie mich an, wenn es dazu noch Klärungsbedarf gibt.

1. Information und Austausch zur Personalsituation (Verantwortung: Eva Adam)
   - Besetzung der freigewordenen Stelle in der Gruppe „Waldläufer"
   - Einführung und Einarbeitung neuer Mitarbeiterinnen
   - Personalgewinnung
   - Mitarbeiterinnenbefragung

2. Gedankenaustausch und Verbesserungsmöglichkeiten für das Erscheinungsbild unserer Kita (Verantwortung: Julia Meister)
   - Unser Flur als Spiel- und Begegnungsraum: Was heißt das für unsere Zielsetzung „Partizipation der Kinder und Wohlbefinden (auch der Erwachsenen)"?

3. Vorbereitung des Elternabends zum Thema „Kinder brauchen Freiraum und Grenzen" (Verantwortung: Beate Wiesel und Nasreen Bülent)
   - Austausch zu Ideen und Möglichkeiten der inhaltlichen und methodischen Gestaltung
   - Organisatorische Aufgaben und Verantwortung zur Vorbereitung: Einladung / Raum / Medien / Bewirtung usw.
   - Verteilung der Rollen für den Ablauf des Elternabends

4. Zusammenfassung, Dokumentation und Ausblick (Verant-
wortung: Nele Zuulua)
   – Ergebnisse der Teambesprechung
   – Termin zur Bearbeitung der offen gebliebenen Punkte
   – Themenwünsche für die nächste Teambesprechung
   – Feedback (Rückmeldungen an Themenverantwortliche)

Ich freue mich auf zwei informative und anregende Stunden
des Austausches und Miteinander-Lernens im Team. Doch zuvor
wünsche ich uns allen einen guten Ausklang der Woche.
Ihre
Eva Adam
PS: Zum Thema „Erscheinungsbild" wäre es sicher sehr hilfreich,
wenn wir über das eine oder andere aktuelle „Erinnerungsbild"
aus dem alltäglichen Geschehen miteinander sprechen könnten. Bitte bringen Sie dazu Ihre fotografierten oder schriftlich
festgehaltenen „Beobachtungs-Splitter" mit.

Das Beziehungsklima beachten

Hören wir nun, was auf dieser neu durchdachten Teambesprechung gesagt wurde: Was erfahren wir über das Beziehungsklima
im Team?

Es ist 16 Uhr. Alle 14 Mitarbeiterinnen sind in der Nähe des
Besprechungsraums eingetroffen (heute sind alle da). Frau
Adam hat die in Grüppchen ankommenden Kolleginnen schon
beim Eintreffen persönlich begrüßt. Aus Gesprächsfetzen ist
zu entnehmen, dass einige sich über ihre Urlaubspläne austauschen. Nachdem alle in den Raum gegangen sind, schaut die
Leiterin interessiert in die Runde, wartet ab, bis alle ihren Platz
gefunden haben. Dabei wirkt ihr Gesicht zugleich aufmerksam
und entspannt. Lächelnd läutet sie die Teambesprechung ein;
dafür verwendet sie einen A-Klangstab. Aus Erfahrung weiß
sie, dass die lebhaften Gespräche und das Lachen der Kolleginnen nur mit sehr durchdringender Stimme übertönt werden
könnten. So will sie die Besprechung aber nicht beginnen. Sie

setzt sich, Ruhe ausstrahlend, auf den noch freien Platz, lässt ihren Blick einmal von Gesicht zu Gesicht wandern. In einem freundlich-bestimmten Ton sagt sie: „Ich möchte nun gerne anfangen. Schön, dass Sie es alle geschafft haben, hier zu sein und, ach ja, bitte versorgen Sie sich mit Getränken, bevor wir zum ersten Punkt ‚Aktuelle Mitteilungen' kommen." Es dauert einen Moment, bis alle Tassen und Gläser gefüllt sind. Eva Adam wartet ab, bis die Teilnehmerinnen zur Ruhe kommen und fragt dann in die Runde, ob alle die Einladung erhalten und vorliegen haben. Sie hat noch einige Exemplare dabei, die sie in die Runde gibt.

Anregungen für die Praxis

In Teamentwicklungsprozessen wird immer wieder deutlich, wie wertvoll das Gesprächsklima in der Einrichtung ist. Es lohnt sich für jedes Team, einmal von der anstehenden Themenfülle Abstand zu nehmen und sich in wohltuender Umgebung – vielleicht auch außerhalb der Kita – bewusst Zeit für die Kommunikation zu nehmen. Das fördert nicht nur das Verständnis und den Zusammenhalt des Teams, es bildet auch den Boden, auf dem positive Zuwendung und gute Gespräche „wachsen" können.
Wer würde nicht gerne in einem Team arbeiten, das sich respektvoll, wohlwollend und ehrlich begegnet? In einem Team, das sich Zeit nimmt für grundlegende Fragen der Zusammenarbeit, Fehler und Konflikte konstruktiv aufgreift und sich solidarisch und unterstützend bei individuellen Schwierigkeiten verhält?

Planung und Spontaneität verbinden
Die Teambesprechung beginnt mit dem allwöchentlichen Ritual der „Aktuellen Mitteilungen". Die Kolleginnen nutzen diesen Raum, um der Runde kurz mitzuteilen, wie es ihnen gerade

geht und/oder was sie aktuell in persönlicher oder beruflicher Hinsicht besonders beschäftigt. Heute hat Suzana Höri, die gerade an einer Fortbildung zur „Kommunikation im Team" teilgenommen hat, einen „Sprechstein" mitgebracht. Sie zeigt ihren Stein (es ist ein gelber Kieselstein mit grauen Einlagerungen) und übernimmt den Anfang – so hat sie es mit der Leiterin kurz zwischen Tür und Angel besprochen. Die Fortbildung sei prima gewesen, sie habe viel über sich selbst erfahren und einige interessante Methoden ausprobieren können. Sie könne diese Fortbildung wirklich jedem empfehlen, berichtet Suzana und fügt hinzu, dass sie richtig stolz gewesen sei, in der Fortbildungsgruppe von den positiven Kommunikationserfahrungen aus ihrer Kita berichten zu können. Nun freue sie sich aber auch sehr, wieder hier im Team zu sein. Den Sprechstein habe sie für das Team als Methoden-Mitbringsel ausgesucht. Mit diesen Worten gibt sie den Stein weiter. Die Kolleginnen nicken erfreut und zustimmend. Den leicht schweizerischen Akzent in Suzanas Sprache hören die Kolleginnen einfach gerne. Das wird ihr immer wieder im Feedback mitgeteilt.

Nacheinander nimmt jede Kollegin den Stein in die Hand. Die meisten befühlen und betrachten ihn zunächst einen Augenblick. Es hat den Anschein, als ob die „Begegnung mit dem Stein" helfen könnte, die eigenen Gedanken zu sortieren und auszusprechen. Heute haben alle etwas mitzuteilen, und jede scheint darauf zu achten, sich auf das Wesentliche zu beschränken. Viele haben ihre „Mitteilung" auf einen kleinen Spickzettel geschrieben. Das war nicht immer so. Frau Adam freut sich innerlich über diese gute Entwicklung in ihrem Team. Damals, als sie sich noch die ganze Zeit für die „wichtigen fachlichen Themen" einsetzen wollte, kam es oft zu heißen Debatten und auch zu harten Auseinandersetzungen im Team. Oft waren am Ende alle wütend oder enttäuscht und richtige Ergebnisse gab es eher selten. Damit war die Leiterin nicht zufrieden. Sie hat sich mit anderen Leiterinnen darüber unterhalten, einige Bücher über „Kommunikation" gelesen und eine Fortbildung zum Thema „Moderation von Arbeitsgruppen" besucht. Dann hat sie ihrem Team diese Methode vorgestellt und sie eingeführt. Anfangs war es zwar immer noch vorgekommen, dass die Runde ausuferte. Doch nachdem Eva Adam gelernt hat, ihre Moderationsrolle immer besser einzunehmen, hat sich dieses Ritual eingespielt. Nun hört sie aufmerksam zu, nur ab und zu schreibt sie sich etwas auf. Zum Abschluss der Runde bedankt sie sich für die Informationen. Sie habe auch gehört, dass es offenbar einige Themen gibt, die in den nächsten Teambesprechungen noch vertieft werden sollten. Darauf werde sie am Ende der heutigen Sitzung noch einmal zurückkommen.

Themen klar darstellen und engagiert vertreten

Die Leiterin kommt nun zum ersten inhaltlichen Punkt „Personalsituation". Dazu habe sie inzwischen – wie in der letzten Teambesprechung verabredet – am Dienstag mit Pfarrer Otto einen Gesprächstermin wahrgenommen. Heute möchte sie das Team über den Zwischenstand unterrichten; Entscheidungen habe man noch keine getroffen. Die Kündigung von Adele Abel – noch vor Beendigung der Probezeit – habe sie beide doch sehr überrascht. In ihrer Wahrnehmung habe Adele einen guten Eindruck gemacht und sich gut in die Waldläufer-Gruppe integriert. Das bestätigt Beate Wiesel mit zustimmendem Kopfnicken. Man sei sich aber auch darüber einig gewesen, dass diese offenbar persönlich motivierte Entscheidung unabänderlich sei und respektiert werden müsse. Man habe sich darüber unterhalten, welche Fähigkeiten eine neue Kollegin oder ein neuer Kollege (tatsächlich gibt es auch einen Bewerber) einbringen sollte. Für die Stelle in der Waldläufer-Gruppe brauche man –wie ja alle wissen – eine Fachkraft mit viel Freude an Bewegung in Feld, Wald und Wiese. Und man wünsche sich auch, dass sie thematisches Interesse für die Natur, die heimische Tier- und Pflanzenwelt, das Wetter und die Landschaft mitbringe. Aus den inzwischen eingegangenen Bewerbungsunterlagen habe sich noch nicht klar erkennen lassen, inwieweit die Bewerberinnen und der Bewerber diesen pädagogischen Schwerpunkt besetzen könnten.

Raum geben für Methoden der Beteiligung

An dieser Stelle unterbricht die Leiterin ihren Bericht. Sie fragt in die Runde: „Haben Sie sich untereinander auch Gedanken gemacht, wie wir diese Stelle möglichst schnell besetzen könnten? Gibt es vielleicht ganz neue Ideen, die uns einer guten Lösung näherbringen könnten?"

Die noch neue Mitarbeiterin im Team, Margareta Magin, meldet sich zu Wort. Man spürt, dass es sie ein wenig Mut kostet, ihre Gedanken in der Teamrunde auszudrücken. Sie sagt: „Als ich hier ankam, konnte ich mir die Arbeit in den unterschiedlichen Themengruppen einfach gar nicht vorstellen. Aber nun verstehe ich alles viel besser, auch wie das so funktioniert. Ich habe ganz viel Lust, nun auch einmal von der Gruppe ´Konstrukteure´ in die Gruppe ´Waldläufer´ zu wechseln. Am liebsten würde ich noch öfter wechseln und nach und nach auch die Arbeitsweise in den anderen Gruppen besser kennenlernen."

Alle haben ihr aufmerksam zugehört. Beate Wiesel, die Leiterin der Waldläufer-Gruppe, zeigt an, dass sie sich dazu äußern möchte: „Das wäre doch ganz klasse, wenn du zu uns kommst. Die Kinder kennen dich schon und ich würde das echt gerne mit dir zusammen machen. Kann ich mir richtig gut vorstellen. Also wenn ihr mich fragt, ich sage, das ist ein Superidee." Nun kommt Leben in die Runde. Eva Adam wartet einige Sekunden, bis sich das erste Murmeln wieder gelegt hat. „Wir haben hier tatsächlich einen ganz neuen Vorschlag, der bedenkenswert ist", stellt sie fest. „Lassen Sie uns doch fünf Minuten mit der Pro- und Contra-Methode über die Auswirkungen dieses Vorschlags beratschlagen und Argumente sammeln."

Die Leiterin bittet Nele Zuulua, die heute für Dokumentation zuständig ist, die Argumente der Kolleginnen auf den bereitliegenden Karten zu notieren (auf dem Tisch liegen Moderationskarten in mehreren Farben und Stifte). Die Argumente werden assoziativ als Brainstorming vorgetragen. Dabei werden alle „Pros" auf gelben, die „Contras" auf blauen Karten notiert. Eva Adam achtet lediglich darauf, dass alle ihre Argumente in Ruhe vortragen können. Ab und zu bittet sie darum, einen Moment abzuwarten, bis Nele Zuulua es geschafft hat, die wichtigsten Stichpunkte auf den richtigen Farbkarten zu notieren. Doch die rechts von Nele sitzende Kollegin, Cora Mahler, hat es bereits übernommen, ihr jeweils die passende Farbkarte hinzulegen. Eva Adam hört aufmerksam zu. Zu einigen Punkten fragt sie noch einmal nach, wenn sie den Eindruck hat, ein Argument sei noch nicht klar genug formuliert. Nachdem alle Argumente gesammelt sind, bittet sie die Kolleginnen, die Karten entsprechend der Rubriken „Pro" und „Contra" zu ordnen und an der Stellwand zu befestigen.

Alles verläuft reibungslos: Nur wenige Minuten nachdem die neue Idee geäußert wurde, wird das Meinungsbild des Teams deutlich. Mehrheitlich wird der Vorschlag von Margareta positiv aufgenommen. Als besonders tragfähig erweist sich das Argument: „Margareta kennt die Kinder und die Kinder kennen Margareta." Um diese Gewichtung herauszuarbeiten, hat Frau Adam das Team zum nächsten Schritt der Pro- und Contra-Methode aufgefordert. Dabei geht darum, das beste „Pro" bzw. das wichtigste „Contra" zu filtern. Um diesen Schritt zügig und überschaubar zu realisieren, hat jede Kollegin die „Pro- und Contra-Karte" vor sich liegen. Schon vor einiger Zeit hatte man sich in einer Teambesprechung zum Thema „Gesprächskultur im Team" darauf verständigt, diese Methode zum Einsatz zu bringen, wenn es darum geht, einer neuen Idee mit Fairness zu begegnen. In der Moderationskiste liegen die erforderlichen Gelb-Blau-Karten – auch das wurde im Team so beschlossen – immer bereit.

Eva Adam benennt nun die Argumente noch einmal Punkt für Punkt, und jede Mitarbeiterin entscheidet, indem sie ihre Karte hochhebt oder liegen lässt. Nele zählt mit und schreibt die Anzahl der Nennungen zu jedem Argument auf. Das wichtigste Contra wird vom Team im Argument „Schon wieder Wechsel der Gruppenverantwortung" gesehen. Die Leiterin registriert sofort, dass diese Meinung viel Zustimmung findet. Sie deutet auf die entsprechende Karte und sagt: „Ich glaube, hier wird ein grundsätzlich wichtiges Thema angesprochen, das größere Beachtung verdient hat. Ich möchte Ihnen vorschlagen, es im Rahmen eines demnächst anstehenden Konzeptionstages genauer unter die Lupe zu nehmen." Dieser Vorschlag findet große Zustimmung.

Überblick ermöglichen

Die Leiterin fasst nun mit eigenen Worten zusammen, wie der aktuelle Stand der Problemlösung aussieht. Nele schreibt auf das Flipchart: Ergebnis 5. Juli 2010 – Nach den Sommerferien wechselt Margareta in die Waldläufer-Gruppe. – Bewerbungsunterlagen werden noch einmal mit Pfarrer Otto durchgeschaut: Augenmerk „Interesse und Fähigkeiten im Themenfeld Konstruktion und Bauen". – Vertrag kommt erst zustande, nachdem Bewerberin/Bewerber bei uns hospitiert hat.

Instrumente im Dialog entwickeln

Eva Adam bedankt sich für die gute Runde und kommt zum nächsten Unterpunkt „Einführung und Einarbeitung neuer Mitarbeiterinnen". Sie sagt: „Wie Sie alle wissen, haben wir bisher leider noch keinen Leitfaden für die Einarbeitung neuer Mitarbeiterinnen. Nun haben wir in den vergangenen zwei Jahren doch einige positive, aber auch problematische Erfahrungen gemacht. Es wäre schade, wenn einige sich bei uns aus diesem Grund nicht wohl fühlen und einarbeiten könnten. Deshalb möchte ich heute vorschlagen, dass wir uns nun ernsthaft mit dieser Aufgabe befassen. Im Vorgespräch mit Isabelle Naumann (sie ist die stellvertretende Leiterin) haben wir uns darauf verständigt, heute eine Arbeitsgruppe damit zu beauftragen, Ideen für einen ersten Entwurf zu erarbeiten. Ich wünsche mir, dass sowohl erfahrene als auch neue Mitarbeiterinnen in dieser Arbeitsgruppe mitwirken. Gibt es dazu Fragen?"

Anna Menzel möchte wissen, zu welcher Zeit sich die Arbeitsgruppe treffen und bis wann der Entwurf fertig sein soll. Isabelle Naumann (sie ist schon mehr als 15 Jahre in der Kita) meldet sich zu Wort: „Ja, darüber haben wir uns auch schon Gedanken gemacht. Wir haben uns überlegt, dass diese Gruppe sich nach den Ferien montags, jeweils eine Stunde vor der Teambesprechung, treffen könnte. In der Eingewöhnungszeit werden die Kleinsten ja bis 14.30 Uhr abgeholt sein. Ab 15 Uhr könnte die Gruppe sich treffen. Das müsste funktionieren. Wir dachten, dass drei oder vier Arbeitstreffen für die Entwurfsarbeit ausreichen. Die Gruppe muss dann aber selbst entscheiden, ob sie weniger oder mehr Zeit benötigt. Wer möchte denn gerne mitmachen?"

Diese Hinweise reichen dem Team, weitere Fragen werden nicht gestellt. Margareta Magin möchte dabei sein. Schließlich habe sie noch gut in Erinnerung, was ihr in den ersten Wochen und Monaten geholfen, manchmal aber auch gefehlt habe. Nach einigen Augenblicken des Abwartens bekundet auch Birgit Ludwig Interesse. Sie ist zuständig für die Anleitung von Praktikantinnen und Praktikanten und möchte vorschlagen, im Leitfaden auch ein Kapitel „Anleitung für Praktikanten" aufzunehmen. Anerkennend klopfen die Kolleginnen auf den Tisch.

Vorher informieren schafft Vertrauen

Eva Adam übernimmt nun wieder die Gesprächsleitung: „Zum nächsten Punkt möchte ich Ihnen eine Vorankündigung geben. Es geht um die Idee des Trägers, mehr für die Personalgewinnung zu tun. Wie Sie alle wissen, möchten wir hier eine gute pädagogische Arbeit verwirklichen. Dazu brauchen wir Pädagoginnen, die sich mit ihrem Beruf identifizieren, gerne im Team arbeiten und ein breites Spektrum von Themen und Fähigkeiten in den wichtigen Bildungsbereichen einbringen können. Einige Wochen nach den Ferien, wenn wir die dann anstehenden Themen besprochen haben, möchte Pfarrer Otto gerne selbst zu einer Teambesprechung kommen. Bei der Entwicklung eines Konzeptes möchte er auf die Erfahrungen der Fachberaterin zurückgreifen und ihre Anregungen einbeziehen. Ich werde Sie rechtzeitig über den konkreten Termin informieren." Der Blick in die Runde zeigt ihr, dass diese Information gut angekommen ist.

Den nächsten Punkte eröffnet die Leiterin mit den Worten: „Bevor wir fünf Minuten Pause machen, möchte ich Ihnen noch einen Gedanken mitteilen, der mich sehr beschäftigt. Ich habe mich in den letzten Monaten öfter mal gefragt, wie zufrieden jede von Ihnen mit der pädagogischen Arbeit in unserem Haus ist. Mir ist auch durch den Kopf gegangen, ob Sie Ihre Vorstellungen von Zusammenarbeit hier verwirklichen können. Manchmal denke ich auch, dass hier noch nicht alle zeigen können, was in ihnen steckt. Eine Diskussion zu diesen Fragen stelle ich mir aber schwierig vor. Was halten Sie davon, wenn wir – sagen wir im kommenden Herbst – eine Mitarbeiterbefragung durchführen? Sie müssen nicht sofort antworten. Ich möchte diese Frage gerne in der nächsten Teambesprechung, das ist dann ja die letzte vor den Sommerferien, mit Ihnen besprechen. Jetzt machen wir die versprochene Pause."

Mitarbeiterinnen neue Rollenerfahrungen ermöglichen

Julia Meister hat für ihren Besprechungspunkt „Erscheinungsbild der Kita" selbst einige Fotos aus dem Flurbereich angefertigt, vergrößert, auf Plakate geklebt und noch während der Pause aufgehängt. Auf einigen sind regelrechte „Stillleben" abgebildet – bestehend aus Taschen, Schuhen, Regensachen und den im Flur befindlichen Spielmaterialien (Kaufmannsladen-Utensilien und Schaumstoff-Bausteine), die in einer Mischung aus Erschrecken und Belustigung kommentiert werden. Diese Darstellung ist eindeutig. Es muss nicht mehr diskutiert werden, ob das Erscheinungsbild stimmt. Man kann sich darauf konzentrieren, über Möglichkeiten der Verbesserung nachzudenken.

Eva Adam erinnert daran, dass sie vor zwei Jahren den Satz „Alle kleinen und großen Menschen sollen sich in unserer Kita wohl fühlen" in die Konzeption geschrieben hätten. Und da sei auch nachzulesen, dass „Erziehung zu Selbstständigkeit" ein wichtiges Ziel ihrer Arbeit sei, gibt eine andere Kollegin zu Bedenken. Die Lösung bestehe also nicht darin, dass die Erwachsenen für die Kinder aufräumten, sondern eher, Ideen zu erarbeiten, wie das Wohlbefinden im Flurbereich mit den Kindern thematisiert werden könnte, fasst Julia Meister zusammen. Für die Ideensammlung werden Kleingruppen von je drei oder vier Kolleginnen gebildet, mit der Aufgabe, maximal drei Ideen auf grünen Karten zu notieren. Nach 15 Minuten kommen die vier Gruppen aus ihrem Brainstorming zurück. Alle Ideen werden auf einem Ideenplakat, das Julia in der Zwischenzeit vorbereitet hat, aufgeklebt. Jedes Gruppenteam kann sich aus dieser Sammlung die Anregung auswählen, die in der nächsten „Morgenrunde der Gruppe" angesprochen werden soll. Aus einer Reflexion dieses Punktes, zu der einige Monate später eingeladen wird, ergibt sich, dass aus diesen Anregungen tolle Projekte entstanden sind. Obwohl nun noch mehr Kinder den Flur als Spielraum entdeckt hätten, habe sich das Erscheinungsbild tatsächlich verbessert. Auch für diese Reflexion werden wieder Fotos angefertigt und mit den „alten" verglichen.

Entwickelte Instrumente nutzen

Für das Thema „Elternabend" nutzen Beate Wiesel und Nasreen Bülent erstmals den „Leitfaden Elternabend", der vor einigen Monaten im Team erarbeitet wurde. In kopierter Form haben sie die Vorlage für jede Mitarbeiterin mitgebracht. Das erspart ihnen langwierige Überlegungen zu den organisatorischen Aspekten des Abends. In wenigen Minuten wird geklärt, wer für welche Aufgabe einsteht, was an Materialien oder Vorbereitung zu bedenken ist und bis zu welchem Zeitpunkt diese Aufgabe erledigt sein muss.

Gemeinsam mit der Leiterin haben sie sich auch bereits auf inhaltliche und methodische Ideen verständigt. Diesen Auftrag hatten sie schon vor drei Wochen übernommen. Es wird noch einmal daran erinnert, dass das Thema dieses Abends auf Wunsch der Eltern ausgewählt wurde. Zur Begründung wurde angeführt, dass sie sich von Fernseh-Talkrunden, aber auch Erziehungsratgebern und Zeitungen ermahnt fühlen, ihre Kinder besser zu erziehen. Die Eltern sollten ihren Kindern Grenzen setzen, hieße es da immer wieder. Viele fühlen sich durch diese Aufforderung verunsichert und bedrängt.

Besonders stolz sind die Verantwortlichen auf die Idee (sie haben dafür eine kleine Vorlage mitgebracht), den Abend mit einer ganzheitlichen Erfahrungsmöglichkeit für die Eltern zu beginnen. Dazu wollen sie vor Beginn des Elternabends einen Raum mithilfe von gespannten Seilen in viele kleine Bereiche strukturieren. Auf den Stehtischen im Foyer werden neben Getränken und Salzgebäck auch Karten und Stifte bereitgestellt. Nach der Begrüßung werden die Eltern gebeten, sich über ihre Erfahrungen mit Grenzsetzungen auszutauschen und dazu typische Aussagen, die sie alltäglich nutzen, festzuhalten. Diese Aussagen werden auf dafür bestimmte Karten notiert, die dann eingesammelt und anschließend in die jeweiligen Bereiche gelegt oder dort aufgehängt werden. Auf dem Weg zum eigentlichen „Tagungsraum" werden die Eltern aufgefordert, einen kleinen Umweg über diese Bereiche zu machen. Dabei sollen sie sich vorstellen, selbst Kind zu sein. Mit dem Ankommen im Tagungsraum verwandeln sich die „Kinder" dann wieder in „Eltern". Über diese Erfahrungen soll der Weg in das Thema des Abends führen. Diesen Teil wird die Leiterin übernehmen. Sie hat dafür einen kleinen Vortrag vorbereitet. Dabei möchte sie ganz allgemein herausstellen, warum Kinder dieses Spannungsverhältnis von viel Freiraum und orientierenden Grenzen benötigen. Anschließend erhalten die Eltern erneut Gelegenheit zum Austausch über die Frage: „Mehr Freiraum geben, Grenzen klarer setzen oder weitermachen wie bisher?" Abschließend werden alle gebeten, ihren Erkenntnisgewinn im Plenum mitzuteilen.

Das Team stellt in dieser Vorbesprechung hier und da Fragen zum Konzept des Abends und gibt kleine Anregungen. Es wird aber auch die Sorge geäußert, dass einige Eltern sich damit vielleicht überfordert fühlen könnten. Daraufhin wird überlegt, dass die Dokumentation an den Tischen jeweils von einer Mitarbeiterin im Team übernommen wird. Diese Idee finden alle gut. Nele Zuulua notiert alle zusätzlichen Vereinbarungen.

Identifikation schaffen durch gemeinsam erarbeitete Ergebnisse
Anschließend übernimmt Eva Adam die Aufgabe, Themen und Ergebnisse des Tages noch einmal zusammenzufassen. Über alle Themen wurde informiert oder gesprochen. Die Ergebnisse sind in Form von Plakaten nachvollziehbar. Den Punkt „Mitarbeiterbefragung" hat die Leiterin in die Themenliste für die nächste Teambesprechung aufgenommen. Für diese Liste nimmt Nele Zuulua noch weitere Themenwünsche entgegen. Zum Abschluss bittet die Leiterin die Kolleginnen, an die für diese Teambesprechung Verantwortlichen ein Feedback über die verwendeten Methoden und die Gesprächsleitung zu geben.

3.4 Meilensteine auf dem Weg zur Gesprächskultur im Team

„Ja, aber … mit meinem Team geht das nicht. Dazu ist es nicht offen, engagiert und diszipliniert genug", ist ein häufiger Einwand in Teamfortbildungen, wenn solche erfolgreichen Beispiele vorgestellt werden. Offenheit, Engagement und Selbstdisziplin sind – dies wird bei solchen Argumentation leicht übersehen – weniger Voraussetzungen als vielmehr Folgen einer hohen Gesprächskultur im Team. Auch wenn das Erlernen und Einführen von Gesprächsführungsmethoden ein langwieriger und aufwendiger Prozess ist, so zeigt das Beispiel doch auch, dass die Basis für Entwicklung in einem Team im kommunikativen Beziehungsgeschehen liegt. Auch wenn nicht immer alles gleich gelingt, lohnt es sich, einen Prozess einzuleiten, der neue Energien freisetzt, inspiriert und motiviert. Im Folgenden werden einige Meilensteine auf diesem Weg aufgezeigt.

Gut(es) Zuhören
Carl R. Rogers (1959/1987, 1981) erklärt, dass bewusst eingesetzte Methoden helfen können, unsere grundlegenden Fähigkeiten für gelingende Kommunikation zu verbessern. Dabei steht

für ihn die Fähigkeit des Zuhörens an oberster Stelle. Gutes Zuhören umfasst mehr als das Sprechen-lassen des Gegenübers. Es kommt vielmehr darauf an, einfühlsam zu beobachten, was in dem Gesprächspartner vor sich geht, und zu verstehen versuchen, was zum Ausdruck gebracht wird. Gutes Zuhören basiert auf einer achtsamen Haltung dem anderen gegenüber, aber auch auf der Fähigkeit, diese Haltung zum Ausdruck zu bringen. Hierfür kann im Team zum Beispiel die Übung zum „Aufmerksamen Zuhören" durchgeführt werden (vgl. Kapitel 2).

(Randnotiz: Die Fähigkeit des Zuhörens steht an oberster Stelle)

Selbsterkenntnis

(Randnotiz: Selbsterkenntnis ist Arbeit an sich selbst)

Was wir von uns wissen, ist immer nur das, was wir jetzt von uns wissen können. Tatsächlich kennen wir uns selbst nur sehr eingeschränkt. „Erkenne dich selbst" stand schon in der griechischen Antike als Inschrift über dem Orakel von Delphi. Selbsterkenntnis ist Arbeit an sich selbst. Gesprächsmethoden wie die „Themenzentrierte Interaktion" können den Horizont der Selbsterkenntnis weiten. Je weiter der Erkenntnis-Horizont reicht, umso mehr kann das Spektrum der bestehenden Unterschiede (in mir selbst und – das ist die Hoffnung – auch bei anderen) akzepziert werden. In der Kindertageseinrichtung kommt es darauf an, reflektiert auf Unterschiede und unterschiedliche Wege eingehen zu können.

Unbedingte Wertschätzung

(Randnotiz: Raum zur umfassenden Selbstbetrachtung)

Die Erfahrung unbedingter Wertschätzung (vgl. Rogers 1981) eröffnet neue Möglichkeiten, sich auf positive Weise mit sich selbst und mit anderen auseinanderzusetzen. In der Gewissheit der Wertschätzung kann der Raum zur umfassenden Selbstbetrachtung gefunden werden: Die eigenen Gefühle und deren Verletzungen, auch die schmerzhaften Erinnerungen und Erlebnisse, die erlebten und selbst verursachten Kränkungen, die fairen und unangemessenen Verhaltensweisen können angeschaut und (neu) verstanden werden. Der wertschätzende Umgang geht weit über das Team hinaus. Mit Eltern und Kindern trotz aller Herausforderungen grundlegend – unbedingt – wertschätzend umzugehen, gelingt besser, wenn das Team die Bereitschaft und Fähigkeit entwickelt, sich selbst und andere mit hoher Achtung anzunehmen.

Und immer wieder Partizipation

Appelle zu mehr Demokratie und Teilhabe verfehlen ihre Wirkung, wenn sie nicht an konkrete Situationen und Gespräche gebunden sind. In dem Team von Eva Adam konnten sich Ideen und Initiativen entfalten, weil die Mitarbeiterinnen das Recht auf Mitsprache und Mitwirkung, aber auch ihre Pflicht zur Mitverantwortung erkannt hatten. Das Einbringen der eigenen Stärken war zur Selbstverständlichkeit geworden, weil zugleich Möglichkeiten geschaffen wurden, die eigenen Visionen umzusetzen. Partizipation und Demokratie sind seit den 1970er-Jahren ein grundlegender Bestandteil der pädagogischen Arbeit in vielen Kindertageseinrichtungen und gehören zum Kern des Situationsansatzes. Ein direktiver Führungsstil und ein Team, das nicht an der Weiterentwicklung der Einrichtung teilnimmt, widersprechen diesem Grundprinzip.

Partizipation und Demokratie – grundlegender Bestandteil der pädagogischen Arbeit

Mit dem Situationsansatz zu Partizipation und Demokratie

Zu neuen Wegen des pädagogischen Verhältnisses von Erzieherinnen und Kindern sollte der seit Beginn der 1970er-Jahre vom Deutschen Jugendinstitut (DJI) im „Curriculum Soziales Lernen" veröffentlichte Situationsansatz befähigen. In zahlreichen Modellprojekten wurden Grundsätze entwickelt und Möglichkeiten erprobt, für Kinder von Anfang an Demokratie erlebbar zu machen. Pädagogische Erfahrungen sollen Kinder darin fördern und befähigen, sich zu Persönlichkeiten zu entwickeln, die ihr Leben in Autonomie und Solidarität und mit Kompetenz gestalten können. Mit der Bildungsdebatte wurde der Kompetenzbegriff in Sach- und Lernmethodische Kompetenz weiter ausdifferenziert.

Noch immer sind viele Kindertageseinrichtungen auf dem Weg zu „ihrem Situationsansatz", denn einfache Anleitungen können nicht gegeben werden, wenn es um die Bearbeitung ganz konkreter Ereignisse (Schlüsselsituationen) im Leben der Kinder und ihrer Eltern geht (vgl. Preissing 2003).

Gefühle ausdrücken

Soft Skills als Erfolgsfaktoren

Lange Zeit wurden Gefühle bei der Frage, wie Ziele am besten erreicht werden können, als hinderliche Zeitverschwendung abgetan. Doch die Emotionalität konnte sich gegenüber einer rein nach rationalen Gesichtspunkten geordneten Strategie durchsetzen. Die Soft Skills (weiche Faktoren) haben sich als Erfolgsfaktoren sowohl in der Teamarbeit als auch in der Fähigkeit, Mitarbeiter zu motivieren, erwiesen. Der Weg zu einer guten Gesprächskultur in Teams kommt ohne Gefühle nicht aus. Gefühle müssen wahrgenommen und ausgedrückt werden können. Sie müssen erkannt und in Balance gehalten werden.

Es gibt gute Gründe, Gefühle für sich zu behalten. Und es gibt gute Gründe, Gefühle auszudrücken. So etwas nennt man paradox. Man kann nicht beides gleichzeitig tun: Gefühle zeigen – Gefühle nicht zeigen. Wer sich entscheidet, immer und überall seine Gefühle auszudrücken, wird ebenso in der Kommunikation Probleme bekommen wie derjenige, der sich vornimmt, alle Gefühle für sich zu behalten. Jeder Mensch wird sich situativ entscheiden müssen, mehr oder weniger Einblick in sein Gefühlsleben zuzulassen.

Gefühle in Balance bringen – Dialog trainieren

David Bohm und Danah Zohar, beide im Erstberuf Physiker, haben sich mit der Übertragung dieser Erkenntnisse in der Entwicklung dialogischer Methoden wie in Beratung von Managern und Unternehmen weltweit bekannt gemacht: David Bohm hat zahlreiche Dialoggruppen gegründet und begleitet. Seine Überlegungen und Erfahrungen hat er 1996 in dem Buch „Der Dialog. Das offene Gespräch am Ende der Diskussionen" zusammengefasst. Er versteht den Dialog als Möglichkeit, in den tiefer liegenden „Sinnenfluss" einzudringen und damit den „untereinander geteilten Sinn" wahrzunehmen. In diesem geteilten Sinn sieht er den „Leim oder Zement, der Menschen und Gesellschaften zusammenhält" (1998, S. 33). Danah Zohar verknüpft in dem 2000 erschienenen Buch „Am Rande des Chaos" die Erkenntnisse der Physik mit den konkreten Erfahrungen in der Beratung großer Unternehmen. Unternehmen müssen sich vom „neurotischen Management" zum „Quantenmanagement" hin entwickeln, ist ihre Kernbotschaft. „Das Paradigma der Quantenführung betont die Ungewissheit und löst sich von der Forderung nach Stabilität. Es betrachtet die Ungewissheit nicht als Falle, sondern als Chance" (2000, S. 147).

Ermutigung zur Transparenz von Ideen und Zielen

Unsere Ideen und Ziele lassen sich zwei Kategorien zuordnen: Nicht-Öffentliche und Öffentliche. Zur ersten Kategorie zählen Ideen und Ziele, die uns zwar sehr am Herzen liegen, die wir aber anderen vorenthalten. Vielleicht ahnen wir, dass unsere Ideen für die anderen zu weit gehen, wollen sie selbst (noch) nicht preisgeben, weil wir Konkurrenz oder Kritik befürchten. Anders sieht es bei der zweiten Kategorie aus. Hier versammeln sich Ideen und Ziele, die in der inneren „Qualitätskontrolle" bereits hin und her gewendet wurden und bestehen konnten. Sie sind unverdächtig, große Widerstände auszulösen, klein genug, um mögliche Konkurrenzprobleme zu entschärfen, und bezüglich erwartbarer Kritik in kleinen Andeutungen „vorgetestet".

Diese Aufteilung ist kein Problem, solange die eigene Qualitätskontrolle nicht zu streng ist. Denn sonst werden Ideen und Ziele immer kleiner, die großen „Würfe" haben kaum mehr eine Chance. Gerade die mutigen Vorgedanken sind es aber, in denen das Potenzial für Veränderungen schlummert. In einer gemeinsamen Ideenwerkstatt können solche „Rohlinge" Raum bekommen. In einer produktiven Lerngemeinschaft kann die Erfahrung gemacht werden, über das gemeinsame Sprechen und Streiten neuen Ideen zum Durchbruch verholfen zu haben. Sich als Teil dieser Lerngemeinschaft zu erleben, ist eine beglückende Erfahrung in Teams.

> Die mutigen Vorgedanken sind es, in denen das Potenzial für Veränderungen schlummert

Anregungen für die Praxis

In der Konzeptionsentwicklung liegt eine große Chance und Herausforderung zugleich, sich im Team über Orientierungen, Ziele und Ideen zu verständigen. In einem solchen Prozess kommt es allerdings aufgrund der Vielfalt von Meinungen leicht zu Verknotungen. In einem dialogischen Prozess kommt es nun darauf an, die Gemeinsamkeiten zu finden und die Unterschiede zu berücksichtigen. Die Konzeption ist gut vorstellbar als „Roter Faden", an dem entlang eine gemeinsame Orientierung gelingt und der zugleich genug Raum lässt für Fantasie und Kreativität.

Vertrauen in Potenziale und Fähigkeiten

Wenn das Vertrauen in Potenziale und Fähigkeiten in einer Kita Grundlage der gemeinsamen Arbeit ist, lässt sich das an der quirligen und ernsthaften Betriebsamkeit auf allen Ebenen – bei den Kindern, den pädagogischen Fachkräften und den Eltern – erkennen. Umgekehrt überkommt den Besucher einer Kindertageseinrichtung sofort ein Gefühl der bleiernen Schwere, wenn es an diesem Grundvertrauen fehlt.

Moderne Verfahren der Beobachtung und Dokumentation kindlicher Entwicklungsprozesse, wie zum Beispiel das von Margret Carr in Neuseeland entwickelte Konzept der „Learning Stories", das vom Deutschen Jugendinstitut unter dem Titel „Bildungs- und Lerngeschichten" adaptiert wurde, setzen darauf, Kinder systematisch stärkenorientiert wahrzunehmen. Die Anwendung dieser Verfahren hat sowohl positive Effekte auf die Fachkraft-Kind-Interaktion als auch auf das Wohlbefinden, die Engagiertheit und die Partizipation der Kinder im Alltag (vgl. Weltzien 2009a).

Doch was heißt es, wenn sich diese stärkenorientierte Sichtweise nicht auf der Ebene der Erwachsenen wiederfindet? Können die Pädagoginnen und Pädagogen ohne diesen „positiven Blick" für Potenziale und Fähigkeiten bei sich selbst und den Kolleginnen tatsächlich ihre pädagogischen Aufgaben wahrnehmen? Können sie mit Eltern Erziehungspartnerschaften eingehen, wenn sie diese nicht in ihren Potenzialen und Fähigkeiten, sondern nur in ihren Versäumnissen und Fehlern wahrnehmen? Auch auf der Erwachsenenebene brauchen wir Methoden, die es ermöglichen, „Schätze" zu bergen und (Selbst)Vertrauen in Fähigkeiten zu stärken.

Stärkenorientierte Sichtweise auch auf der Erwachsenenebene

Stärkenorientierte Beobachtung und Dokumentation: Eine neue Fachaufgabe

Frühkindliche Bildung lässt sich, darin ist sich die moderne Lern- und Bildungsforschung einig, nicht verabreichen. Sie vermittelt sich im Prozess der Lern- und Entwicklungsmotivationen der Kinder selbst. Kinder sind aktive Lerner, die in ihren Entwicklungsprozessen bestmöglich und individuell begleitet werden sollen. Bildung kann demnach nicht ohne Beobachtung und Dokumentation gefördert werden.

Inzwischen wird in vielen Kindertageseinrichtungen nach einer angemessenen Methode gesucht, diese Aufgabe umzusetzen. Mit den „Bildungs- und Lerngeschichten" steht ein Konzept zur Verfügung, das sich an allen hier vorgestellten Kriterien messen lassen kann (vgl. Leu et al. 2006; Viernickel 2009). Es setzt nicht nur auf Wahrnehmung der kindlichen Stärken, es bietet sich auch gesprächsmethodisch für alle relevanten Ebenen an: für den Dialog mit dem Kind, den „Kollegialen Austausch" im Team, das Entwicklungsgespräch mit Eltern, den Austausch mit Therapeuten und Lehrkräften und das Gespräch mit dem Träger.

Die Chance der (Selbst)Veränderung ermöglichen

Nicht zufällig ist die Fachliteratur für Führungskräfte gespickt mit Geschichten, Beispielen und Methoden, die auf die Ermöglichung und Begleitung von Veränderungsprozessen zielen. Veränderung ist der beständigste Zustand. Wir selbst, Kinder, Eltern, alle Menschen, die Umwelt, jeder Tag, jeder Moment unterliegt dieser Gesetzmäßigkeit.

An den Kindern können wir Veränderung und das Tempo von Veränderung – hier nennen wir es „Entwicklung" – am besten studieren. Ihre Entdeckungsfreude, ihr Lerneifer, ihr Fassungsvermögen für Neues und ihr experimenteller Ideenvorrat sind geradezu unerschöpflich: Sie greifen auf, was die Umwelt bereithält, entwickeln eigene Ideen zur Veränderung des Vorgefundenen und haben die Kraft und die Ausdauer, ihre „Spur" zu gestalten. Und wenn's nicht gleich klappt? Dann beginnt es eben von vorne!

Es gibt eine diesen Forschergeist lähmende Erziehung. Sie trägt den Namen „Schwarze Pädagogik", weil sie durch angststiftende Androhungen oder Strafen diese (Selbst)Entdeckungen verhindert. Manchmal überleben die „lähmenden Reste" der eigenen Erziehung noch bis ins Erwachsenenalter. Und sie bremsen den Forschergeist und die Kreativität bei sich selbst und bei anderen. Im Vertrauensraum des bewusst gestalteten, achtsam geführten Gesprächs können diese lähmenden Reste angeschaut und – darauf kommt es an – ihrer Wirkungsmacht beraubt werden. Die Chance, ursprüngliche Interessen wieder zu entdecken und sich kreativ und engagiert für Veränderungen einzusetzen, erweitert das persönliche und fachliche Spektrum und das Repertoire der Fähigkeiten.

Was für Chancen haben sich in dem „neuen" Team um Eva Adam ergeben? Welche spontanen Ideen und Vorschläge wurden innerhalb einer ganz normalen Teambesprechung gemacht? Wie schnell ist das Team durch die Energie seiner Mitglieder „wie von selbst" vorangekommen? Selbstveränderung als Ausdruck eigener (Mit)Gestaltungswünsche ermöglicht motivierende Lernerfahrungen, die von der Hirnforschung zurecht als „Glücksmomente" bezeichnet werden.

Meinungen und Wertvorstellungen reflektieren – demokratisch handeln

In jede Gesprächssituation gehen wir als Träger bestimmter politischer, sozialer, kultureller und religiöser Wertvorstellungen hinein. Identifikationen, Traditionen, Meinungen, Erwartungen und Verhaltensnormen werden im alltäglichen Leben und durch Medien aus der kulturellen Umwelt bezogen und – häufig unbewusst – übernommen. In jeder familialen, sozialen und kulturellen Umwelt werden bestimmte Muster gebildet, die das kommunikative Geschehen strukturieren. Sie ermöglichen die Aufrechterhaltung grundlegender Interessen und Bedürfnisse, ohne diese jeweils unmittelbar ansprechen und durchsetzen zu müssen. So werden Rollen, Hierarchien, Sicherheits- und Abgrenzungsbedürfnisse bestätigt und stabilisiert. Für ein selbstbestimmtes und verantwortungsvolles Handeln in Gesprächssituationen ist es notwendig, diese Muster „mitgebrachter" Meinungen und Wertvorstellungen zu erkennen und zu hinterfragen. Nur wer in der Lage ist, sich selbst und seine kulturelle Rahmung auch einmal mit Abstand zu betrachten, kann interkulturelle Kompetenzen erwerben, wie sie in pädagogischen Berufen gebraucht werden.

Mehr als jede andere Institution ist die Kindertageseinrichtung ein Spiegel der Gesellschaft. Sie bietet sich als Ort der Begegnung und des Lernens ungeachtet aller individuellen, sozialen und kulturellen Unterschiede und Herkünfte an. Hier wird Demokratie sichtbar und erfahrbar gemacht. Die demokratischen Grundprinzipien Gleichwertigkeit und Gerechtigkeit müssen sich auf allen Gesprächs- und Handlungsebenen zeigen.

Die Kita – ein Spiegel der Gesellschaft

Anregungen für die Praxis

Umfassende Qualitätsentwicklung der Kindertageseinrichtungen zu fördern ist nur über konstruktive, ermutigende Kommunikation vorstellbar. Der Kronberger Kreis für Qualitätsentwicklung gibt Orientierungen: „In einem solchen Feld zu handeln, heißt Beziehungen spontan und mit Überlegung zu gestalten. Erzieherische Fachkräfte bringen in ihrem Handeln eher wie ein Künstler etwas hervor, lassen etwas szenisch entstehen, indem sie zugleich denken, empfinden und handeln – nicht in der Weise, dass sie dabei Regeln oder Wissen ´anwenden´, sondern dass sie einen Handlungszusammenhang in der Kommunikation miteinander erzeugen und ihn zugleich laufend experimentell überprüfen" (Kronberger Kreis für Qualitätsenwicklung 1998, S. 18).

So verstanden ist Qualität keine statische Größe, sondern entsteht in den fortlaufenden alltäglichen Prozessen. Sie zu erzeugen schafft niemand (auch keine Leiterin) allein. Nur im Zusammenspiel des „Wir" kann Qualität immer wieder erzeugt und erfahrbar werden. Das Konzept für diesen fortlaufenden Prozess haben die Autoren des Kronberger Kreises mit „Qualität im Dialog entwickeln" überschrieben. Qualität kann nur in einer am Dialog orientierten Kommunikation entwickelt werden. Für diesen Dialog müssen alle Beteiligten interessiert und dazu eingeladen werden. In diesem Dialog werden alle die Erfahrung machen, dass ihre eigenen Potenziale und Fähigkeiten wichtig sind und gebraucht werden.

Lernen heißt Grenzen überwinden

Aus der Möglichkeit, sehr vieles lernen zu können, ergibt sich auch eine berufliche Verpflichtung zum Lernen. Lernen bedeutet, etwas Neues zu entdecken. Dieses Neue können neue Erfahrungen sein, die man zum Beispiel durch Reisen in andere Kulturen macht. Dieses Neue können aber auch neue Entdeckungen an sich selbst sein. Pädagogische Arbeit basiert auch auf Selbstbeobachtung: Wie spreche ich? Welche Wertvorstellungen vertrete ich? Wie reagiere ich auf unsichere Menschen? Wie begegne ich selbstbewussten Menschen?

Lernen bedeutet, etwas Neues zu entdecken

Die Muster des eigenen Handelns erkennt man aus der Distanz zu sich selbst heraus am besten. Reisen, Exkursionen, Hospitationen in anderen Kitas, Fortbildungen, Lehrfilme, Bücher können eine solche Distanz befördern. Sie können die Augen öffnen und einen erkennen lassen, wie pädagogische Praxis auch noch aussehen kann. Es können aber auch „Gedanken-Reisen" gemacht werden, zum Beispiel wie hier auf eine Dialog-Insel.

Anregungen für die Praxis

Nehmen Sie sich ein wenig Zeit für eine (Gedanken)Reise. Ihr Reiseziel ist die „Dialog-Insel", von deren Besuch sie sich Inspiration für eine dialogorientierte Kommunikation im Team erhoffen. Planen und erleben Sie diese Reise mithilfe der folgenden Fragen.

Vor der Reise:

- Wer oder was hat Sie zu dieser „Reise" motiviert?
- Welche Vorstellungen haben Sie von der „Dialog-Insel"?
- Was wollen Sie auf dieser Insel entdecken?
- Wer sind die Mitreisenden?
- Was wollen Sie auf diese Reise mitnehmen?
- Wer hat die Reiseleitung? Was erwarten Sie von ihr?

Während der Reise:

- Wie läuft die Verständigung über bestimmte Reiseziele ab?
- Wie werden Vereinbarungen zur Kommunikation getroffen?
- Welche Erfahrungen machen Sie als Gruppe während der Reise?
- Welche Gefühle haben Sie?
- Was entdecken Sie Neues an sich selbst während der Reise?
- Welche Mitbringsel haben Sie im Gepäck?

Vertrauensräume schaffen

Was kann Gesprächssituationen gefährden? In einem unsicheren Team kann schon ein „falscher" Zeitpunkt zum Problem werden: Eine Kollegin ist vielleicht verärgert, weil ein Gesprächstermin ohne ihre Mitwirkung vereinbart wurde, der mit einem ihr wichtigen persönlichen Ereignis kollidiert. Oder sie kommt gerade aus einer Situation, die sie noch so beschäftigt, dass es ihr unmöglich ist, sich auf ein neues Gespräch einzulassen. Welche Auswirkungen wird dies alles auf das Gespräch haben? Sie nimmt an dem

Was kann Gesprächssituationen gefährden?

Gespräch teil. Doch auf jede Idee und jedes Thema reagiert sie mit Stirnrunzeln oder Zweifeln.

Es hängt von der Methodenkompetenz der Gesprächsleitung ab, wie die Situation ausgeht und welche Auswirkungen sie auf die nächsten Gespräche haben wird. Gelingt es der Gesprächsleitung, zugewandt und offensiv zu reagieren, indem sie das verhandelte Thema „zur Seite" legt und die Situation des Gesprächs selbst zum Thema macht, hat sie gute Chancen, die negative Stimmung noch rechtzeitig aufzufangen. Wenn die Kollegin Vertrauen hat und sich öffnen kann, wird sie vielleicht gleich die Störungen ansprechen, die sie am Sprechen hindern.

Einen Raum
des Vertrauens
schaffen

Es ist eine Frage der persönlichen und methodischen Sicherheit, ob ein „Raum des Vertrauens" geschaffen wird, in dem die Kolleginnen sich ermutigt fühlen, angstfrei über ihre Eindrücke und Gefühle zu sprechen. Werden die nonverbalen Zeichen und die sprachlichen Kommentare übergangen, kann dies wie eine Hypothek auf weiteren Gesprächen lasten. Obwohl es keine aktuellen Ursachen für Verstimmungen gibt, werden durch Nicht-Kommunikation Verstimmungen erzeugt. Gerade wenn es um sensible Themen geht, können solche Situationen entgleiten und auch dazu führen, dass das eigentliche Gesprächsthema für lange Zeit „verbrannt" ist.

Was unerträglich ist, muss abgewehrt werden

Es ist immer möglich, dass in Gesprächssituationen schlechte Gefühle aufkommen. Eine Situation wirkt befremdend oder unvereinbar mit den eigenen Überzeugungen. Die Rollenverteilung, der Kommunikationsstil, die Dominanz einzelner ist schwer zu ertragen. Äußerungen in einer Runde sind ungerecht, verletzend oder respektlos. Oft reagieren wir auf befremdende Situationen mit Abwehr, ohne die konkreten Ursachen sofort benennen zu können. Erst in der Reflexion lässt sich erkunden, warum der Ausstieg aus dem Gespräch erforderlich war.

Abwehr hat ihre
Berechtigung und
ist auf die konkrete
Situation zu
beziehen

Abwehr hat ihre Berechtigung, wenn der Eindruck aufkommt, dass etwas vorgetäuscht wird: Gefühle wie falsche Freundlichkeit, Vertrautheit, Großzügigkeit. Sie hat ihre Berechtigung, wenn wir manipuliert werden sollen oder uns keine persönliche Wertschätzung entgegengebracht wird. Es geht also nicht darum, die Abwehr zu bekämpfen, sondern zu erkennen und zu verstehen, welche Ursachen sie hervorgebracht haben. Ein wichtiger Meilenstein auf dem Weg zur Dialogkultur ist es daher, Abwehr offenzulegen und sie auf die konkrete Situation zu beziehen. Denn, wie alle anderen Erlebnisse auch, bilden Erfahrungen der Abwehr Muster. Werden diese Muster nicht reflektiert und bearbeitet, kann es vorkommen, dass diese auch auf andere Situationen übertragen werden, sich verfestigen und verselbstständigen.

Gespräche mit Kindern

4.

4.1 Grundlagen: Gespräche mit Kindern entwickeln

Praxisbeispiele

Alessandra läuft am Morgen aufgeregt zu ihrer Bezugserzieherin und ruft: „Ich habe dich gestern gesehen, wie du im
Bus gegangen bist!" – „Gefahren. Ich bin im Bus gefahren", erwidert diese. Alessandra dreht sich um und geht zu ihren Freun-
dinnen in die Puppenecke.

Hüssein wirkt abwesend. Er beteiligt sich kaum an den Aktivitäten
der anderen Kinder, ihn scheint innerlich etwas zu beschäftigen.
In einer ruhigen Minute geht die Erzieherin auf ihn zu und fragt,

ob es ihm gut geht. Hüssein sagt Ja, ihm ginge es gut. Die Erzieherin erwidert, sie habe den Eindruck, als ob er über irgendetwas nachdenke. Und ob er vielleicht mit ihr darüber sprechen wolle. Hüssein antwortet: „Ich kann nie Polizist werden." Die Erzieherin fragt – ehrlich überrascht –, wieso er denn niemals Polizist werden könne. Darauf Hüssein: „Es gibt keinen türkischen Polizisten. Du kannst kein Polizist sein, wenn du türkisch bist." Die Erzieherin fragt, woher er das denn so genau wisse, und er antwortet: „Das hat meine Schwester gesagt." Nach einem längeren Gespräch stellt sich heraus, dass es Hüsseins großer Wunsch ist, Polizist zu werden. Seine Sorge, dieses Ziel nie erreichen zu können, führte dazu, dass er an diesem Tag keine Lust zum Spielen und auch nicht zu irgendetwas anderem hat. In einem Zwiegespräch überlegen beide, welche Lösungen es für dieses Problem geben könnte. Inzwischen ist Hüsseins Freund Marco zu dem Gespräch dazu gekommen und auch zwei andere Kinder setzen sich dazu. Marco hat irgendwann die Idee, einen echten Polizisten zu fragen, wie er Polizist geworden ist. Diese Idee nimmt Hüssein begeistert auf. Denn auf diese Weise kann er nicht nur herausfinden, ob es für ihn doch noch eine Möglichkeit gibt, seinen Berufswunsch zu verwirklichen, sondern er kann auch mit einem echten Polizisten sprechen. Dazu hat er noch nie Gelegenheit gehabt, wie sich im weiteren Gespräch herausstellte. Die Erzieherin verspricht, in der nächsten Kinderkonferenz gemeinsam zu überlegen, wie sie einen Polizisten finden können, der die Fragen beantwortet.

Auf den ersten Blick haben die beiden Situationen gar nichts miteinander zu tun. Im ersten Beispiel geht es um eine kurze Bemerkung eines Mädchens, im zweiten entspinnt sich ein längeres Gespräch, das schließlich sogar zu einer Projektidee führt. Auch thematisch sind beide Situationen zunächst völlig verschieden.

Worum geht es im ersten Beispiel? Offensichtlich hatte Alessandra die Pädagogin am Vortag in einem Bus gesehen, und es war für sie ein Erlebnis, das sie am nächsten Tag im Kindergarten erzählen wollte. War es für sie ein bedeutendes Ereignis, ihre Bezugserzieherin am Nachmittag – außerhalb des Kindergartens –

zu sehen? War sie überrascht, sie an diesem Ort (irgendwo in der Stadt) zu sehen und nicht da, wo sie normalerweise „zu Hause" ist, nämlich im Kindergarten? Vielleicht war Alessandra aber auch noch aufgeregt, weil sie selbst mit dem Bus gefahren war. Vielleicht war es sogar das erste Mal für sie gewesen, oder der Grund und das Ziel der Fahrt waren für sie etwas Besonderes. Vielleicht hatte sie aber auch versucht, ihre Bezugserzieherin im Bus zu rufen und auf sich aufmerksam zu machen, und war enttäuscht, dass sie nicht gehört wurde, weil es im Bus zu voll und laut war. All diese Fragen können nicht beantwortet werden. Allessandra hatte nämlich keine Gelegenheit, über ihr Erlebnis „Bus fahren" zu sprechen. Wahrscheinlich war es gerade ein ungünstiger Moment, zu dem die Pädagogin keine Zeit hatte, auf das Thema von Alessandra einzugehen. Gehört hat sie das Mädchen aber, denn sonst hätte sie nicht auf die Bemerkung „Ich habe dich gestern gesehen, wie du im Bus gegangen bist!" entgegnen können, dass sie nicht im Bus gegangen, sondern gefahren sei.

Man kann durchaus darüber diskutieren, ob eine solche sprachliche Korrektur sinnvoll ist. Hier interessiert aber vor allem der Verlauf des Gesprächs: Wenn wir die verschiedenen Kommunikationsebenen (vgl. Kapitel 1) zur Interpretation hinzuziehen, wird schnell klar, dass neben der inhaltlichen Ebene auch die Beziehungsebene eine Rolle spielte. Alessandra wollte mit ihrer Aussage eine Beziehung zu der Pädagogin herstellen. Dieses gelang aber durch deren Reaktion, die zwar inhaltlich-formal korrekt war, aber das Beziehungsangebot von Alessandra zurückwies, nicht. Mit der Reaktion „Gefahren. Ich bin im Bus gefahren", wurde die Botschaft vermittelt: Ich bin nicht daran interessiert, dass du mich gestern gesehen hast.

Im zweiten Beispiel geht es ebenfalls um den Beziehungsaufbau bzw. das Stärken der Beziehung zwischen Pädagogin und Kind. Diesmal geht das Gesprächsangebot von der Pädagogin aus. Indem sie sagt „Ich habe den Eindruck, als ob du über irgendetwas nachdenkst. Möchtest du mit mir darüber sprechen?", stellt sie das Gesprächsangebot sogar ganz deutlich in den Vordergrund ihrer Aussage. Hätte sie vielleicht gesagt „Langweilst du dich?

Was willst du denn machen?", hätte sie zwar auch ein Gesprächsangebot gemacht (eine offene W-Frage gestellt), der Beziehungsaspekt wäre aber in den Hintergrund getreten. Die beschriebene Einleitung und Einladung zu einem Gespräch ist ein zentrales Merkmal der Personzentrierten Gesprächsführung (vgl. Kapitel 2) und wird von Hüssein aufgegriffen. Er kommt sofort auf den Punkt: „Ich kann niemals Polizist werden."

Das Gemeinsame an beiden Beispielen ist: Zwei miteinander vertraute Menschen begegnen sich und es kommt zu einem Gesprächsangebot. Der Unterschied: Im ersten Fall wird dieses Gesprächsangebot nicht erkannt und aufgegriffen, im zweiten Fall dagegen schon. Nun könnte man darüber spekulieren, warum es im einen Fall zum Missverstehen kommt und im anderen nicht. Missverständnisse gehören zum zwischenmenschlichen Zusammenleben dazu. Das zweite Beispiel ist daher Ausdruck einer besonders guten, vertrauten Beziehung und einer besonders hohen Responsivität der Pädagogin, die prompt und angemessen auf die Signale von Hüssein reagiert. Es ist gut möglich, dass sich Hüssein bei einer anderen Person, die eine etwas andere Frage gestellt hätte, nicht mit seinem Problem geöffnet hätte. Dann wären das Gespräch und die für Hüssein so wichtige Lösung nicht zustande gekommen.

Zurück zum ersten Beispiel: Was hätte man aus der Situation machen können? Klar ist, dass nicht in jeder Situation ein Gespräch möglich ist. Häufig ist viel zu viel auf einmal zu erledigen. Meist kommen auch mehrere Kinder gleichzeitig mit ihren Geschichten am Morgen, sodass man unmöglich allen auf einmal gerecht werden kann. In dieser Situation geht es daher eher darum, eine offene, gesprächsbereite und wertschätzende Haltung dem Kind gegenüber deutlich werden zu lassen. Die Pädagogin könnte Alessandra signalisieren, dass sie mit ihr gerne über den gestrigen Nachmittag und das Busfahren sprechen würde, das Gespräch aber vielleicht auf einen günstigeren Moment verlegt, wenn nicht mehr so viel Trubel ist. Eine Reaktion wie „Das ist ja lustig! Du hast mich wirklich gestern gesehen? Das musst du mir genauer erzählen! Wir können uns ja nach-

Beziehungsaufbau zwischen Pädagogin und Kind

her beim Frühstück darüber unterhalten" wäre eine eindeutige Einladung zu einem Gespräch gewesen und hätte gleichzeitig die Botschaft enthalten: Ich bin interessiert an dem, was du mir erzählst.

Praxisbeispiel

Aus dem Vergleich der beiden Beispiele können wichtige Erfolgsfaktoren gelingender Gespräche mit Kindern herausgearbeitet werden:

- Eine deutlich zugewandte Gesprächshaltung gegenüber den Kindern: Zu einer kongruenten Haltung gehört auch, in Worten auszudrücken, wenn der Moment für ein längeres Gespräch gerade nicht da ist (was meist ohnehin kaum zu übersehen ist).
- Eine Haltung, die deutlich macht, dass die Gesprächspartner freiwillig miteinander sprechen und selbstbestimmt sind: So wie es bei uns Erwachsenen günstige und ungünstige Momente für Gespräche gibt, ist dies bei den Kindern natürlich auch der Fall.
- Ein ernsthaftes Interesse an den Themen und Botschaften der Kinder: Dabei sind die Botschaften manchmal hinter Themen versteckt, über die wir eigentlich nicht so gerne sprechen wollen, zum Beispiel über die neuesten Comics im Fernsehen oder Computerspiele.
- Eine Verständigung darüber, dass in solchen Gesprächen alles gesagt werden darf (auch Negatives), und dass es viele Wege gibt, etwas auszudrücken: Korrigieren (wie das erste Beispiel zeigt) oder gar Maßregeln beenden ein Gespräch dagegen abrupt.
- Ein positiver Abschluss des Gesprächs: Nach dem Gespräch ist vor dem Gespräch. Daher ist es wichtig, zu einem guten Ende oder Ergebnis zu kommen. Beide Gesprächspartner

Erfolgsfaktoren gelingender Gespräche mit Kindern

> sollen mit einem positiven Gefühl aus dem Gespräch herausgehen – und zwar auch dann, wenn über kritische oder sensible Themen gesprochen wurde oder Meinungsverschiedenheiten ausgetragen wurden.

Im Prinzip sind das Grundregeln für Gespräche, wie sie in der Personzentrierten Gesprächsführung nach C. Rogers (1959/1987) zugrunde gelegt werden. Das bedeutet: Faktoren, die Gespräche zwischen Erwachsenen erfolgreich machen, lassen sich auf Gespräche mit Kindern grundsätzlich übertragen. Es geht darum, dem anderen aktiv zuzuhören, ihn in seinen Einstellungen und Überzeugungen ohne Wenn und Aber zu akzeptieren und seine Gedanken und Gefühle zu verstehen. Bei Gesprächen mit Kindern ist aber zusätzlich zu beachten, dass es sich um zwei ungleiche Partner handelt. Daher benötigen Kinder eine noch deutlichere Gesprächseinladung (zugewandt, offen, wertschätzend) als Erwachsene. Ganz besonders gilt dies für Kinder, die aufgrund ihres familiären Hintergrunds keine Modelle für solche Formen von Gesprächen haben, sondern Kommunikation vielleicht eher als Konfliktsituationen erleben, denen man möglichst aus dem Weg gehen sollte.

Hüssein hat unmittelbar auf die Gesprächseinladung reagiert. Dies ist kein Zufall und auch nicht seinem offenen Temperament zuzuschreiben, sondern ein Lernerfolg in dieser Einrichtung. Offensichtlich hat Hüssein in vielen Situationen die Erfahrung bei sich oder anderen gemacht, dass dieser Kindergarten ein Ort ist, an dem es sich lohnt, miteinander zu sprechen. Dass es wichtig ist, über seine Gedanken und Gefühle zu sprechen, weil es Spaß macht, interessant ist oder einem hilft, wenn man ein Problem mit sich herumträgt. Kinder, die diese Erfahrung noch nicht gemacht haben, brauchen unter Umständen viele solcher Gesprächseinladungen, um sie irgendwann einmal annehmen zu können und sich zu öffnen. Kinder, deren Sprachkenntnisse noch gering sind, haben eine zusätzliche Hemmschwelle, die verringert werden muss, da sonst der Weg in den Dialog nicht gegangen werden kann.

Kinder benötigen eine noch deutlichere Gesprächseinladung als Erwachsene

4.2 Gespräche im Alltag

Welche Bedeutung
haben Gespräche
für Kinder?

Versetzen wir uns noch einmal in die Situation von Alessandra und Hüssein. Welche Bedeutung haben für sie Gespräche mit Erwachsenen außerhalb der eigenen Familie? Der Spracherwerb stellt eine bedeutende Entwicklungsaufgabe dar. Bereits mit wenigen Monaten beginnen Kinder, Worte nachzusprechen und Dinge mit Worten in Verbindung zu bringen. Mit zunehmenden sprachlichen Kompetenzen erlangen sie vielfältige Möglichkeiten, ihre Bedürfnisse, Wünsche und Ideen auszudrücken. Die sprachliche Entwicklung geht einher mit dem Erlangen von Autonomie und Kontrolle – eine Entwicklungsaufgabe, die mit etwa 18 Monaten an Bedeutung gewinnt. Mit dem Erwerb von sprachlichen Kompetenzen und einem zunehmendem Wortschatz lernt das Kind, sich auszudrücken und abzugrenzen, seinen Willen in Worte zu fassen und seine Handlungen sprachlich zu begleiten. Es ist zunehmend in der Lage, Aussagen zu variieren und es lernt, dass verschiedene Menschen Dinge auf verschiedene Weise sagen. Kurz: Das Kind lernt die unendlichen Möglichkeiten der Sprache kennen. War zuvor die Interaktion mit anderen stärker auf das Beobachten oder gemeinsame Tun ausgerichtet, kommt mit dem Spracherwerb ein wichtiges Werkzeug im sozialen Lernen und Handeln hinzu (vgl. Tracy 2007, Fried 2008, Zimmer 2009, Albers 2009, Trautmann 2010, Delfos 2004, Reimann 1996, Ulrich/Mayr 2003, 2006).

Betrachtet man die Bedeutung von Gesprächen für Kinder, können drei verschiedene Aspekte unterschieden werden:
- Die Bedeutung von Gesprächen zum Aufbau von Beziehungen (sozial-emotionale Entwicklung)
- Die Bedeutung von Gesprächen für den Spracherwerb
- Die Bedeutung von Gesprächen für die kognitive Entwicklung.

Wenn Kinder in eine Kindertageseinrichtung kommen, stehen die Eingewöhnung und der Aufbau von neuen, sicheren Beziehungen zu den pädagogischen Fachkräften ganz oben auf dem

Programm. Für die Kinder ist alles, was sie dort erleben, neu und ungewohnt. Sie kennen weder die Räume und Materialien, noch die anderen Kinder, noch irgendwelche Tagesabläufe, -strukturen oder Regeln. Nicht nur Kindern, die Deutsch als Zweitsprache erwerben, sind die meisten Wörter im Kita-Alltag fremd: Was heißt „Morgenkreis"? Was bedeutet „Bauecke"? Was ist mit „Atelier" oder „Bewegungsbaustelle" gemeint? Warum dürfen in bestimmten Bereichen zu bestimmten Zeiten bestimmte Kinder bestimmte Dinge machen und andere nicht?

Versetzen wir uns einmal in eine Situation, die uns gänzlich fremd ist, zum Beispiel in ein Chemielabor, an die Börse, an einen OP-Tisch oder in den Tower eines Flughafens. Überlegen wir uns dann, wie wir an so einem Ort ein Gefühl der Sicherheit bekommen könnten. Denn wir wollen auf keinen Fall etwas falsch machen, weil wir die Folgen dafür gar nicht abschätzen können. Was fällt uns als erstes ein? Ziemlich sicher würde es uns beruhigen, wenn die Menschen dort mit uns sprechen, wenn sie uns in Ruhe alles erklären würden, ohne uns zu überfordern. Wenn sie die Geduld aufbringen, uns alles noch einmal zu erklären, wenn wir etwas vergessen oder verwechselt haben. Dieses Gefühl haben Kinder ganz offensichtlich auch, denn ein wesentliches Kennzeichen guter und sanfter Eingewöhnung ist neben der körperlichen Zuwendung auch das Sprechen mit den Kindern. Je nach Alter und sprachlichen Kompetenzen der Kinder werden die Erklärungen angemessen und verständlich sein. Sprachliche Untersuchungen zeigen, dass Kinder Wörter und Bedeutungen umso schneller lernen, je direkter sie an die Handlungen gekoppelt sind.

Wörter und Bedeutungen an Handlungen koppeln

Anregungen für die Praxis

Es macht viel Sinn und stellt eine wichtige pädagogische Unterstützung beim Spracherwerb dar, wenn die Fachkräfte ihre Handlungen sprachlich begleiten: „Jetzt wollen wir mal den Tisch decken. Ich nehme die Teller und stelle sie auf die Plätze. Du kannst gerne die Tassen nehmen und sie dazustellen. Brauchen wir noch etwas? Ja, wir können noch Löffel dazulegen, weil es gleich Quarkspeise gibt. Magst du Quarkspeise?" usw. In diesem Zusammenhang wird auch von einem handelnden Dialog gesprochen.

Pädagogische Fachkräfte sind Modelle für den Spracherwerb

Der zweite Aspekt ist die Bedeutung von Gesprächen für den Spracherwerb. Pädagoginnen und Pädagogen sind ideale Modelle, an denen sich die Kinder in ihrem Spracherwerb orientieren können. Je offener die pädagogischen Fachkräfte für Gespräche sind, je vollständiger und vielfältiger ihre Sätze, je empathischer, zugewandter, humorvoller sie im Umgang mit anderen sind, desto günstiger beeinflussen sie als Vorbilder die Sprechweise der Kinder. Um Missverständnissen vorzubeugen: Hier geht es nicht darum, eine abgehobene akademische Sprechweise zu kultivieren, die nichts mit der Lebenswirklichkeit der meisten von uns zu tun hat, sondern darum, eine lebendige, natürliche und lustvolle Sprache zu sprechen, die den Kindern den Wert und den Spaß an Sprache sozusagen beiläufig vermittelt (vgl. Fried/Roux 2006, Lill 2008, Duncker et al. 2009).

Sprache und Denken hängen untrennbar miteinander zusammen

Der dritte Aspekt bezieht sich auf die Bedeutung von Gesprächen für die kognitive Entwicklung. Sprache und Denken hängen untrennbar miteinander zusammen, da über die Sprache Ideen und Gedanken formuliert, Erlebtes berichtet und Bedeutungen gemeinsam konstruiert werden können. Je mehr mit den Kindern gesprochen wird, desto leichter werden auch abstraktere Formen des Denkens erworben (vgl. Merkel 2010). Über die Auseinandersetzung mit Alltagsphänomenen können intuitive Theorien, zum Beispiel über physikalische Gesetzmäßigkeiten („Wasser fließt immer nach unten"), aufgestellt werden. In Gesprächen können sich Ideen über andere Menschen, ihre Gedanken und Gefühle entwickeln (Theory of Mind) und damit besonders wichtige soziale Kompetenzen erworben werden.

Damit haben Gespräche mit Kindern grundlegende, entwicklungsfördernde Funktionen. Die sprachlichen Kompetenzen entwickeln sich weiter, wenn man viele Gelegenheiten hat, neue Wörter, Satzkonstruktionen und Redewendungen zu erlernen und anzuwenden. Dies gilt für den Erst- und Zweitspracherwerb im Kindesalter genauso wie für das Fremdsprachenlernen als Jugendliche und Erwachsene. Gespräche im Alltag vermitteln vor allem aber den Wert von Sprache, ihre Bedeutung als Instrument der zwischenmenschlichen Verständigung. Eine Verbesserung des Sprachstandes ist nicht das vorrangige Ziel, wohl aber ein sehr beachtenswertes „Nebenprodukt" dieser Alltagsgespräche. Es wäre eine Überfrachtung der Alltagsgespräche, wenn sie gleichzeitig Ziele wie die Verbesserung von Syntax und Morphologie in den Vordergrund stellen würden, denn dann würden die Unterhaltungen ihre Lockerheit und wohlmöglich auch ihre Inhaltlichkeit verlieren.

Praxisbeispiel

Der vierjährige Albert stellt fest: „Wenn ich die Messer in Tomate stecke, dann kommt Regenwasser." Diese Aussage bietet eine sehr gute Gelegenheit für ein Gespräch über reife Tomaten, ihren Geschmack, ihre pralle schöne Form, die Möglichkeiten, sie zum Essen zuzubereiten usw. Würde Alberts Bemerkung aber „richtiggestellt" – zum Beispiel mit dem Satz: „Ach du meinst, wenn du eine Tomate aufschneidest, läuft Saft aus der Tomate heraus" –, wäre das nicht unbedingt ein gelungener Einstieg in ein Gespräch. Denn was sollte Albert darauf antworten? „Ja", würde er vielleicht sagen, wenn er kooperativ wäre.

Sind Gespräche nicht selbstverständlich?

Beim Thema „Gespräche mit Kindern" verhält es sich ähnlich wie mit Beobachtungen. Oft hört man: „Das machen wir doch sowieso." Diese Einschätzung stimmt nur teilweise. Vergleichende Untersuchungen haben gezeigt, dass in vielen Einrichtungen kaum Gespräche mit Kindern stattfinden, die über einen kurzen Austausch von Botschaften oder Informationen hinausgehen.

Wenn Kinder angesprochen werden, handelt es sich oft um Aufforderungen („Kannst du das bitte aufräumen") oder Impulse („Schau mal, du kannst auch die Farben mischen"). Seltener werden Fragen gestellt, die Kinder zum Nachdenken anregen. Viele Fragen haben Einbahnstraßencharakter und können allenfalls mit „Ja" oder „Nein" beantwortet werden. Beobachtungen in Kindertageseinrichtungen zeigen, dass Kinder häufig nicht einmal einsilbig antworten und auf ihre Antworten auch gar nicht gewartet wird.

Alltagsgespräche mit Kindern sind in Kindertageseinrichtungen keine Selbstverständlichkeit. In einer umfangreichen Studie zu Qualität in Kindertageseinrichtungen stellte sich heraus, dass offene Gespräche sogar die Ausnahme sind. Wie selten solche Gespräche aktiv unterstützt wurden, zeigt folgende Zahl: In der Studie „Effective Provision of Pre-School Education" (EPPE) waren nur rund 5 Prozent aller Fragen der Pädagoginnen und Pädagogen so offen gestellt, dass sie zu einem Gespräch anregten (vgl. Sylva et al. 2003). Untersuchungen zur Qualitätsentwicklung in Kindertageseinrichtungen in Deutschland kamen hinsichtlich der Dialogkultur zu ähnlichen Ergebnissen (vgl. Weltzien/Viernickel 2008).

Eine gesprächsbereite Grundhaltung erfordert hohe Reflexionsfähigkeit

Gespräche mit Kindern benötigen eine gesprächsbereite Grundhaltung der pädagogischen Fachkräfte. Und diese Grundhaltung erfordert eine hohe Reflexionsfähigkeit. Wer kann schon von sich sagen, dass er genau weiß, wie er in seinem Gesprächsverhalten im Alltag auf andere wirkt? Welchen Ton er in welcher Situation anschlägt? Wie er Fragen stellt und Botschaften aussendet? Selbst geübte Redner sind häufig überrascht, wenn sie in Aufzeichnungen ihre eigene Stimme hören. Das folgende Zitat einer Pädagogin, das Rosemarie Tracy in ihrem Buch „Wie Kinder Sprachen lernen" als Hinweis zur Bedeutung des eigenen Sprechverhaltens für die Sprachförderung wiedergibt, zeigt eine typische Situation: „Man denkt, man spricht sehr gut, doch wenn man sich mal aufnimmt [d.h. eine Ton- oder Videoaufnahme macht] und dann genau hinhört, merkt man ‚hoppla' – man spricht doch viel in kurzen Sätzen, Befehlsformen, Ja/Nein-Fragen. Sich selbst darüber bewusst zu werden, wie man mit den Kindern spricht, ist der erste Schritt zur Sprachförderung" (Tracy 2007, S. 164).

Anregungen für die Praxis

Schaffen Sie sich ein digitales Aufnahmegerät mit Mikrofon für Ihre Einrichtung an. Diese Geräte sind vielfältig verwendbar, unter anderem für Teamgespräche und Kinderinterviews. Hängen Sie sich ein solches Gerät für ein bis zwei Stunden um und lassen Sie es bei allem, was sie tun, einfach mitlaufen (das Mikrofon darf nicht verdeckt sein). Hören Sie sich die Aufnahme später in Ruhe an. Was fällt Ihnen auf? Sind Sie überrascht von dem, was Sie sagen oder wie Sie es sagen? Sicher erinnern Sie sich noch an die jeweiligen Situationen. Überlegen Sie, ob Sie in der einen oder anderen Situation anders hätten sprechen können. Hören Sie auf Ihre Stimme und auf die Reaktionen der anderen. Haben Sie die Kinder ausreden, zu Wort kommen, ihre eigenen Worte finden lassen? Sind Gespräche unterbrochen worden oder einfach „abgerissen"? Finden Sie Situationen, die sich rückblickend für Gespräche mit Kindern geeignet hätten? Wie könnten Sie diese zukünftig gestalten?
Die Arbeit mit einem Aufnahmegerät ist eine sehr einfache und wirkungsvolle Methode der Selbstüberprüfung. Sie werden, wenn Sie sich zuhören, automatisch zu einer dritten Person (weil die eigene Stimme nicht sehr vertraut ist). Dieses Fremd-

heitsgefühl hilft dabei, das eigene Handeln und Sprechen mit gewissem Abstand zu beurteilen. Eine zugewandte, offene Gesprächshaltung ist keine Zauberkunst. Wenn Sie sich nach einigen Wochen noch einmal aufnehmen und überprüfen, werden Sie feststellen, dass sich Ihr Ton verändert hat.

Sind Gespräche nun Sprachförderung oder nicht?

Es gibt in Kindertageseinrichtungen vielfältige Ansätze, um den Spracherwerb der Kinder zu unterstützen. Nicht nur, aber vor allem bei Kindern, die Deutsch als Zweitsprache erwerben, sind gezielte Förderungen – sofern sie nicht losgelöst vom Alltagsgeschehen und dem pädagogischen Konzept der Einrichtung erfolgen – durchaus sinnvoll (vgl. Tracy 2007). In welchem Zusammenhang stehen solche Sprachfördermaßnahmen mit Gesprächen mit Kindern, wie sie eben beschrieben wurden?

Rosemarie Tracy spricht von „verschiedenen Ebenen des Sprachpakets" (2007, S. 169f.). Gemeint ist damit die Gleichzeitigkeit von Sprechen, Denken und Hören, die einen Gesprächsverlauf mit zwei oder mehreren Gesprächspartnern ermöglicht. Dieses Sprachpaket geht weit über das Sprechenlernen hinaus und muss im Laufe der Zeit erst erworben werden. Durch die kompetente Gestaltung von Gesprächen werden die pädagogischen Fachkräfte hierbei zu wichtigen Modellen. Sie zeigen den Kindern, wie Gespräche verlaufen können, wie gemeinsame Ideen entwickelt und Lösungen gefunden werden können. Sie zeigen, wie Witze und Rätsel entstehen und wie schön gemeinsame Gespräche sein können. Betrachtet man Gespräche mit Kindern unter diesem Blickwinkel, dann wird sehr schnell deutlich, dass sie eine sehr wichtige Funktion einnehmen und durchaus die Sprachentwicklung der Kinder fördern können.

Die Gleichzeitigkeit von Denken, Sprechen und Hören

Alltagsgelegenheiten nutzen

Die vorher geschilderten Situationen mit Alessandra und Hüssein zeigen, dass es unzählige Gelegenheiten im Alltag gibt, um mit Kindern ins Gespräch zu kommen. Dies gelingt – auch hierfür stehen die Beispiele stellvertretend – unterschiedlich gut. Mit manchen Kindern ist es wesentlich leichter, über Dinge des Alltags zu sprechen. Sie sind aufgrund ihrer offenen Art einfachere Gesprächspartner als Kinder, die eher zurückhaltend oder schüchtern sind. Das Gespräch mit Hüssein wäre ohne das empathische Handeln der Pädagogin, die vermutet hatte, dass es gut wäre, dem Jungen die Gelegenheit für ein Gespräch zu bieten, und ihre Gesprächsführungskompetenzen wohl kaum zustande gekommen.

Hinzu kommt noch ein weiterer Aspekt: Kurze Gespräche mit Kindern im Alltag haben eine ähnliche Funktion wie Tür-und-Angelgespräche mit Eltern. Indem über Alltagsdinge gesprochen wird, wird ein Klima des guten Umgangs miteinander geschaffen. Und in einem guten Klima lässt sich manches leichter sagen und Hemmungen werden abgebaut. Kurze Dialoge mit Kindern im Alltag bereiten also den Boden, auf dem auch längere Gespräche möglich sind. So ist durchaus vorstellbar, dass Hüssein kaum von seinen Herzenswünschen gesprochen hätte, wenn er nicht die Erfahrung gemacht hätte, dass ihm ernsthaft zugehört wird.

Kurze Dialoge bereiten den Boden für längere Gespräche

An Beobachtungen anknüpfen

Gespräche entwickeln sich nicht automatisch, sondern brauchen neben einer dialogischen Haltung der Pädagoginnen und Pädagogen auch eine gewisse Übung. Diese Übung erzeugt eine Kultur des Dialogs, die es allen Kindern leichter macht, über sich und die Welt mit Erwachsenen zu sprechen. Um Missverständnissen vorzubeugen: Damit ist nicht gemeint, mit Kindern stereotype Fragenkataloge abzuarbeiten oder sie „auszuquetschen". Es geht vielmehr darum, vielfache Gesprächsangebote und -anlässe zu schaffen, die die Kinder annehmen können, wenn sie dies möchten.

In allen Bildungsplänen der Bundesländer werden systematische Beobachtungs- und Dokumentationsverfahren für Kinder-

Systematisch
strukturierte,
offene Beobach-
tungsverfahren
als Grundlage für
Gespräche

tageseinrichtungen als Grundlage der pädagogischen Arbeit angesehen. In diesen Beobachtungen geht es darum, die Kinder in ihren Entwicklungen zu erfassen und einzuschätzen. Ziel der Beobachtungsverfahren ist, eine Grundlage für die pädagogische Arbeit zu haben, die darauf abzielt, die Kinder in ihrer individuellen Entwicklung zu unterstützen. Bei den methodisch abgesicherten Verfahren lassen sich grundsätzlich zwei Formen unterscheiden: Während es bei Verfahren mit vorstrukturierten Merkmalen (gerichtete Beobachtungen) zum Entwicklungsverlauf darum geht, zum Beispiel bestimmte motorische oder sprachliche Aspekte einzuschätzen, sind eher offene Beobachtungsverfahren (ungerichtete Beobachtungen) darauf angelegt, das Kind in seinen Aktivitäten und Interessen zu beobachten (vgl. Viernickel/Völkel 2009). Die zweite Form – die ungerichteten Verfahren – eignet sich besonders gut, um mit Kindern ins Gespräch zu kommen, weil sie unmittelbar an das anknüpfen, was die Aufmerksamkeit der Kinder auf sich gezogen hat. So zeigten Begleituntersuchungen, dass es durch die Implementierung der Bildungs- und Lerngeschichten zu einer deutlich höheren Zahl von Gesprächen zwischen pädagogischen Fachkräften und Kindern kam (vgl. Weltzien 2009a).

Eine gute Möglichkeit, mit Kindern ins Gespräch zu kommen, besteht darin, an Beobachtungen anzuknüpfen, die während des Gruppenalltags durchgeführt wurden. Denn anders als bei standardisierten Verfahren, bei denen einzelne Kompetenzbereiche erfasst oder eingeschätzt werden sollen, zielen Verfahren wie die Bildungs- und Lerngeschichten darauf ab, die Interessen, Lernaktivitäten und -strategien der Kinder zu erfassen.

Praxisbeispiel

Die Pädagogin sagt zu Anne: „Ich habe beobachtet, dass du heute sehr lange mit der Kugelbahn gespielt hast. Dabei hast du dir immer wieder neue Gegenstände gesucht und ausprobiert, ob die auch die Bahn hinabrollen. Ich war überrascht, wie viele Dinge du ausprobiert hast. Erzähl doch mal, wie bist du denn auf die Idee gekommen?"

Systematische Beobachtungsverfahren eignen sich auch deshalb gut für den Einstieg in ein Gespräch, weil sie eine gewisse Garantie dafür bieten, jedes Kind in den Blick zu nehmen. Denn es werden Beobachtungsmanagementsysteme entwickelt, die feste Beobachtungszeiten und -kinder festlegen. Damit bieten sie die Chance für Gespräche mit allen Kindern und verhindern, dass manche zu kurz kommen. Wie bei Gesprächen mit Erwachsenen fallen auch mit Kindern je nach Temperament und Zugänglichkeit Gespräche unterschiedlich leicht. Gerade mit Kindern, bei denen Sprachbarrieren den Einstieg in ein Gespräch schwieriger machen, kann ein auf Beobachtungen basierendes Gespräch zu einer Brücke der Kommunikation werden. Ähnliches gilt für Kinder, die mit Erwachsenen eher Konflikterfahrungen mit Gesprächen verbinden. Gespräche über Beobachtungen bieten den Beteiligten eine sehr gute Gelegenheit aus den bisherigen Rollen und Stereotypen herauszukommen. Denn die Gespräche haben keinen anderen Anlass als darüber zu reden, was das Kind gerade offensichtlich interessiert, und setzen damit einen ausgesprochen positiven Ausgangspunkt.

Die Aussage: „Ich habe beobachtet, dass du heute sehr lange mit der Kugelbahn gespielt hast. ...Erzähl doch mal, wie bist du denn auf die Idee gekommen?" ist ein offenes Angebot, sich über die Interessen des Kindes auszutauschen und etwas mehr von ihm zu erfahren. Wenn die Frage ernst gemeint ist – und das merken Kinder sofort –, werden sie schnell mit Erklärungen in das Gespräch einsteigen. Bei einem solchen „Interview" sind die Rollen klar verteilt: Das Kind ist Experte seines Tuns, der Erwachsene ist aktiver Zuhörer und Lerner. Für einen gelingenden Gesprächsverlauf ist es wichtig, diese Rollen nicht zu verlassen. Wenn das Kind zum Beispiel erklärt, dass das Wasser in der Schale immer zur Seite schwappt, weil die Erde rund ist, wäre es störend, eine eigene Theorie („Vielleicht habt ihr auch gegen den Tisch gestoßen") einzubringen. Die Kompetenz des Aktiven Zuhörens besteht zunächst darin, sich in die Sichtweise des Gesprächspartners hineinzufühlen und die Dinge so zu sehen, wie er sie sieht. Auf die Theorieerklärungen des Kindes („... weil

Das Kind ist Experte seines Tuns, der Erwachsene aktiver Zuhörer und Lerner

die Erde rund ist") muss man ja auch erst einmal kommen. Also würde es naheliegen zu fragen, wie das zusammenhängen könnte. Vielleicht würde man im Laufe des Gesprächs ja sogar gemeinsam neue Theorien entwickeln oder sich überlegen, wie man diese Theorie beweisen kann.

Das Portfolio als Gesprächsanlass

Portfolios sind Ordner, Mappen oder Bücher der Kinder, die wichtige Erlebnisse und Erinnerungen enthalten. Die Portfolios sind fester Bestandteil vieler Beobachtungsmethoden und haben für die Kinder eine sehr große Bedeutung. Es gibt eine Vielzahl von Möglichkeiten, die Portfolios zu gestalten. Durch die Beteiligung der Kinder an der Portfolioarbeit erhalten die Portfolios mit der Zeit einen einzigartigen Charakter.

 Anregungen für die Praxis

In einem umfangreichen Praxisforschungsprojekt zur Beobachtung und Erziehungspartnerschaft wurden Portfolios als Bildungsdokumentationen für die Kinder entwickelt und evaluiert. Dabei wurden folgende Aspekte der Portfolioarbeit herausgestellt (vgl. Viernickel 2009):
- Die stärkenorientierte Ausrichtung: Der Bildungs- und Entwicklungsverlauf eines Kindes sollte nur im Vergleich mit sich selbst abgebildet werden.
- Die altersangemessene Beteiligung des Kindes bei der Gestaltung: Das Portfolio ist Eigentum des Kindes.
- Die kindorientierte Aufbewahrung und Handhabbarkeit: Das Portfolio sollte dem Kind jederzeit zur Verfügung stehen.
- Die intensive Kommunikation mit den Kindern: Das Portfolio stellt eine Bildungsdokumentation dar, die die Lernstrategien und Lernerfahrungen des Kindes wertschätzt und

unbegrenzte Gespräche über die Interessen und Aktivitäten des Kindes ermöglicht.
- Portfolios als Grundlage für regelmäßige Elterngespräche.
- Die Bedeutung der Dokumentationen für den fachlichen Austausch im Team.
- Die Möglichkeiten der konzeptionellen Weiterentwicklung der Einrichtung.

So unterschiedlich die Portfolios in den Kindertageseinrichtungen auch sind, so zeigen doch vergleichende Untersuchungen, dass diese für Kinder eine ganz besondere Bedeutung haben. Die Kinder holen regelmäßig ihr Portfolio aus dem Regal und arbeiten damit. Sie betrachten Bilder und Fotos, setzen sich allein oder mit Freunden an einen Tisch und ergänzen ihre Portfolios mit Neuem. Die Kinder lassen sich Lerngeschichten und Erinnerungen von den Pädagoginnen und Pädagogen oder ihren Eltern vorlesen. Offensichtlich ist das Erinnern und Rekonstruieren von Erinnerungen bei Kindern genauso sinnstiftend und bedeutungsvoll wie bei Erwachsenen. Das Portfolio unterstützt die Arbeit an der eigenen Biografie und befördert das biografische Gedächtnis, welches sich im Alter von etwa drei bis vier Jahren langsam entwickelt.

Vor diesem Hintergrund ist es verständlich, dass Portfolios ideale Gesprächsanlässe mit Kindern bieten. Allein die Situation, sich mit einem oder mehreren Kindern an einen ruhigen Platz zu setzen und Portfolios durchzublättern, erzeugt ein Gefühl von Gemeinsamkeit und Vertrautheit. Die Kinder lieben ihre Portfolios und zeigen diese meist voller Stolz und Freude. In solchen Situationen ergeben sich Gespräche, die bei konkreten Anlässen, die im Portfolio festgehalten sind, beginnen und oft weit darüber hinaus auf Themen übergehen, die die Kinder gerade beschäftigen.

Das Portfolio befördert das biografische Gedächtnis

Praxisbeispiele

Im ersten Beispiel erläutert Leo sehr detailliert ein Projekt, „Die goldene Stadt", an dem er beteiligt war. In diesem Projekt konnten die Kinder zum ersten Mal mit Laubsägen arbeiten und Leo hat aufgrund seines handwerklichen Geschicks in seiner Erinnerung entscheidend zum Gelingen beitragen: „Da hat die Frau S. und der David – der ist heute nicht da. Der ist in den Bergen im Urlaub. Und die Frau S., das ist die Erzieherin, die eben da war. Der David und die Frau S. haben mal eine Legopyramide gebaut. Und da kam die Frau S. auf die Idee, wir könnten eine Holzpyramide machen. Und dann haben wir Laubsägen, dann haben wir damit gesägt. Aber bis zur letzten Säge sind immer wieder die Sägeblätter gebrochen. Und dann hatte ich zuerst die Säge, und mit der haben wir dann alle geschafft, die Pyramide zu Ende zu sägen. Das war das letzte Blatt."

Im zweiten Beispiel erläutert Aleyna anhand von verschiedenen Fotos, mit wem sie im Kindergarten befreundet ist. Dabei bringt sie auch die Enttäuschung über den Verlust von Freundschaften zum Ausdruck und ihre Stärke, mehrere Sprachen zu sprechen: „Hier ist ein Bild von mir und Marc. Da war der Marc noch Kindergartenkind. Ich bin dem Marc keine Freundin mehr. Der ist jetzt in der Schule. Da komme ich auch hin. Ich find den doof, weil der hat eine andere Freundin und das ärgert mich. Und ich sag immer, ich will zum Ahmet, aber meine Mama und mein Papa sagen immer nö. (...) In meinen Ordner will ich noch mehr Türkei und Deutschland reinmachen. Ich rede auch manchmal türkisch. Und Risa und Kefir können das auch."

Im dritten Beispiel erläutert Benjamin detailliert anhand von Fotos, wie er Lavendelduft im Kindergarten hergestellt hat. Dabei ist für ihn nicht nur das Projekt selbst von Bedeutung, sondern die unmittelbare Verknüpfung zu seiner Mutter, der er das Lavendelfläschchen geschenkt hat: „Da haben wir so ein Mittel für die Badewanne oder die Dusche gemacht. Dass das nach Lavendel riecht. Man braucht Lavendel, einen Löffel, einen Stampfer. Wasser kommt dann in die Schüssel. Lavendel kommt dann auch noch dazu. Dann wird das mit dem Stampfer gestampft.

Dann wird der Trichter in das Glas gemacht. Da drin ist der Lavendel hier. Wenn es fertig gestampft ist. Dann macht man das, wenn es fertig gestampft ist, in das Glas. Dann drückt man mit dem Stampfer auf den Trichter, dass der Saft rauspresst. Und der Saft riecht dann noch nach Lavendel. Und dann macht man das in den Becher. Und dann wird noch Lavendelduft dran geschrieben. Und dann ist das fertig. Das habe ich dann meiner Mama geschenkt. Die Mama ist ausgezogen. Die haben sich zu doll gestritten. Als ich mal am Computer war und mit dem Rennauto gespielt habe, habe ich sie gehört. Ah, die haben sich verkracht. Ich habe die bis zum Computerzimmer gehört, so laut geschrieen haben die."

Narrative Rekonstruktion von Erlebtem und Austausch mit anderen

Warum können die Kinder wieder und wieder über die gleichen Dinge sprechen, die gleichen Geschichten erzählen oder Lerngeschichten hören?

Aus der Kindheitsforschung ist bekannt, welche Bedeutung die Auseinandersetzung mit der eigenen Identität für die kindliche Entwicklung hat. Kinder setzen sich mit ihrem Selbstbild, ihrem Geschlecht, ihrer sozio-kulturellen Herkunft und ihren verschiedenen Rollen bereits in der frühesten Kindheit intensiv auseinander. Diese Auseinandersetzung erfolgt häufig in Form von Spielen, in denen andere Rollen und Identitäten angenommen und die Wirksamkeit und die Konsequenzen des eigenen Tuns erprobt werden. So zeigten Untersuchungen, dass das symbolische Spiel und erste Formen von Rollenspielen bereits weit vor dem dritten Lebensjahr zu beobachten sind (vgl. Viernickel/Völkel 2008).

Später erfolgt die Auseinandersetzung mit der eigenen Identität zunehmend über die verbale Auseinandersetzung mit anderen. Kinder machen sich Gedanken darüber, ob sie groß oder klein sind, was Jungen und was Mädchen tun, was Erwachsene dürfen und was sie später einmal werden wollen. Sie beschäftigen sich damit, über was sie entscheiden dürfen oder wollen, was sie

Verbale Auseinandersetzung mit der eigenen Identität

wissen und können und was sie noch lernen wollen. Sie setzen sich mit Freundschaften auseinander und gestalten aktiv ihre Beziehungen in gemeinsamen Spielen. Die verbale Auseinandersetzung mit der eigenen Identität ist daher eine bedeutsame Entwicklungsaufgabe, die unterstützt und gefördert werden kann. Neben Gesprächen mit anderen Kindern sind auch Gespräche mit Erwachsenen von großer Bedeutung.

Auch in der Auseinandersetzung mit dem Portfolio stehen oft die eigene Rolle der Kinder, ihre Aufgaben oder Funktionen in einer bestimmten Situation im Vordergrund. Es geht zwar auch um Ausflüge, Projekte oder Gemeinschaftsaktivitäten, die die Kinder interessieren und gerne erinnern. Wenn man den Kindern aber genau bei ihren Berichten zuhört, stellt man fest, dass es dabei immer auch um die Frage geht: Was habe ich in dieser Situation gemacht, gedacht, gefühlt? Portfolios sind in diesen Auseinandersetzungen nicht nur Bildungsdokumentationen, sondern auch Bücher über die Beziehungen der Kinder, die ihnen viel bedeuten. Der besondere Wert des Portfolios im Vergleich zu anderen Formen der Entwicklungsdokumentation liegt offensichtlich darin, dass diese den Kindern die Möglichkeit bieten, ihre persönliche Sichtweise auf die Dinge und ihre eigene Rolle in der Welt festhalten zu können.

Anregungen für die Praxis

Das Portfolio ist Eigentum der Kinder. Portfoliogespräche können nur stattfinden, wenn sie vom Kind auch gewünscht werden. Unter dieser Voraussetzung gibt es verschiedene Möglichkeiten, um mit dem Kind über sein Portfolio ins Gespräch zu kommen:

- Spontan, wenn die Pädagogin zu einem Kind geht, das sein Portfolio betrachtet oder damit arbeitet, und fragt, ob sie sich dazusetzen darf.

- Geplant, wenn sie ein Kind fragt, ob man sich zusammen mal wieder das Portfolio anschauen will.
- Systematisch, wenn es bestimmte Portfoliotage in den Einrichtungen gibt, an denen pädagogische Fachkräfte und Kinder gemeinsam an den Portfolios arbeiten.

All diese Formen von Portfoliogesprächen sind sinnvoll, um Anlässe zu schaffen, bei denen Gespräche mit Kindern möglich sind. Vor dem Hintergrund, dass die sprachliche Auseinandersetzung mit anderen Kindern und Erwachsenen eine der zentralen Kompetenzen ist, die Kinder möglichst früh erwerben sollten, und der Erkenntniss, dass sich die sprachlichen Kompetenzen besonders gut entwickeln, wenn die Themen in engem lebensweltlichem Bezug der Kinder stehen, sind Portfolios ideale Gesprächsgrundlagen. Allerdings muss das Recht der Kinder, über ihr Portfolio bestimmen zu dürfen, in jedem Fall respektiert werden. Es kann durchaus möglich sein, dass ein Kind einmal nicht über sein Portfolio sprechen möchte und dies mitteilt. Diese Mitteilung stellt auch eine sehr bedeutsame kommunikative Kompetenz dar.

Momente intensiver Interaktion: Wertvolle Gesprächserlebnisse

Bislang haben wir über die Möglichkeiten und den Sinn von Gesprächen mit Kindern in den verschiedenen Formen und Situationen nachgedacht. Das klingt plausibel, aber wie kann das im normalen Kita-Alltag gehen? Wie ist es zu schaffen, neben all den täglichen Pflichten und Aufgaben auch noch bewusst und aktiv Gespräche mit Kindern zu gestalten? Darauf gibt es zwei Antworten:

- Die besten Gespräche finden im normalen Alltag statt.
- Wertvolle Gesprächserlebnisse knüpfen häufig an Beobachtungen an.

Die besten Gespräche ergeben sich in normalen Alltagshandlungen ganz nebenbei

Fragen zur Selbstreflexion

→ Überlegen Sie bitte einmal, wann Sie Gespräche mit (erwachsenen) Freunden und Familienangehörigen geführt haben, an die Sie besonders gerne zurückdenken. Vielleicht bei der gemeinsamen Vorbereitung eines schönen Essens? Oder bei einem gemütlichen Frühstück? Bei einem ausgedehnten Spaziergang im Wald? Oder beim Einkaufsbummel, den man sich gegönnt hat, ohne eigentlich etwas dringend zu brauchen? Nun denken Sie darüber nach, ob es nicht die eine oder andere Gelegenheit in Ihrem pädagogischen Alltag gibt, die mit den beschriebenen „Klön-Anlässen" vergleichbar ist. ....

Vielleicht können solche alltäglichen Gelegenheiten zukünftig auch für Gespräche genutzt oder bewusst als Gesprächsanlässe in die Planung eingebaut werden. Häufig sind nämlich gerade diese Alltagshandlungen eine ideale Rahmung, um unverkrampft und natürlich ins Gespräch zu kommen. Und manchmal tritt die Rahmenhandlung dann ganz in den Hintergrund („Wo wollten wir denn eigentlich hin"?), weil man so ins Gespräch vertieft war. Diese Erfahrung machen Pädagoginnen und Pädagogen zum Beispiel, wenn sie mit Kindern einen Spaziergang unternehmen wollten, aber nur bis zur nächsten Brücke kamen. Erstens, weil es dort sehr viel zu entdecken und zweitens noch mehr zu besprechen gab. Dennoch soll an dieser Stelle betont werden, dass die gegebenen strukturellen Rahmenbedingungen – Personalschlüssel, Gruppengrößen, Raumkapazitäten – in vielen Einrichtungen sehr ungünstig sind und diese Möglichkeiten einschränken, weil die dafür notwendige entspannte Atmosphäre fehlt.

Wertvolle Gesprächserlebnisse können systematisch im Kontext von Beobachtungen gefördert werden. Auch die an Beobachtungen anknüpfenden Gespräche können durchaus kurz sein und im unmittelbaren Gruppengeschehen stattfinden. Das Argument, systematische Beobachtungen können nicht gemacht werden, weil die Zeit dafür fehlt oder die Zeit den Kindern verlorengeht, wird bei zunehmenden Beobachtungskompetenzen und -erfahrungen in den Einrichtungen durch die Erkenntnis abgelöst, dass Beobachtungen die Grundlage allen pädagogischen Handelns sind. Auch wird die Erfahrung gemacht, dass Beobachtungen eine besonders hohe pädagogische Qualität haben, wenn sie für Interaktionen mit Kindern genutzt werden (vgl. Weltzien 2009a).

Anregungen für die Praxis

Im Rahmen eines Forschungsprojekts über Beobachtungs- und Dokumentationsverfahren wurden alle Gespräche mit Kindern, die im Rahmen der implementierten Bildungs- und Lerngeschichten stattfanden und dokumentiert wurden, ausgewertet. Dabei stellten sich acht Dimensionen wertvoller Dialogerlebnisse heraus (vgl. Weltzien/Viernickel 2008):

- Die Beobachtung als Interaktionsanlass: Mit der Frage „Darf ich dir beim Spielen zuschauen?" bringt die Fachkraft ihr Interesse an den Aktivitäten des Kindes zum Ausdruck und stellt sich als Lernende und Forschende dar.
- Der Beginn einer gemeinsamen Reflexion: Ein typischer Moment intensiver Interaktion ist ein Gespräch, das im Anschluss an Beobachtungen stattfindet. Dieses Gespräch kann entweder von der Fachkraft („Willst du hören, was ich gesehen habe?") oder vom Kind („Hast du gesehen, was ich gemacht habe?") eingeleitet werden.
- Das Kind als Experte seiner Bildungs- und Lerngeschichte: Indem das Kind erläutert, was es in seinen Aktivitäten getan hat, wie es auf die Idee dazu gekommen ist oder wie es weitergehen soll („Ich erklär dir das jetzt mal") eröffnen sich für die Zuhörerin oder den Zuhörer neue Zugänge zu seiner Vorstellungs- und Gedankenwelt.
- Kinderinterviews als Einstieg in den Dialog: Systematische Interviews von Kindern im Rahmen von Bildungsdokumen-

tationen können eine Ausgangsbasis für gelingende Gespräche bieten, weil sie Zeit und Raum dafür schaffen.

- Offene Gespräche über sensible Themen: Mit zunehmender Vertrautheit in Gesprächssituationen werden auch schwierige Themen angesprochen und Ängste, Wut oder Trauer der Kinder finden ihren Platz in Gesprächen.
- Spontane Gespräche durch Alltagsbeobachtungen: Mit zunehmenden Beobachtungskompetenzen wird der Blick für Alltagsgelegenheiten zum Gespräch schärfer, und es fällt leichter, an zufällig gemachte Beobachtungen ein Gespräch anzuknüpfen.
- Gemeinsames Nachdenken über die Dinge der Welt: Besondere Gesprächserlebnisse finden statt, wenn sich Kinder und Erwachsene gemeinsam in einen Austausch über Ideen, Gedanken oder Gefühle begeben. In solchen Gesprächen entsteht eine besondere Nähe, und das Hineinversetzen in die Perspektiven des anderen gelingt besonders gut.
- Ein Gespräch über das Gespräch: In einer Kultur des Dialogs können auch das Besondere von Gesprächen, der Spaß an Erzählungen oder ihr Sinn zum Thema werden. Damit kann man den Partnern vermitteln, wie wertvoll das Gespräch für einen ist („Ich freue mich, dass wir so gut miteinander sprechen können").

Momente intensiver Interaktion

Wertvolle Gesprächserlebnisse ergeben sich in den verschiedensten Situationen im pädagogischen Alltag. Sie sind dadurch gekennzeichnet, dass die Gesprächspartner sich gegenseitig für einen Moment die volle Aufmerksamkeit schenken und über etwas sprechen, was sie ernsthaft interessiert. Damit sind in den Momenten intensiver Interaktion die Bedingungen für Gespräche, nämlich das Herstellen eines „gemeinsamen Aufmerksamkeitszentrums" (vgl. Tracy 2007, S. 176), in besonderer Weise gegeben.

Gemeinsames Nachdenken über die Dinge der Welt

„Wo ist die Sonne, wenn es dunkel ist?" ist eine Frage, die für weitere tausend Fragen steht, die Kinder beschäftigen. Bei einigen Fragen werden wir schnelle, allerdings meist auch stereotype Antworten finden. Zum Beispiel: „Auf der anderen Seite der Erde ist es dann hell."

Bei anderen Themen wird uns das nicht so leicht gelingen: Warum gibt es so viele Sprachen? Wieso müssen Menschen sterben? Wie funktioniert das mit dem Herzschlag eigentlich? Woher wissen Tiere, ob sie Pflanzen oder Tiere fressen sollen? Wie kommt das Bild in den Fernseher? – Solche Fragen sind schon schwerer zu beantworten. Wenn wir ehrlich sind, gibt es sogar eine Vielzahl von Fragen, auf die wir keine Antwort haben und über die wir irgendwann einmal aufgehört haben, nachzudenken. Warum eigentlich? Hatten wir als Kinder nicht die gleichen Fragen? Waren wir nicht auch daran interessiert, wieso etwas geschieht, wie genau etwas zustande kommt und wo etwas hingeht, wenn es weg ist?

Über solche Dinge nachzudenken macht Spaß. Bei diesen Gesprächen handelt es sich um grundlegende wissenschaftliche, philosophische, ethische oder religiöse Themen, auf die die Kinder mit ihren Fragen stoßen. Die Beschäftigung mit solchen Themen zeichnet uns Menschen als einzigartige Spezies aus. Es scheint unsere Bestimmung zu sein, Fragen zu stellen und Antworten zu suchen. Schon der griechische Philosoph Aristoteles sagte, dass Staunen der erste Grund der Philosophie ist. Dieses uns angeborene Interesse, diese Neugierde auf Wissen ist etwas, was bei Kindern häufig noch viel offener zutage tritt als bei uns Erwachsenen. Vielleicht trauen wir uns einfach nicht mehr zuzugeben, wie wenig gesichertes Wissen wir doch haben. Ein gemeinsames Nachdenken über die Dinge der Welt unterstützt diesen Wissensdrang der Kinder.

In Zeiten, in denen intensiv darüber nachgedacht wird, wie die soziale, emotionale und auch kognitive Entwicklung der Kinder am besten gefördert werden kann, ist es erstaunlich, wie wenig Aufmerksamkeit auf solche Gespräche gerichtet wird. Denn es

Fragen stellen und Antworten suchen

Ein eigenes Bild von der Welt konstruieren

geht ja gerade nicht darum, vorgefertigtes Wissen „einzutrichtern", sondern ein eigenes Bild von der Welt zu konstruieren. Es geht darum, die Welt in ihrer Bedeutung zu begreifen, den Dingen einen Sinn zu geben, sich selbst als kompetenten Gestalter dieser Welt zu erleben. Dies kann unterstützt werden, indem man sich auf die Fragen der Kinder einlässt und mit ihnen gemeinsam darüber nachdenkt. Dieses gemeinsame Nachdenken ist eine besondere und zugleich alltägliche Förderung der kindlichen Entwicklung. Man ist kompetenter Partner im Prozess des Nachdenkens und des Welterschließens, lässt sich aber auf neue Fragen, die man eben nicht so leicht beantworten kann, ein. Auf diese Weise wird der Neugierde der Kinder nachgespürt und sie werden in ihrem unbändigen Interesse an neuen Erfahrungen und Erkenntnissen unterstützt. Für einen Prozess des gemeinsamen Nachdenkens braucht es kein Lexikon und kein Internet, sondern Forscherdrang und die Bereitschaft, sich in den Gesprächspartner und seine Gedankenwelt hineinzuversetzen. „Ich musste mein ganzes Gehirn umdrehen", hat einmal ein sechsjähriges Mädchen nach einem solchen Gespräch gesagt. Besser kann man wohl den Perspektivenwechsel und die damit verbundene intellektuelle Leistung nicht ausdrücken.

„Wir möchten uns beschweren" – Wohin Gespräche führen können

Gespräche mit Kindern können anstrengend sein. Wenn Kinder die Erfahrung gemacht haben, dass sie gehört und ernst genommen werden – wenn es also Sinn macht, die eigene Meinung zu vertreten –, werden sie stark. Starke Menschen haben die Eigenschaft, dass sie von dem, was sie denken, fühlen und tun überzeugt sind. Sie haben Ideen, von denen sie glauben, dass sie gut sind. Deshalb möchten sie sie auch in die Tat umsetzen. Sie sind kreativ, deshalb finden sie Wege und Möglichkeiten, dass diese Umsetzung auch gelingt. Bei Erwachsenen würden wir sagen, dass es sich hier um Künstler oder Manager handelt – je nachdem, in welche Richtung ihre Interessen gehen.

Für Kinder gibt es zahlreiche Barrieren, die verhindern, Ideen in Taten umzusetzen. Dazu zählen die natürlichen Einschränkungen aufgrund der motorischen Fähigkeiten, die (noch) nicht alles möglich machen. Und das ist schon manchmal eine bittere Erkenntnis. Es gibt aber viele weitere Barrieren, weil es Grenzen gibt, die aus Gründen der Sicherheit notwendig sind. Und es gibt Grenzen, die – ja wofür eigentlich? – gut sind. Genau das wollen Kinder wissen. Deshalb diskutieren sie mit uns und rütteln an den Grenzen.

Kinder diskutieren mit uns und rütteln an den Grenzen

Praxisbeispiel

Die Leiterin einer Einrichtung berichtet: „Neulich standen ein paar Kinder in meinem Büro und sagten: „Wir möchten uns beschweren." Was war geschehen? Die Einrichtung hatte für die Osterferien ein Wochenprogramm zusammengestellt, nach dem die Kinder jeden Tag einen Ausflug in die Umgebung machen sollten. Dieses Programm hatte das Team erarbeitet, weil es der Meinung war, den Kindern besondere Erlebnisse bieten zu müssen. Die Kinder hatten aber ihre eigenen Vorstellungen von der Feriengestaltung und – weil während der Ferien weniger Kinder anwesend sind und dadurch mehr Platz in der Kita ist – ein größeres Bauwerk aus Holz und anderen Materialien aus dem Wald geplant, das sie im Garten errichten wollten. Diesen Plan konnten sie bei einem derart dichten Ausflugsprogramm aber nicht in die Tat umsetzen. Nach einem Gespräch mit der Leiterin und dem Team nahm man das Bauprojekt in die Ferienplanung auf und einigte sich darauf, Wahlmöglichkeiten bei Ausflügen zu schaffen, sodass die „Bauherrengruppe" mehr Zeit für ihr Projekt hatte. Im ersten Moment waren die Pädagoginnen und Pädagogen etwas enttäuscht, dass ihre Ideen nicht auf uneingeschränktes Interesse gestoßen waren. Rückblickend aber waren sie stolz auf ihre Kinder und konnten sehen, wie Partizipation in ihrer Einrichtung gelebt wird.

Konfliktgespräche und Mediation

Konflikte tauchen überall auf, wo Menschen miteinander zu tun haben. Eine wichtige Kompetenz besteht darin, mit Konflikten konstruktiv umzugehen und sie als Entwicklungsgelegenheit zu verstehen.

In der alltäglichen Praxis müssen zahllose Konflikte bewältigt werden, und Kinder müssen erst lernen, Kompetenzen zur Konfliktbewältigung zu erwerben. Bereits in den frühen Spielbeziehungen im Kindesalter, etwa mit 12 bis 18 Monaten, tauchen Konflikte zwischen Kindern das erste Mal auf. Meist geht es dabei um Spielmaterialien, die jeder für sich beansprucht, oder andere Besitzstreitigkeiten (z.B. um den eigenen Stuhl). Ebenso treten in dieser Phase Streitigkeiten mit den Eltern oder anderen Bezugspersonen auf, weil die Kinder mit zunehmender Autonomie und Kontrolle ihre eigenen Ideen umsetzen wollen und Grenzen als starke Einschränkung ihrer Möglichkeiten empfinden. In dieser Altersphase ist es kaum möglich, Konfliktgespräche mit Kindern zu führen, weil die sprachlichen Möglichkeiten noch zu begrenzt sind. Längere Diskussionen, warum etwas nicht geht, oder welche Alternativen es gibt, würden die Kinder noch überfordern. Viel sinnvoller ist der handelnde Dialog, bei dem die für die Kinder verständlichen Worte mit eindeutiger und kongruenter Körpersprache begleitet werden.

Mit zunehmendem Alter und Entwicklungsstand sind Kinder in der Lage, Konflikte auszudrücken, über Konflikte zu sprechen und Konflikte zu lösen. Kleinere Meinungsverschiedenheiten und Streitigkeiten lösen Spielkameraden unter sich. Dabei geht es auch untereinander häufig um das Rütteln an Grenzen und das Austesten der eigenen Fähigkeiten und Wirkungen. Dieses Erproben der eigenen Kräfte (auch im wörtlichen Sinne) ist notwendig, um etwas über die eigene Persönlichkeit und die Beziehungen zu anderen herauszufinden. Kinder, die nicht frühzeitig die Möglichkeit haben, Erfahrungen im sozialen Umgang mit anderen zu machen, sind in späteren Beziehungen benachteiligt.

In der alltäglichen Praxis müssen zahllose Konflikte bewältigt werden

Mit zunehmendem Alter sind Kinder in der Lage, über Konflikte zu sprechen

Ein zu frühes Eingreifen in kindliche Auseinandersetzungen ist daher gar nicht sinnvoll, weil es wichtige Lernerfahrungen der Kinder verhindert (vgl. Viernickel 2000). Andererseits benötigen Kinder eine sensible Unterstützung (Affektregulierung), wenn sie noch nicht in der Lage sind, ihre Emotionen zu steuern und zu kontrollieren. Wenn eine Auseinandersetzung plötzlich eskaliert, sind kompetente Erwachsene als Moderatoren gefordert.

Konflikte treten immer und überall auf und begleiten uns von frühester Kindheit an. Welches sind nun wichtige Voraussetzungen, um Kompetenzen für Konfliktbewältigung zu erwerben?

Praxisbeispiel

Paul und Cynthia spielen gemeinsam an der Schaukel. Sie haben eine Menge Spaß und denken sich immer neue Strategien aus, um möglichst parallel nebeneinander schaukeln zu können. Irgendwann kommt Anne und sagt zu Paul: „Jetzt bin ich dran. Du hast schon so lange." Paul reagiert nicht, denn er hat gar keine Lust, mit dem Schaukeln aufzuhören. Denn dann wäre auch das gemeinsame Spiel mit Cynthia zu Ende. Anne ruft „Ich bin jetzt dran" und schubst Paul mit der Schaukel zur Seite. Paul sagt: „Hör auf, ich schaukel schief und dann tut das weh." Anne schubst noch einmal. Dann springt Cynthia herunter und sagt zu Anne: „Anne, warum schubst du den Paul?" Anne meint: „Weil ich auch mal schaukeln möchte." Cynthia sagt: „Wir spielen ein Spiel. Wir schaukeln gleichzeitig hin und her. Wenn Paul nicht mehr schaukeln darf, ist das Spiel zu Ende." Anne erwidert: „Ich möchte auch mitspielen. Ich kann gut schaukeln. Und wir können abwechseln."

Dieses (reale) Beispiel mutet vielleicht etwas unwahrscheinlich an. Im pädagogischen Alltag lassen sich ähnliche Szenen beobachten, die aber einen anderen Verlauf nehmen. Warum gelang es Cynthia, Anne und Paul eine akzeptable Lösung zu finden? Es ist kein Zufall, wenn Kinder zu solchen diplomatischen Leistungen fähig sind. Dafür sind immer wieder Übungsfelder und erfolgreiche Konfliktbewältigungen erforderlich. Eine wesentliche Voraussetzung dafür ist, dass die Kinder in der Lage sind, den Stein des Anstoßes – das eigentliche Konfliktthema – in Worte zu fassen. Nur dann kann dieser Stein aus dem Weg geräumt werden.

Aus der Kommunikationsforschung ist bekannt, wie schwierig es ist, in Auseinandersetzungen die richtigen Worte zu finden und diese Worte auch zu verstehen. Anne, Paul und Cynthia zeigen sozial kompetentes Verhalten, weil sie sich in ihrem Lernprozess als erfolgreiche Akteure erlebt haben. Sie haben gelernt, dass es sich lohnt zu verhandeln, Lösungen anzubieten und Kompromisse zu schließen.

Kinder brauchen Spielräume in ihren Streitigkeiten

Wie können Kinder in einem solchen Lernprozess bestmöglich unterstützt werden? Zunächst einmal brauchen sie Spielräume in ihren Streitigkeiten. Kinder, die sich nicht streiten dürfen, haben keine Gelegenheit, das Streiten zu lernen. Erwachsene unterstützen Kinder nicht, wenn sie bei jeder Auseinandersetzung mit all ihrer Macht und Autorität gleich eingreifen, sondern schwächen sie in ihren sozialen Kompetenzen. Natürlich gibt es Grenzen, die ein Einschreiten erfordern. Körperliche Gewalt, Erpressungsversuche oder massive Drohungen gehören nicht zu Auseinandersetzungen, die wir als Beobachter dulden können, sondern müssen deutlich abgelehnt werden, um den Kindern Orientierung und Sicherheit zu geben. Auseinandersetzungen dürfen aber durchaus auch einmal lautstark oder tränenreich sein, weil emotionale Ausbrüche in heftigen Streitigkeiten natürlich sind und den anderen die Ernsthaftigkeit des Streits verdeutlichen. Dann aber sollten die Kinder auch Worte finden, damit Lösungen entwickelt werden können. Diese Übersetzungsleistung, Wut oder Trauer in Worte zu fassen, ist eine große Herausforderung bis ins hohe Alter hinein – und gelingt nicht immer. Dennoch ist das Worte-Finden eine wichtige Aufgabe, um handlungsfähig zu werden und Kontrollverlust zu vermeiden. Verbale Auseinandersetzungen sind in dem Zusammenhang auch als wichtige Prävention gegen Gewalt zu sehen.

Gelegenheiten zum Modelllernen bieten

Wenn Beobachtungen zeigen, dass Kinder Unterstützung in ihren Konflikten brauchen, sollten wir ihnen Gelegenheiten zum Modelllernen bieten. Nehmen wir noch einmal das Beispiel von

Cynthia, Anne und Paul. Wäre es ihnen nicht geglückt, selbst einen Weg aus der Krise zu finden – wie hätten wir diesen Weg aufzeigen können? Indem wir genau die Frage geäußert hätten, die die Kinder gestellt haben: „Anne, warum schubst du den Paul?" Eine solche Frage ist notwendig, auch wenn wir als Erwachsene wissen oder ahnen, warum Anne den Paul schubst. Nur so bekommt Anne eine Gesprächsaufforderung. Hätten wir gesagt: „Anne, hör auf den Paul zu schubsen", wäre zwar die Situation nicht weiter eskaliert, wenn sich Anne unserer Autorität untergeordnet hätte. Sie hätte aber keine Gelegenheit gehabt, ihr Anliegen (schaukeln zu wollen) vorzutragen. Und ihr gutes Recht, mit den anderen Kindern mitzuspielen, wäre durch eine Bestrafung vollkommen unterbunden worden. Kinder, die verbal gehemmter sind und ihre Wünsche über körperliche Signale (hier das Stören des Schaukelspiels) zeigen, werden damit systematisch im Spiel benachteiligt. Da sie aber nicht erproben können, dass sie erfolgreicher ans Ziel kommen, wenn sie verhandeln, werden sie durch ihre Frustrationen ein Rollenverhalten erlernen, dass zunehmend Abwehr produziert.

Pädagoginnen und Pädagogen haben es in ihrem Alltag oft mit Kindern zu tun, die diesen mühsamen Lernprozess durchlaufen und alte Rollen ablegen müssen. Hierfür brauchen die Kinder kompetente Erwachsene, die sie in ihrem Konfliktverhalten positiv verstärken und sie coachen. Sie können mit ihnen über erfolgreich bewältigte Auseinandersetzungen sprechen und auf eine besonders positive Weise rückmelden, wenn es den Kindern zum ersten Mal gelungen ist, ihre Wut oder Trauer in Worte zu fassen. Die Erwachsenen können den Kindern sagen, wie sehr sie sich darüber freuen, dass sie diesmal nicht mit Fäusten, sondern mit guten Ideen etwas erreicht haben. Und sie können den Kindern Tipps geben, wie sie in den nächsten Auseinandersetzungen noch klarer ihre Meinung ausdrücken können.

Kinder in ihrem Konfliktverhalten positiv verstärken und coachen

Anregungen für die Praxis

Haben Sie das Gefühl, dass in Ihrer Einrichtung Gespräche mit Kindern zu kurz kommen? Fragen Sie sich, warum mit einigen Kindern längere und positive Gespräche gelingen, mit anderen aber kaum eine Kommunikation zustande kommt? Bezweifeln Sie, dass es möglich ist, systematisch Gespräche im Alltag zu integrieren?

Führen Sie über zwei Wochen ein Gesprächstagebuch. Jeder Tag hat eine Seite. Die einzelnen Zeilen stellen die Kinder Ihrer Gruppe bzw. Ihre Bezugskinder dar. Gut wäre, wenn alle Teammitglieder in der Einrichtung ein Gesprächstagebuch führen würden. Tragen Sie am Ende des Tages (bei Ganztagsplätzen mittags und abends) ein, in welchen Situationen es zu Gesprächen zwischen Ihnen und Kindern kam. Seien Sie unbesorgt, Sie werden sich an alle wichtigen Gespräche erinnern, weil es Momente intensiver Interaktion sind. Tragen Sie auch Stichworte zum Thema (z.B. Portfolio) und die ungefähre Länge der Gespräche (z.B. 2 Minuten) ein.

Vergleichen Sie am Ende der zwei Wochen Ihre Einträge. Haben sich die Gespräche im Alltag vermehrt? Gibt es Kinder, die von den Gesprächen besonders profitieren? Gibt es andere Kinder, denen sie sich noch einmal bewusster zuwenden sollten – zum Beispiel durch eine Gesprächeinladung, ein Interview oder ein Pantomimespiel?

4.3   Leitfadeninterviews

Das Interview als Übung für offene Gespräche

Interviews sind zunächst einmal keine Gespräche im eigentlichen Sinne. Denn ein Interview setzt voraus, dass eine Seite in erster Linie „Empfänger" ist und die andere Seite „Sender". Ziel eines Interviews ist, möglichst viel von dem anderen zu erfahren. Dafür werden Fragen vorbereitet, die in fester Reihenfolge und Formulierung (standardisierte Interviews) gestellt werden oder sich an den Gesprächsfluss des Interviewten (Leitfadeninterviews) anpassen (vgl. Trautmann 2010). In Interviews werden also keine Gedanken, Erfahrungen oder Meinungen ausgetauscht, sondern die Gedanken, Erfahrungen oder Meinungen eines Interviewpartners werden aufgenommen – schriftlich oder mithilfe von Aufnahmegeräten, sodass der genaue Wortlaut festgehalten und später ausgewertet werden kann. Interviews sind fester Bestandteil von Forschungsprojekten und kommen zunehmend auch in der Kindheitsforschung zur Anwendung.

Um ein gelingendes Interview durchzuführen, müssen die Rollen klar verteilt sein und dürfen während des Interviews nicht verlassen werden. Ein Beispiel für eine solche klare Rollenverteilung ist das Interview eines Sportmoderators mit einem erfolgreichen Sportler: Der Moderator möchte möglichst viel von dem Sportler erfahren. Über die Geheimnisse seines Erfolges, die Trainingsbedingungen und Wettkampfvorbereitungen, seine Gedanken und Gefühle während des Wettkampfes, möglicherweise über seine Niederlagen und Misserfolge und seine Beziehungen zum Trainer und zu seinen Teamkollegen, über seine Erfahrungen mit Konkurrenten, seine Zukunftspläne und sein Privatleben. Und dies alles möchte der Sportmoderator in möglichst kurzer Zeit und in möglichst großer Offenheit erfahren. Der Interviewer wird von sich selbst nichts erzählen, was von seinem Interviewpartner ablenken könnte (z.B., dass er selbst auch gerne Tennis spielt). Er wird aber vielleicht erzählen, wie er bei dem letzten Wettkampf mitgefiebert hat, wie er die Erfolge schätzt, oder sich vorstellen kann, dass ein Leben zwischen Hotelzimmern und Trainingsplätzen nicht immer ganz einfach ist.

Das bedeutet: Der Interviewer bringt durchaus seine Perspektive in das Gespräch ein – allerdings nur, um wieder etwas mehr von der Perspektive des Gesprächspartners zu erfahren. Bei all dem soll das Gespräch in einer angenehmen Atmosphäre stattfinden, weil dies erstens für beide Beteiligten die Lust am Gespräch und damit auch die Auskunftsfreudigkeit erhöht und zweitens das Interview als sinnstiftend, für die Beteiligten und das Publikum, erscheinen lässt. Ein gutes Interview sollte so verlaufen,

Voraussetzungen für ein gelingendes Interview

dass beide Interviewpartner sich gut vorstellen können, zu einem späteren Zeitpunkt wieder ein ähnliches Gespräch zu führen. Dies setzt voraus, dass ethische Grundsätze beachtet werden: Beide Gesprächspartner schätzen sich in ihren Rollen, akzeptieren Grenzen und Tabus und verletzen sich nicht.

Interviews mit Kindern

Interviews mit Kindern folgen im Prinzip genau den gleichen Grundsätzen. Ziel ist es, etwas von ihren Erfolgen (und die haben sie in ihren Entdeckungen und Erfindungen jeden Tag) zu erfahren, ihre Ideen und Gedanken zu hören (und nicht nur zu sehen) und auch Zugänge zu ihren Erfolgsgeheimnissen (z.B. zu ihrer Fantasie und Kreativität) zu bekommen. Wie der Sportmoderator seinen Respekt und auch seine Bewunderung für die Leistungen des Sportlers ausdrückt, wird auch dem Kind in einem Interview vermittelt, dass es im Augenblick die Hauptperson ist und man ernsthaft daran interessiert ist, was es zu erzählen hat. Man möchte eine Atmosphäre schaffen, in der sich beide – das Kind und man selbst – wohl fühlen und möglichst viel von dem Kind erfahren.

Gemeinsame Erzählungen von Kindern

Die Methode des dialoggestützten Interviews

Eine Methode, die auf diesem unterstützenden Gesprächsverhalten der Kinder aufbaut, ist die Methode der dialoggestützten Interviews (vgl. Weltzien 2009b). Diese, auch als „Pärchengespräche" bezeichneten, Interviews sind dadurch gekennzeichnet, dass jeweils zwei Kinder gleichzeitig anhand eines Leitfadens befragt werden. Im Gegensatz zu einem Einzelinterview spielt sich der Dialog nicht allein zwischen Interviewer und Kind ab, sondern wird erweitert durch die Dialoge, die die Kinder in dem Interview miteinander führen. Diese Dialoge werden angeregt durch das Thema des Interviews, entwickeln sich dann aber selbstständig, weil die Kinder sich in ihren Erzählungen gegenseitig ergänzen, unterstützen oder auch korrigieren. Die Methode der dialoggestützten Interviews wird anhand der beiden folgenden Interviewauszüge deutlich (vgl. Weltzien 2009b).

Im ersten Interview geht es um das Thema „Einschulung". Es werden zwei sechsjährige Jungen zu ihren Vorstellungen und

Erfahrungen über Schule befragt. Zunächst lautet die Frage ganz allgemein, warum jemand überhaupt in die Schule geht. Gemeint war damit eigentlich, warum Kinder irgendwann in die Schule kommen. Jakob antwortet darauf auch zunächst mit der eher „klassischen" Antwort: Man geht in die Schule, um Rechnen und Schreiben zu lernen. Dann jedoch leitet er ein neues Thema ein, denn auch Erwachsene gehen in die Schule, wenn sie Lehrerin oder Lehrer sind, und erwähnt, dass seine Mutter Lehrerin ist. Auf diese Bemerkung steigt Nick sofort ein, denn er kann berichten, dass seine Mutter auch Lehrerin ist. Aus dieser gemeinsamen Erfahrung heraus entwickeln die beiden Jungen eine gemeinsame Vorstellung darüber, was Gemeinsamkeiten und Unterschiede zwischen Lehrerinnen und Erzieherinnen sind. Beide haben Macht- und Entscheidungskompetenzen, aber ihre Aufgaben sind doch verschieden. Ein solches Gespräch zwischen den Kindern hat sich aus der Frage „Warum geht man überhaupt in die Schule?" heraus entwickelt, ohne dass weitere Nachfragen notwendig waren. Die für die Kinder wichtige Frage, was eigentlich die Rollen und Aufgaben der Erwachsenen in der Schule sind, klären sie gewissermaßen beiläufig. Im weiteren Gesprächsverlauf diskutieren die beiden Jungen die Frage, was gut ist an der Schule und stellen fest, dass man in der Schule, die sie bereits von außen kennen, gar nichts machen kann. Denn das Außengelände stellt sich im Vergleich zu ihrem Kindergarten als wenig anregend dar. Auch diese Ableitungen – aus der Perspektive der Kinder durchaus verständlich – wären ohne das Zwiegespräch zwischen Jakob und Nick und die Suche nach gemeinsamen Bedeutungen wohl kaum zustande gekommen.

Praxisbeispiel

Interviewer: Warum geht man überhaupt in die Schule?

Jakob: Dass man Rechnen kann und Schreiben. Und manchmal ist das auch ein Beruf. Weil meine Mama ist Lehrerin.

Nick: Meine Mama ist auch Lehrerin.

Jakob: Die Lehrerin sagt, was man machen soll.

Nick: Eine Erzieherin im Kindergarten sagt, ob man in den Magic Raum, in die Turnhalle oder ins Bällchenbad darf. Und wenn die Nein sagt, heißt das Nein. (...)

Nick: Ich freu mich am meisten auf die Pause, dann muss man nicht schreiben.

Jakob: Ich freu mich aber nicht auf die Pause. Weil wenn ich in eine Grundschule komme, da ist überhaupt nichts zum Spielen, da kann man nur Fahrrad fahren lernen.

Nick: Ich wechsel meine Schule.

Interviewer: Warum?

Nick: Weil da ist es total langweilig. Da ist nur ein Klettergerüst. Da kann man überhaupt nichts machen. Außer ein Weg, wo man Fahrrad lernen kann. Sonst ist da überhaupt gar nichts.

Im zweiten Interview geht es um eine gemeinsame Portfoliobetrachtung mit zwei fünfjährigen Jungen. Der Leitfaden besteht aus Fragen nach besonderen Erlebnissen, die in den Portfolios von Max und Alexander festgehalten wurden, und deren Bedeutung für die Kinder. Während der Betrachtung des Portfolios von Max entdecken beide ein Foto, auf dem er seinen dritten Geburtstag feiert. Während sie darüber diskutieren, wer und warum auf diesem Foto zu sehen ist, bekräftigen sie ihre feste Freundschaft. Es kommt zu einem Streitgespräch über Freundschaften, Mädchen, Regeln und Symbole des Miteinanders, das viel Aufschluss über die derzeitigen Weltansichten der beiden Jungen gibt. In einem Einzelinterview wäre dies in dieser Deutlichkeit wohl kaum herausgekommen. Alexander, der, wie sich später herausstellte, zum Zeitpunkt des dritten Geburtstages von Max noch gar nicht in der Einrichtung war, also auch noch gar nicht neben ihm hätte sitzen können, bietet am Ende des Gesprächs eine hervorragende Lösung für den Konflikt an und löst damit die Situation der Verunsicherung für beide auf. Er vermutet, dass er gegenüber gesessen hat und deshalb auf dem Foto nicht zu sehen war.

Praxisbeispiel

Interviewer: Was ist denn das hier? Da steht: Der dritte Geburtstag.

Alexander: Hey Max, zeig! Halt, halt, halt!

Max: Da bin ich.

Alexander: Hey, wer ist das?

Max: Weiß ich nicht.

Alexander: Hey, wer sitzt denn neben dir?

Max: Weiß ich doch nicht.

Alexander: Wer ist das denn?

Max: Keine Ahnung.

Alexander: Der Lucca?

Interviewer (liest aus dem Portfolio): Jasmin und Lisa-Marie dürfen neben dir sitzen. Zuerst singen wir das Geburtstagslied. Du hast Geburtstag. Darum feiern wir ein kleines Fest.

Alexander (macht Schießgeräusche): Mann, du bist ja Mädchen-fan!

Max: Nö.

Alexander: Wieso sitzen dann die zwei Mädchen neben dir?

Max: Ey, ich wollt eigentlich, dass du ... Aber ich wusste nicht, wo du bist.

Alexander: Ich war da hinten, gegenüber.

Diese Beispiele verdeutlichen, welche Vorteile die Methode der dialoggestützten Interviews hat: Die Kinder kommen leichter auf die für sie wichtigen Aspekte eines Themas und regen sich gegenseitig an, von ihren Erfahrungen und Vorstellungen zu berichten. Es ist gut möglich, dass vieles, was Jakob und Nick in dem Gespräch gesagt haben, in einem Einzelinterview unausgesprochen geblieben wäre, weil der Interviewer gar nicht auf die Idee gekommen wäre, danach zu fragen. Max und Alexander hätten ebenso wenig in einem Einzelinterview deutlich machen können, wie sehr ihnen an ihrer Freundschaft gelegen ist und wie sie gegenwärtig über Jungen- und Mädchenrollen denken.

Vorteile der Methode des dialoggestützten Interviews

Erzählschleifen und Gedankensprünge: Überraschungen im Interview

Interviews mit Kindern zeichnen sich durch eine besondere Spannung aus, weil es immer wieder zu überraschenden Antworten und Wendungen kommt. Dies ist bei Interviews mit Erwachsenen zwar auch so, bei Kinderinterviews sind diese Wendungen aber aufgrund der unterschiedlichen Perspektiven für den Erwachsenen noch schwieriger und manchmal auch gar nicht nachzuvollziehen.

Die 100 Sprachen der Kinder

Wenn Kinder sich in der Situation wohl fühlen und gerne erzählen, sind sie ausgesprochen kooperative Gesprächspartner und versuchen, dem Zuhörer mit verschiedenen Erklärungsformen und unterstützt durch Mimik und Gestik ihre Worte verständlich zu machen. Wenn wir es schaffen, uns auf diese verschiedenen Kommunikationsformen – die 100 Sprachen der Kinder – einzulassen, wird es uns leichter fallen, den Gedanken der Kinder nachzuspüren.

Kinder brauchen viel Zeit, um sich in ihren Gedanken und Äußerungen entwickeln zu können. Sie brauchen Wiederholungen, Metaphern und Themenwechsel, die sie allerdings selbst einleiten. Diese Gesprächsautonomie sollten wir zulassen. Fragen sollten nur das letzte Mittel im Interview mit Kindern sein, weil Fragen immer eine Unterbrechung der Gedankengänge darstellen und Kinder auch verwirren können. Manche Kinder reagieren dann irritiert mit Rückfragen, weil sie das Gefühl haben, ihnen wurde nicht zugehört („Das habe ich dir doch schon gesagt"), oder verunsichert, weil sie denken, sie haben etwas falsch erklärt und brechen womöglich das Gespräch ab.

Anregungen für die Praxis

Interviews mit Kindern sollte man üben. Je öfter man Kinder interviewt, desto sicherer und natürlicher verhält man sich dann auch dabei. Wählen Sie für die ersten Interviews zwei Kinder aus, die Sie gut kennen und die miteinander befreundet sind.

Laden Sie Kinder, die sie für besonders aufgeschlossene Gesprächspartner halten, zu Ihrem Interview ein und fragen Sie sie, ob sie Lust dazu haben. Suchen Sie sich ein dankbares Thema für das Interview aus – ein Thema, das die Kinder gerade besonders beschäftigt und interessiert.

Bei Kindern, die bald in die Schule kommen, ist das Thema „Was ist Kindergarten – Was ist Schule" gut geeignet. Sie werden verwundert sein, wie sehr sich die Kinder mit dem Thema beschäftigen und wie viele Gedanken sie sich darüber machen. Andere „einfache" Interviewthemen sind aktuelle Ereignisse (z.B. Fußballweltmeisterschaft, Ferien, Weihnachten, Familie, Freunde oder Haustiere). Mit wachsender Übung (auch die Kinder erwerben zunehmend Kompetenzen in solchen Gesprächen) können Sie auch komplexere Themen wählen. Zum Beispiel: Was ist Glück? Wie und wann wird man erwachsen? Wozu gibt es Träume? Darf man lügen oder schummeln? Wovor hat man Angst? An was glaubt man? Beschränken Sie sich in allen Interviews auf die Rolle der interessierten Zuhörerin bzw. des interessierten Zuhörers. Die Rollen von Interviewer und Interviewten sollten nicht vermischt werden. Man kann aber durchaus auch einmal die Rollen tauschen. Dann interviewen die Kinder und man selbst legt seine Gedanken, Ideen und Wünsche offen. Eine weitere Möglichkeit ist, an das Interview anknüpfend später ein philosophisches Gespräch anzuschließen, bei dem die Gesprächspartner ihre Ansichten zu einem Thema austauschen. Zunächst einmal sind aber die Kinder diejenigen, die zu Wort kommen sollen, und hierfür brauchen sie soviel Zeit wie sie möchten. Philosophische Gespräche sollten daher von dem eigentlichen Interview getrennt ablaufen und nicht vermischt werden.

Bereiten Sie das Interview vor, indem Sie sich selbst den nötigen Freiraum schaffen und sich mit den beiden Kindern zu einem Interview verabreden. Machen Sie deutlich, warum Sie dieses Interview führen wollen (z.B., weil Sie es gerne in das Portfolio einbringen würden) und fragen Sie die Kinder, ob sie damit einverstanden sind. Suchen Sie sich für das Interview einen ruhigen, gemütlichen Ort und machen Sie es sich bequem. Wenn möglich, sollte das Interview digital aufgezeichnet werden (wenn die Kinder das wollen), weil man wertvolle Informationen noch einmal später anhören oder die Aufnahme auch auf CD brennen und in das Portfolio einfügen kann.

Nennen Sie zu Beginn des Interviews das Thema – wohl wissend, dass es im Verlauf des Interviews zu ganz anderen Punkten kommen kann, die die Kinder damit verbinden. Wählen Sie zum Gesprächseinstieg eine eindeutige Erzählaufforderung – zum Beispiel: „Ihr kommt ja jetzt bald in die Schule. Das finde ich spannend und ich möchte ganz viel darüber wissen. Erzählt doch mal genau, wie das für euch ist, jetzt ein Schulkind zu sein." Um noch deutlicher zu machen, dass man etwas Neues lernen möchte, kann man das Interview zum Beispiel auch folgendermaßen einleiten: „Stellt euch doch mal vor, ich komme aus einem ganz anderen Land und weiß überhaupt nicht, was ein Kindergarten und was eine Schule ist. Könnt ihr mir mal ganz genau erklären, was der Unterschied ist?" Eine weitere Einstiegshilfe sind Vignetten, zum Beispiel Fotos oder Zeichnungen aus Bilderbüchern, in denen eine bestimmte Szene zu sehen ist. Möchten Sie über das Thema Trauer und Wut sprechen, bietet es sich an, Bilder von traurigen oder wütenden Menschen zu zeigen und die Kinder zu ihren Ideen und Gedanken über diese Personen zu interviewen. Im Laufe des Interviews wird man schnell auch auf die eigenen Erfahrungen der Kinder mit diesen Gefühlen und ihren Umgang damit zu sprechen kommen.

Glückt der Einstieg in das Interview, entwickelt sich das Gespräch über die Dialoge der Kinder fast von selbst. Das Gespräch wird sich auch zu einem guten Stück thematisch verselbstständigen, weil bestimmte Stichwörter (z.B. Geschwister, Berufe, Computer) die Kinder wieder auf neue, interessante Ideen bringen. Ihre Gesprächsführung sollte möglichst nachspürend sein, das heißt, zunächst geht es einmal darum, die Gedanken der

Kinder nachvollziehen zu können. Dafür sind Erzählschleifen und Gedankensprünge manchmal nötig. Um nach einiger Zeit aber wieder zurück zum Thema zu kommen, können Sie Stichworte abwarten, an die sie eine themenzentrierte Frage anschließen – zum Beispiel: „Jetzt habt ihr gerade von euren Geschwistern gesprochen. Erzählt doch mal, was die in der Schule so machen und was die von der Schule berichten."

Ein guter Abschluss ist ebenso wichtig wie ein guter Einstieg ins Interview. Wenn Sie merken, dass die Konzentration und Lust der Kinder nachlässt, können Sie sie fragen, ob das Interview beendet ist. Wenn das Interview aus zeitlichen Gründen abgebrochen werden muss, die Kinder aber noch mittendrin in ihren Erzählungen sind, sollten Sie deutlich zum Ausdruck bringen, wie schade die Unterbrechung des Interviews ist und dass Sie es gerne bei nächster Gelegenheit fortsetzen möchten.

Sensible Themen und Lösungen

Interviews stellen sehr persönliche, vertrauliche Situationen dar. Zwar kann es auch ausgesprochen lustige Interviews geben, in denen viel gelacht oder auch herumgealbert wird (auch das muss möglich sein). Oft werden wir aber die Erfahrung machen, dass Kinder sehr ernst über sich und die Dinge der Welt sprechen. Auch kommen sensible Themen, die im Alltagsgeschehen kaum Raum finden, fast unweigerlich in Interviews zur Sprache. So wird von Streitigkeiten zu Hause, Ängsten oder Trauer, Trennungen und Verlusten oder anderen Problemen berichtet. Es gehört zu den ethischen Grundsätzen, mit allem Gesagten sensibel und vertraulich umzugehen. Darin unterscheiden sich Interviews mit Kindern nicht von denen mit Erwachsenen.

Wenn Kinder von Problemen sprechen, die sie belasten, zeigt dies, dass diese Schwierigkeiten im Vordergrund stehen, dass sie die Gedanken der Kinder einnehmen. Die Kinder suchen nach Lösungen für diese Probleme. Hierauf sollten Erwachsene, die

Interviews stellen sehr vertrauliche, persönliche Situationen dar

Kinder interviewen, vorbereitet sein. Es gehört zu den Kompetenzen des Aufmerksamen Zuhörens, die Betroffenheit des Gesprächspartners empathisch nachempfinden und ausdrücken zu können und unmittelbar im Gespräch angemessen zu reagieren. Unter Umständen ist es dabei auch erforderlich, die Rolle des aufmerksamen Zuhörers zu verlassen und zum Ratgeber zu werden, der dem Kind Lösungen anbietet, um mit den Schwierigkeiten des Lebens besser zurechtzukommen.

4.4   Gespräche ohne Worte

Signale für Interesse und Wertschätzung

Was kann man machen, wenn ein Kind nicht mit einem spricht? Wenn es nicht von sich aus auf einen zukommt und sich mitteilt? Was ist, wenn es nicht auf Intervieweinladungen und Gesprächsangebote eingeht? Wir sollten diesen Kindern sagen und zeigen, dass dies vollkommen in Ordnung ist. Sie bekommen alle Zeit, die sie brauchen, um sich an Gesprächen zu beteiligen. Niemand drängt sie, aus sich herauszugehen. Denn wir wissen (auch aus eigener Erfahrung), dass es Situationen gibt, in denen einem die Worte fehlen, in denen man lieber Zuhörer oder Beobachter und nicht Erzähler oder Darsteller ist. Und wir wissen, dass es überhaupt keinen Sinn hat, zu einem Gespräch überredet oder gar gezwungen zu werden. Solche Gespräche würden niemals zu einem positiven Erlebnis werden.

Kinder haben eine große Sehnsucht nach dem gesprochenen Wort

Aber wir sollten nicht müde werden, unser Interesse an den Kindern mit all ihren Aktivitäten, Ideen und Gefühlen zu signalisieren und dies immer auch mit Worten zum Ausdruck bringen. Kinder haben eine große Sehnsucht nach dem gesprochenen Wort. Und gerade Kinder, die eher in der Beobachter- und Zuhörerrolle sind, werden jedes einzelne Wort aufnehmen und abspeichern.

Über Beobachtungen kann man sehr gut Nähe zu den Kindern herstellen, weil man daran anknüpfen kann, was sie gerade interessiert. Und sie bemerken auch, dass man sich interessiert. Auf diese Weise entwickeln sich ganz selbstverständliche Fragen: „Wie hast du das denn geschafft?" „Woher hast du denn diese tolle Idee gehabt?" Welcher Künstler oder Baumeister könnte solche Fragen schon unbeantwortet lassen? Es kann durchaus sein, dass die Kinder nicht verbal antworten, aber ihre stolzen Augen werden das Signal für Interesse und Wertschätzung erwidern. Auf nonverbale Antworten sollte möglichst genauso reagiert werden wie auf verbale. Wenn ein Kind nicht antwortet, aber auf ein bestimmtes Werkzeug zeigt oder Material bringt, um zu erklären, was es verwendet hat, kann ein Gespräch über das Werkzeug oder das Material beginnen. Je gelassener man mit den Nicht-Antworten der Kinder umgeht, desto leichter überwinden sie ihre Sprechhemmung. Und vielleicht sprudelt es auf einmal aus ihnen heraus.

Beziehungsaufbau im Zentrum

Gespräche sind nicht nur dazu da, um Informationen auszutauschen. Im Gegenteil – die Kommunikationsforschung zeigt, dass der wichtigste Wert der Kommunikation im Aufbau, in der Bestätigung und Weiterentwicklung von Beziehungen liegt. Bei Gesprächen mit Kindern sollte auch dieser Aspekt im Vordergrund stehen. Deshalb sind die Themen nur insofern wichtig, als dass sie das Interesse der Kinder treffen sollten. Und auch die Elaboriertheit der Sprache stellt für den Beziehungsaufbau überhaupt keine Hürde dar. Im Gegenteil: Mit Händen und Füßen, mit Blicken und Lachen lassen sich Beziehungen wunderbar aufbauen. Dennoch sollten auch Kinder, die aufgrund ihrer sprachlichen Kompetenzen noch nicht in der Lage sind, längere Gespräche zu führen, in den Genuss von vertrauten Gesprächssituationen kommen. Hierfür bieten sich die sogenannten „Pärchengespräche" besonders gut an. Diese Kinder werden mit ein oder zwei anderen eingeladen, über ein Thema zu berichten und identifizieren sich mit der Rolle der erzählenden Kinder, ohne selbst direkt etwas zu dem Interview beizutragen. Sie sind Zuschauer und Zuhörer und zugleich kann man sehen, wie sie innerlich an dem Gespräch beteiligt sind und es mit Interesse und Aufmerksamkeit verfolgen. Häufig erlebt man, dass die Kinder beginnen, leise vor sich hin zu sprechen, während die anderen Kinder reden. Und manchmal ergreifen sie das Wort, weil gerade ein Stichwort gefallen ist, zu dem sie auch ganz dringend etwas erzählen möchten. Die intensive und schöne Gesprächssituation verleitet sie gewissermaßen dazu, sich zu beteiligen. Die Hemmschwellen werden fast beiläufig abgebaut.

Was ist ein handelnder Dialog?

Ab welchem Alter kann man Kinder interviewen? Erst wenn sie in der Lage sind, ganze Sätze zu formulieren und Gedankengänge zu ordnen? Sicherlich nicht. Auch wenn durchaus schon Zweijährige anhand von Fotos ihre Welt auf ihre Weise erklären können, wird sich der verbale Austausch noch sehr in Grenzen halten. Umso wichtiger ist in den frühen Jahren ein handelnder Dialog, der Interesse und Wertschätzung über das Handeln ausdrückt. Kinder unter drei Jahren sind noch viel stärker als ältere Kinder darauf angewiesen, eine eindeutige Körpersprache der Erwachsenen „lesen" zu können, um sie zu verstehen. Sie achten daher wesentlich mehr auf die nonverbalen Signale. Drücken die Bezugspersonen durch ihre Körpersprache Angst und Unsicherheit aus, wird sich das Kind weniger zutrauen, als wenn es Zuversicht und Vertrauen in seine Fähigkeiten erkennt. Auch wenn die Worte („Das kannst du!") vielleicht die gleichen sind.

Über einen handelnden Dialog erschließen Kinder die Bedeutung der Sprache. Daher ist es wichtig, die eigenen Handlungen mit Worten zu begleiten. Es geht um Worte, die das Tun erklären, die Dinge beim Namen nennen oder auch die beabsichtigten Handlungen ankündigen. Ein handelnder Dialog soll aber auch ein Austausch von Bedeutungen sein, ein Austausch zwischen den Dialogpartnern. Professionelles Handeln in der Arbeit mit sehr jungen Kindern zeichnet sich durch Responsivität aus, durch ein angemessenes und promptes Reagieren auf die Signale des Kindes. Werden diese Reaktionen mit Worten unterstützt, lernt das Kind, den eigenen Ideen und Bedürfnissen Worte zu geben. Aus dem handelnden Dialog entwickelt sich mit zunehmenden sprachlichen Kompetenzen ein verbaler Dialog.

Ab welchem Alter können Kinder interviewt werden?

Über einen handelnden Dialog erschließen die Kinder die Bedeutung der Sprache

Mit Kindern in ihren Sprachen sprechen

Ältere Kinder, deren Deutschkenntnisse noch nicht ausreichen, um längere Gespräche führen zu können, sind in mehrfacher Hinsicht benachteiligt. Sie können sich nicht an Gesprächen beteiligen, sich also nicht altersangemessen mitteilen. Ihre Handlungsspielräume zur Entfaltung ihrer Interessen und Ideen sind entsprechend eingeschränkt. Und sie haben weniger Gelegenheiten zum Beziehungsaufbau. Denn die Beobachterrolle, die sehr jungen Kindern selbstverständlich zugestanden wird, wird bei ihnen leicht als mangelndes Interesse an Beziehungen zu den Erwachsenen fehlgedeutet. Empirische Untersuchungen zeigen, dass die Kontakte zwischen Pädagoginnen und Pädagogen zu Kindern mit Migrationshintergrund kürzer und weniger intensiv sind als zu anderen Kindern. Dies ist wiederum eng verknüpft mit den sprachlichen Kompetenzen der Kinder.

„Wir warten nicht darauf, bis die Kinder Deutsch können"

Anregungen für die Praxis

Ein gutes Spiel, um allen Kindern die gleiche Chance zur Kommunikation zu geben, ist die Pantomime. Einfache Pantomimespiele können zum Beispiel mit dem Erraten von Tiernamen oder Sportarten beginnen. Dies ist ein guter Einstieg, weil die Regeln einfach sind, meist alle Kinder erfolgreiche Rater und Darsteller werden können und Spaß an dem Spiel haben. Das Pantomimespiel lässt sich daraus weiterentwickeln. Auf diese Weise kann im Laufe der Zeit eine Zeichensprache mit komplizierten Symbolen für Mahlzeiten, Lieblingsbeschäftigungen, Gefühle, Freundschaften, Wünsche und Bedürfnisse entstehen. Gespräche ohne Worte strahlen, wenn sie sich aus solchen Spielen heraus entwickeln, eine besondere Faszination aus. Sie sollten aber nicht streng regelgetreu ablaufen. Wenn die Gespräche ohne Worte auf einmal in Gespräche mit Worten gewandelt werden, sollten wir dies zulassen – denn das war ja unser Hauptziel.

Gespräche in Leitungsfunktionen

5.1 Welchen Einfluss haben Leitungspersönlichkeiten und Leitungsprofile auf Gespräche?

Zu Beginn des Kapitels 3 wurde ein Ausschnitt aus einer Teambesprechung beschrieben. Welchen Eindruck haben Sie vom Führungsstil der Leitung in Erinnerung behalten? Handelt es sich um eine eher „starke" oder eine „schwache" Leiterin? Ist sie mutig in ihren Entscheidungen oder eher ängstlich? Gibt sie den Ton an, oder lässt sie sich selbst leiten?

Die Analysen haben deutlich gemacht, dass das Auftreten der Leitung in diesem Beispiel kein Zeichen von Stärke, sondern von

Schwäche ist. Sie macht Teambesprechungen zu reinen Verkündungsveranstaltungen, lässt keine Gespräche zu, weil sie Widerstände und Gegenargumente fürchtet. Eine solche Leitung ist Vortänzerin im Team, die ihre Rolle abzusichern versucht, indem sie ihre Mitarbeiterinnen wie Novizen behandelt. Mit einer solchen Haltung ist keine Weiterentwicklung der Einrichtung möglich. Denn die Weiterentwicklung eines Teams benötigt die Bereitschaft, sich mit veränderten Herausforderungen auseinanderzusetzen und gemeinsam daran zu wachsen.

Eine starke Leitungspersönlichkeit ist daran zu erkennen, dass sie es schafft, ihre Mitarbeiterinnen und Mitarbeiter zu einer Gruppe zu machen, deren gemeinsame Leistungen zielführender sind als die Einzelleistungen der Gruppenmitglieder. Um eine positive Gruppenentwicklung herbeizuführen, müssen drei Bedingungen erfüllt werden (vgl. Wellhöfer 1988):

- Die einzelnen Gruppenmitglieder müssen in ihrem Denken und Tun unabhängig genug sein, um selbstverantwortlich zu handeln. Sie müssen motiviert genug sein, eigenständige Lösungen zu entwickeln und im Team vorzustellen (Unabhängigkeit).
- Grundlage des gemeinsamen Arbeitens ist die offene Kommunikation. Es müssen demokratische Entscheidungsprozesse und eine Transparenz der Leitungsvorgaben gegeben sein (Kommunikation).
- Alle Gruppenmitglieder wertschätzen sich gegenseitig und akzeptieren ihre jeweiligen Rollen, Funktionen und Kompetenzen. Schwächere Gruppenmitglieder werden integriert und nicht ausgegrenzt (Akzeptanz).

Drei Bedingungen für eine positive Gruppenentwicklung

Diese drei Bedingungen sind die Vorraussetzung dafür, dass gruppendynamische Prozesse in eine positive Richtung laufen. Alle Mitarbeiterinnen und Mitarbeiter verstehen sich als Teil der Gruppe und verständigen sich auf gemeinsame Ziele, die sie gemeinsam als Team erreichen wollen („Wir-Gefühl"). Gleichzeitig sehen sie sich aber auch als Individuen, die mit ihrer Persönlichkeit, ihren Erfahrungen und Kompetenzen ihren eigenen

Teil zum Erfolg beitragen können. Ist der Konformitätsdruck zu groß, wird also nur noch mit einer Stimme gesprochen, können die Gruppenpotenziale nicht freigesetzt werden. Im günstigsten Fall werden die Vorgaben der Leitung zwar erfüllt, aber keine zusätzlichen Ideen, Angebote oder Lösungen für Probleme entwickelt. Im ungünstigsten Fall geht das Team ins innere Exil und blockiert mit Trägheit den Qualitätsentwicklungsprozess der Einrichtung.

In dem beschriebenen Beispiel hat die Leitung genau mit dieser Entwicklung zu kämpfen. Sie beklagt eine hohe Fluktuation im Team. Neue Teammitglieder verlassen nach wenigen Monaten wieder die Einrichtung. Die langjährigen Mitarbeiterinnen sind wenig motiviert und müssen sich ständig antreiben lassen. Auf eigene Ideen kommen sie nicht. Eine Reflexion über die Zusammenhänge zwischen Führungsstil und Teamentwicklung erfolgt bei dieser Leitung allerdings nicht.

Auf dem Weg zu einer kompetenten Leitungspersönlichkeit: Erfolgsfaktoren für die Praxis

Leitungskräfte sind nur so gut wie das Team es möglich macht, ist ein gängiger Ausspruch in der Praxis. Teilweise stimmt das. Leitungskräfte, die eine neue Stelle antreten, können tatsächlich Glück haben und in ein motiviertes, gut eingespieltes und kompetentes Team kommen. Man kann sich gut vorstellen, dass die Arbeit in einem solchen Team ähnlich leicht gelingt wie ein Gespräch mit einem kompetenten, interessanten und zugewandten Gesprächspartner. Was aber, wenn es nicht der Fall ist? Genau hier setzen die Kompetenzen an, die wir brauchen, wenn wir Leitungsfunktionen innehaben: mit den Bedingungen gut zurechtzukommen, die wir vorfinden. Und mehr noch: nicht nur irgendwie zurechtzukommen, sondern zu aktiven Gestaltern zu werden. Insofern braucht eine Leitung nicht ein gutes Team, sondern eine gute Leitung hat das Geschick, ein Team zu einem guten Team zu entwickeln.

Zu einer kompetenten Leitungspersönlichkeit kann man sich im Laufe der beruflichen Sozialisation entwickeln. Als Sozialisation wird das Hineinwachsen in gesellschaftliche Rollen und Aufgaben bezeichnet, das sich über eine aktive Auseinandersetzung mit anderen Menschen vollzieht (vgl. auch Kapitel 2). Die berufliche Sozialisation als Leitungskraft einer Einrichtung ist eng mit der eigenen Persönlichkeitsentwicklung verbunden. Die veränderten äußeren Realitäten (Leitungsverantwortung) führen zu einer aktiven Auseinandersetzung mit den neuen Herausforderungen und der eigenen Rolle im Rahmen dieser Herausforderungen.

Die berufliche
Sozialisation
basiert auf interaktiven Prozessen

Wie kann ich meine Ziele bestmöglich erreichen? Wie kann ich verantwortungsvolle Entscheidungen treffen? Wie kann ich für nachhaltige Lösungen sorgen? Wie kann ich erzielte Ergebnisse sichern? All diese Überlegungen finden aber nicht im stillen Kämmerlein statt, sondern in der Interaktion mit anderen. Die berufliche Sozialisation als Leitungskraft basiert auf einer Auseinandersetzung mit dem Team, dem Träger, den Eltern und Kooperationspartnern. In diesen interaktiven Prozessen werden neue Handlungskompetenzen erworben, die die Leitungspersönlichkeit prägen. Nimmt sich die Leitungskraft in Interaktionen als kompetent wahr, entwickelt sie ein positives Selbstbild in ihrer (neuen) Leitungsrolle, so führt das zu einer wachsenden Stabilität und Stärke. Dies wiederum hat positive Rückwirkungen auf die Interaktionen in ihrem beruflichen Umfeld: Sie wird als kompetente Leitungspersönlichkeit wahrgenommen und kann selbst ein positives Selbstbild als Leitung entwickeln. Interaktive Handlungskompetenzen und der Aufbau eines reflektierten Selbstbildes führen zu einer Persönlichkeitsentwicklung, mit der Herausforderungen erfolgreich bewältigt werden (vgl. Hurrelmann 2001).

Anregungen für die Praxis

- Eine Leitung ist verantwortlich für die pädagogische Qualität der Einrichtung und zunehmend auch für die Gestaltung der Strukturen, für Personalentwicklung, Budgetverantwortung, Zusammenarbeit mit Eltern, Netzwerkaufbau. Diese Verantwortung kann sie punktuell delegieren und auf mehrere Schultern verteilen, zum Beispiel, indem sie Qualitäts- oder Beobachtungsbeauftragte benennt. Die Verantwortung für das gesamte System behält aber immer die Leitung und ist sich dessen jederzeit bewusst.
- Bei der Leitungstätigkeit geht es um eine Vision, ein Leitziel: die Qualität der pädagogischen Arbeit in der Einrichtung. Das bedeutet, dass alle Entscheidungen, die eine Leitungskraft trifft, sich mit dem Ziel, die Kinder in ihren Bildungs- und Entwicklungsprozessen bestmöglich zu unterstützen, vereinbaren lassen. Es geht nicht um die eigene Position als Leitung, die Bestärkung der eigenen Führungsrolle oder Macht, sondern es geht darum, den Kindern bestmögliche Voraussetzungen zu bieten.
- Über die beruflichen Erfahrungszusammenhänge und Weiterbildungen werden Handlungskompetenzen erworben in Bezug auf Selbstreflexivität, Management, Fachwissen, Personalführung sowie Öffentlichkeitsarbeit. Auch verfügt eine gute Leitung über eine breite Allgemeinbildung und kann Fachleute von außen in die Weiterentwicklung der Einrichtung einbeziehen.
- Eine gute Leitung zeichnet dauerhafte Lernfreude, Neugierde auf die Menschen und ihre Entwicklungspotenziale aus. Das Interesse an den Kindern und ihren Familien, die Auseinandersetzung mit Teammitgliedern und anderen professionellen Akteuren unterstützt die eigene Persönlichkeitsentwicklung. Die Lernfähigkeit hilft, mit neuen Herausforderungen erfolgreich umzugehen.

GESPRÄCHE IN LEITUNGSFUNKTIONEN

- Gestaltungsspielräume und Möglichkeiten zu Veränderungen werden erkannt und genutzt. Eine gute Leitung hat die Fähigkeit, aus den gegebenen Rahmenbedingungen vor Ort das Beste zu machen. In Bezug auf das Personal bedeutet diese Fähigkeit, auch schwächere Teammitglieder mitzunehmen.

Um ein gutes Team zu entwickeln, müssen Räume für reflexive Schleifen geschaffen werden. Teams müssen sich zunächst finden und bilden, um sich dann aber kontinuierlich weiterzuentwickeln. Leitungskräfte können diesen Teamentwicklungsprozess unterstützen, indem sie sich selbst als einen Teil davon sehen und über die Fähigkeit verfügen, selbstreflexiv mit dem eigenen Können und den Wirkungen dieses Könnens umzugehen. Geben Leitungen diesem Teamentwicklungsprozess keinen Raum, kommt es zu degressiven Schleifen. Dann entwickelt sich ein Team rückwärts, und Kompetenzen, die eigentlich vorhanden sind, verlieren sich.

Dem Teamentwicklungsprozess Raum geben

5.2 Gespräche in Leitungsfunktionen gestalten

Die Fähigkeit, Gespräche kompetent zu gestalten, gehört neben den pädagogischen Fachkompetenzen wohl zu den wichtigsten Voraussetzungen für Leitungsfunktionen. Gespräche müssen den ganzen Tag über geführt werden: mit dem Team, mit Eltern, mit dem Träger, mit Kooperations- und Netzwerkpartnern, mit politischen Vertretern, Sponsoren und Förderern. Jedes Gespräch hat einen anderen Grund und eine andere Zielrichtung und muss dementsprechend angemessen gestaltet werden. Je größer die kommunikativen Fähigkeiten einer Leitungskraft, je geschickter sie sich in Gesprächen verhält, desto erfolgreicher ist sie.

Kommunikation: die wichtigste Aufgabe einer Leitungskraft

Die Fähigkeit, Gespräche zu gestalten, macht sich oftmals an Kleinigkeiten bemerkbar:

- Signale der Bereitschaft zur Kommunikation („Offenes Büro")
- Begrüßungs- und Abschiedsrituale als Zeichen persönlicher Zuwendung
- Das Interesse am Gegenüber: Aufmerksam in jeder Situation
- Humor und Gelassenheit: Über vieles lässt sich entspannt besser sprechen
- Ernsthaftigkeit, wenn es die Situation erfordert: Jede Sorge wird ernst genommen
- Klarheit: Gedanken und Gefühle werden so geäußert, dass sie verstanden werden
- Stärkenorientierung: Die Kompetenzen der anderen werden beachtet und benannt
- Zielorientierung: Die Leitziele und ethischen Grundsätze der Einrichtungen werden beachtet und kommuniziert.

 Praxisbeispiel

Es ist 7.20 Uhr am Montagmorgen. Herr W. kommt in seine Einrichtung und öffnet Türen und Fenster, um die frische Morgenluft in die Räume strömen zu lassen. Er begrüßt die ersten beiden Kolleginnen, die kurz nach ihm in die Kita kommen und heute im Frühdienst eingeteilt sind, und sie verabreden sich zu einer Tasse Kaffee im Gruppenraum „Sonnenblume" gegen 8.15 Uhr. Um 7.45 Uhr kommen die ersten Kinder, die ihm gleich mit ihren Wochenendgeschichten in die Arme laufen. Er freut sich mit den Kindern über ihre Erlebnisse und begrüßt auch die Eltern. Mit ihnen spricht er kurz über das bevorstehende Projekt „Wassermühle" und lädt sie ein, an einem Vormittag mitzubauen, wenn sie Zeit haben.

Als es 9 Uhr ist, sind fast alle Kinder mit ihren Eltern angekommen – die meisten von ihnen schauen kurz in sein Büro hinein und begrüßen ihn. Beim letzten Umbau der Kita hat Herr W. da-

Ein Tag voller guter Kommunikation

GESPRÄCHE IN LEITUNGSFUNKTIONEN

für gesorgt, dass sein Büro gleich neben dem Eingang liegt und Glastüren hat. Wenn er nicht telefoniert oder in einem Gespräch ist, ist die Tür aber ohnehin auf. „So bin ich für alle mehr da" ist seine Begründung. Mails und Post lassen sich auch bei einem gewissen Geräuschpegel erledigen, Kinderstimmen haben ihn noch nie gestört. „Die Kinder sollen mein Büro kennen und auch nutzen, zum Beispiel wenn sie mal eine Kopie machen müssen oder mir ganz dringend ein Bild zeigen wollen. Ich bin zwar vom Gruppendienst freigestellt, aber trotzdem für sie da. Das ist mir wichtig."

Am späten Vormittag ist ein Termin auswärts mit dem Träger und einem Bauträger – es geht um einen Erweiterungsbau, der im nächsten Jahr beginnen soll. Herr W. ist gut vorbereitet: Er hat Argumente für die Größe und Anordnung der Räume gesammelt (es sollen eine Nestgruppe, ein zusätzlicher Bewegungsraum und ein Kindercafé eingerichtet werden, um schrittweise eine offene Gruppenarbeit zu ermöglichen) und präsentiert sie so überzeugend, dass er sich weitgehend damit durchsetzt. In die Vorbereitung hatte er den Elternbeirat sowie sein Team einbezogen und eine abgestimmte Entscheidung herbeiführen können.

Als er in die Kita zurückkommt, wird er gleich an der Tür von einer aufgebrachten Mutter abgefangen. Ihr Kind hatte ein neues Spielzeug mit in die Kita gebracht und konnte es beim Abholen nicht mehr finden. Die Gruppenerzieherin hatte nur gemeint: „Darauf kann ich nicht auch noch aufpassen. Am besten lässt man so etwas zu Hause." Diese Bemerkung findet die Mutter angesichts ihres untröstlichen Kindes unangebracht und beschwert sich nun bei Herrn W. Er schlägt vor, für den nächsten Tag eine gemeinsame Suche nach dem Spielzeug anzuregen und sagt zu dem Kind, dass er sich sehr gut vorstellen könne, wie traurig es ist. Er sei sich aber sicher, dass das Spielzeug wieder auftauchen wird.

Mit der Mutter vereinbart er einen Gesprächstermin, um gemeinsam mit der Gruppenerzieherin über die Auseinandersetzung zu sprechen und die unterschiedlichen Standpunkte zu klären.

In dem anschließenden Gespräch mit der Erzieherin in seinem Büro, die ebenso aufgebracht über den Vorfall ist, machte Herr W. deutlich, dass ihre Reaktion (Benennung der Regeln) zwar in der Sache richtig war, bei der Mutter aber als Bevormundung und Abwertung angekommen ist. Er überlegt mit der Erzieherin gemeinsam, wie eine bessere Alternative aussehen könnte.

Am Nachmittag stehen Entwicklungsgespräche mit zwei Eltern auf dem Programm. Diese führt Herr W. auf der Grundlage des Portfolios und mithilfe von Videosequenzen. Am Anfang des Gesprächs dürfen auch die Kinder dabei sein und von ihren Erfahrungen und Erlebnissen in der Kita erzählen. Beide Gespräche verlaufen aus Sicht der Beteiligten sehr gut. Sie können sich im Gespräch über weitere Schritte und Maßnahmen zur gezielten Förderung der Kinder verständigen.

Die vierzehntägige Teambesprechung montags von 17 bis 19 Uhr verläuft ebenfalls sehr zufriedenstellend. Herr W. hat diese Sitzung wie immer im Vorfeld mit einer Kollegin vorbereitet. In der Co-Moderation gelingt es, innerhalb der begrenzten Zeit alle Tagesordnungspunkte durchzusprechen und Entscheidungen zu treffen. Organisatorisches wird wie immer am Ende der Sitzung in aller Kürze geklärt und delegiert („Wer macht was"). Um 19.20 Uhr verlässt Herr W. die Einrichtung.

Rollenerwartungen und Rollenzuschreibungen in Gesprächen

Von Leitungskräften wird viel erwartet. Es wird erwartet, dass sie in ihrer Rolle eine Einrichtung führen können, also vorangehen auf dem Weg zu einem bestimmten Ziel. Von ihnen wird erwartet, dass sie Verantwortung tragen: für das Wohl der Kinder, die Erfüllung des Bildungs- und Erziehungsauftrags, den Erhalt der Kita, die Zufriedenheit der Mitarbeiterinnen und Mitarbeiter, die Sicherung der Arbeitsplätze. Von ihnen wird erwartet, dass sie integrieren können und das Team zusammenführen und dass sie sich im Sinne der Einrichtung durchsetzen können. Kurz: Die Rollenerwartungen, die mit einer Leitungstätigkeit verbunden werden, sind groß. Solange sich diese nicht widersprechen und auch mit den eigenen Rollenerwartungen decken, gibt es keine Diskrepanzen.

Oft lassen sich die unterschiedlichen Erwartungen aber nicht ohne weiteres unter einen Hut bringen: Den Erwartungen der Eltern stehen die Erwartungen des Teams gegenüber, es gibt unterschiedliche Kräfte und Gegenspieler im Team, die jeweils die Unterstützung der Leitung für sich beanspruchen. Die Ideen der Kooperationspartner stehen im Widerspruch zu den Interessen des Trägers oder des Teams.

Widersprüche in den Rollenerwartungen

Hinzu kommen auch Widersprüche zwischen den eigenen und den Rollenerwartungen der anderen. An die Aufnahme einer Leitungstätigkeit wird die Erwartung geknüpft, größere Entscheidungs- und Handlungsspielräume zu haben als zuvor. Die eigenen Vorstellungen von bestmöglicher Förderung der Kinder, von der Zusammenarbeit mit Eltern und der Vernetzung mit Grundschulen können nun, so die Hoffnung, besser verwirklicht werden, weil mehr Zeit und mehr Möglichkeiten vorhanden sind, um an diesen Zielen zu arbeiten als im Gruppendienst. Was aber, wenn die anderen da nicht mitziehen? Werden vielleicht Veränderungen gar nicht gewünscht, weil sie mit Anstrengungen, Einstellungs- und Verhaltensänderungen oder auch mit Ängsten verknüpft sind? Es gehört zu den frustrierenden Anfangserfahrungen aller Führungskräfte, zu erleben, dass ihre guten Ideen, ihre Motivation und ihr Elan blockiert oder vielleicht sogar konterkariert werden. Vielleicht gibt es sogar „heimliche Leitungen" im Team, nämlich Fachkräfte, die schon seit langem dabei sind und sich über die Jahre eine starke Position aufgebaut haben, sodass niemand an ihnen vorbeikommt.

Kommen Rollenzuschreibungen hinzu, die nichts mit der eigentlichen Rolle der Leitung, sondern mit Alter, Geschlecht, Qualifikation, Aussehen oder sozio-kultureller Herkunft zu tun haben, wird die Sache noch komplizierter. Wird eine Leitungskraft nicht als Leitung akzeptiert, weil sie für zu jung oder zu alt gehalten wird, ihre Qualifikation infrage gestellt oder ihre Herkunft als nicht angemessen beurteilt wird, dann sind dies Dinge, gegen die man sich kaum zur Wehr setzen kann (weil sie so sind

Rollenzuschreibungen, die nichts mit der eigentlichen Leitungsrolle zu tun haben wie sie sind). In Konfliktsituationen werden Rollenzuschreibungen daher leicht zu K.-o.-Argumenten, wenn sie als Begründungen für fehlende Leitungskompetenzen herangezogen werden und nicht die Leitungskompetenzen selbst im Fokus stehen.

Eine zusätzliche Schwierigkeit bei der Ausfüllung der Leitungsrolle besteht in der häufig vorhandenen „Doppelrolle" als Teammitglied (z.B. Gruppenerzieherin) und als Leitung. In vielen Kitas sind die Leitungskräfte nicht oder nur teilweise freigestellt. Daher ist eine Auseinandersetzung mit der eigenen Rolle sowie mit den Rollenerwartungen und -zuschreibungen der anderen von großer Bedeutung. Eine solche Auseinandersetzung wird auch als Rollendistanz bezeichnet. Indem die eigene Rolle oder die verschiedenen Rollen, die wir innehaben, hinterfragt und mit Abstand betrachtet werden, kann eine Klärung darüber erfolgen, wie unser Verhalten von unseren Rollen bestimmt wird.

Nehmen wir noch einmal das Beispiel von Herrn W. und dem verlorenen Spielzeug. Die Mutter erwartet, dass der Kita-Leiter ihre Aufgebrachtheit versteht, seine Mitarbeiterin zu einem empathischeren Ton veranlasst und das Spielzeug wiederfindet. Seine Mitarbeiterin erwartet von ihm Rückendeckung und eine klare Ansage an die Mutter, sich künftig an die Regeln zu halten und im Gruppenraum nicht so aufzubrausen. Beide Erwartungen kann er nicht gleichzeitig erfüllen. Stellt er sich aber auf eine Seite, wird der Konflikt nicht beendet. Denn das Erinnern an die Regel („Kein Spielzeug von daheim") klärt zwar die Sachlage, aber nicht die getrübte Beziehung zwischen Pädagogin und Mutter. Und wir wissen aus der Kommunikationsforschung, dass die Beziehungsebene die Sachebene in vielen Fällen dominiert und in Konflikten häufig die tragende Rolle spielt. Dieses Dilemma versucht Herr W. zu lösen, indem er zu einem gemeinsamen Gespräch bittet.

Nun kann man fragen, ob es wirklich nötig ist, wegen einer solchen Kleinigkeit ein Gespräch zu initiieren, für das sich immerhin drei Personen Zeit nehmen müssen. Das Gespräch ist nötig! Nicht wegen des Anlasses, sondern wegen der heftigen Reaktion der Beteiligten. Offensichtlich stand der Streit um das verlorene

Spielzeug am Ende einer Serie unguter Kommunikationsversuche zwischen Mutter und Pädagogin. Anders ist die Reaktion der beiden nicht zu deuten. Das Gespräch zu dritt hat also zum Ziel, eine neue Basis der Zusammenarbeit zu schaffen, auf der solche Wortgefechte keinen Platz mehr haben. Es geht um eine neue Grundlage des gegenseitigen Vertrauens und der gegenseitigen Wertschätzung, die ein Kompetenzgerangel („Wer hat was zu sagen und wer darf was erlauben") überflüssig macht. Ein solches Gespräch lohnt sich, weil es nicht nur das Verhältnis zwischen den beiden verbessert und damit unmittelbar dem Wohlbefinden des Kindes zugute kommt, sondern weil es Ausstrahlungseffekte hat. Eine Kultur des Dialogs baut sich schrittweise durch solche Gespräche auf. Der Lerneffekt gelingender Gespräche ist langfristig angelegt. Dies ist der Grund, warum Wortgefechte über vermeintliche Nebensächlichkeiten nicht stehengelassen, sondern von kompetenten Gesprächspartnern aufgegriffen und geklärt werden sollten. Eine solche Gesprächskompetenz ist daher eine der wichtigsten Kompetenzen von Leitungskräften.

Entwicklung eines Selbstkonzepts

Eine Leitungskraft durchläuft den Prozess einer neuen beruflichen Identitätsbildung. Sie muss ein Selbstkonzept entwickeln, das ihr eine dauerhafte Stabilität als Führungspersönlichkeit gibt. Dies geschieht, indem sich die Leitungskraft mit der Selbstwahrnehmung und der Fremdwahrnehmung ihrer Leitungsrolle und ihrer Person in dieser Rolle auseinandersetzt. Sie kann die an sie gerichteten Verhaltenserwartungen wahrnehmen, indem sie sich bewusst macht:

- Wer kommt in welcher Situation und mit welchem Anliegen auf mich zu? Welche Erwartungen werden explizit, welche implizit an mich gerichtet?
- Wer kommt nicht auf mich zu, obwohl diese Frage eigentlich Leitungssache ist? Welche Gründe kommen dafür in Frage? Wo besteht Klärungsbedarf?

Zur Entwicklung eines tragfähigen Selbstkonzepts ist die Fähigkeit zur Selbstdistanz und zur Reflexion notwendig. Denn die Verhaltenserwartungen der anderen werden mitbestimmt durch das eigene Verhalten oder beeinflussen das eigene Verhalten und lösen damit wieder Verhaltensreaktionen bei den anderen aus:

Die Fähigkeit zu Selbstdistanz und Reflexion

- Wie habe ich auf die verschiedenen Anliegen reagiert? In welcher Form bin ich auf die Erwartungen, die explizit oder implizit an mich gerichtet wurden, eingegangen?
- Wir haben andere auf mein Verhalten reagiert? Sind die von mir gewünschten oder erwarteten Reaktionen der anderen eingetreten? Gab es Missverständnisse oder Fehldeutungen? Wie hätte ich eindeutiger meine Anliegen, Ziele und Wünsche formulieren können?

5.3 Schlüsselsituation: Personalauswahl und Einarbeitung

Eine der zentralen Schlüsselkompetenzen für Leitungskräfte ist die Wahrnehmungs- und Urteilsfähigkeit in Gesprächen. Um ein gutes Team zu bilden, sollten bei der Personalauswahl die Handlungsspielräume, die der Träger der Einrichtungsleitung zugesteht, ausgeschöpft werden. Zu der Verantwortung für die Einrichtung und das Team gehört auch, die richtigen Leute für die richtigen Plätze auszusuchen. Ohne im Rahmen dieses Handbuchs die einzelnen Verfahrensschritte bei der Personalauswahl und -einarbeitung darstellen zu können, soll in diesem Kapitel auf die Bedeutung der Gesprächsgestaltung sowie der Wahrnehmungs- und Urteilsfähigkeit bei der Personalauswahl und Einarbeitung eingegangen werden.

Sich ein Bild machen: Wahrnehmungs- und Urteilsfähigkeit als Schlüsselkompetenz

Der erste Eindruck zählt. Verhaltensforscher kommen zu dem Ergebnis, dass in den ersten Sekunden des Kennenlernens vieles entschieden wird. Offensichtlich senden wir Signale aus und empfangen Signale von anderen, die dafür ausschlaggebend sind, ob wir uns sympathisch sind oder uns gegenseitig als Geschäftspartner schätzen. Das geschieht lange bevor die ersten Gespräche geführt werden. Aussehen, Stimme, Auftreten und im wahrsten Sinne des Wortes Augen-Blicke können eine zukünftige Beziehung zumindest vorbestimmen. Aber man kann sich auch täuschen. Der erste Schein kann auch trügen – wer hat diese leidvolle Erfahrung noch nie gemacht. Dass wir uns nicht immer auf unser Gefühl verlassen können, hat nicht nur etwas damit zu tun, dass wir manchmal tatsächlich an Menschen geraten, die sich so zu verstellen wissen, dass sie unsere Empfangssignale überlisten und sich unser Vertrauen erschleichen. Es gibt auch typische Wahrnehmungsverzerrungen, die ein objektives Urteil erschweren. Dazu gehören:

Typische Wahrnehmungsverzerrungen

- **Überbewertung eines einzelnen Merkmals:** Sticht ein besonders auffälliges Merkmal hervor, zum Beispiel sprachliche Gewandtheit, so ist man im ersten Moment geneigt, dieses Merkmal überzubewerten und die Einschätzung der fachlichen Kompetenzen oder die Grundorientierungen dieses Menschen etwas in den Hintergrund treten zu lassen. Bei der Überbewertung eines Merkmals kann es sich umgekehrt auch um eine Schwäche handeln (z.B. Unsportlichkeit), die angesichts der eigenen Präferenzen als negativ bewertet wird, auch wenn sie für die berufliche Tätigkeit keine große Bedeutung hat.
- **Der sogenannte Halo-Effekt:** Dieser Effekt besteht darin, dass die positive Wirkung eines Merkmals (z.B. Sympathie) alle anderen relevanten Merkmale überstrahlt („Halo" = Überstrahlung). Er bewirkt, dass gut aussehende, sympathische Menschen nachweislich bessere Einstellungs- und Karrierechancen haben, weil ihre fachlichen Kompetenzen und beruflichen Erfahrungen in einem positiveren Licht gesehen und zuweilen überschätzt werden. Es gibt aber auch einen negativen Halo-Effekt, bei dem die Fachkompetenzen von Menschen fälschlicherweise

schlechter eingestuft werden, weil sie mit ihrem unvorteilhaften Auftreten ein negatives Grundbild erzeugt haben.

- **Wahrnehmungsverzerrungen:** Sie werden sehr häufig durch positiv oder negativ besetzte Stereotype hervorgerufen. Bestimmte Sprachakzente gelten als sympathisch, andere nicht. Bestimmte Nationalitäten und Herkünfte werden mit Hochachtung bedacht, andere nicht. Solche Zuschreibungen, die weder für die fachlichen noch für die persönlichen Kompetenzen irgendeine Relevanz haben, prägen den ersten Eindruck und auch die Gesamtbeurteilung von Menschen und täuschen unter Umständen über deren eigentliche Stärken oder Schwächen hinweg.
- **Negativ-Verzerrung:** Obwohl wir uns ein objektives Urteil machen wollen, neigen wir dazu, negativen Wahrnehmungen stärkeres Gewicht zu geben als positiven. Dies ist psychologisch mit einer grundsätzlichen Alarmbereitschaft unseres menschlichen Wesens zu erklären. Signale, die uns „aufhorchen" lassen, weil sie für uns eine Bedrohung darstellen könnten, beeinflussen unser Verhalten. In beruflichen Situationen kann eine Negativ-Verzerrung also auch dann auftreten, wenn wir Konkurrenz oder Wettstreit befürchten und damit einen besonders kompetenten Bewerber als „Angeber" abtun.
- **Stimmungseffekt:** Dieser Effekt wird durch die eigene Befindlichkeit geprägt. Ist die Laune gut, werden die Gespräche entsprechend angenehmer. Die eigene gute Laune rückt die Bewerber dann in ein besseres Licht, weil wir bereit für ein erfolgreiches Bewerbungsgespräch sind. Sind wir selbst unter Druck, fühlen uns gehetzt oder empfinden unsere Leistungen als nicht genügend gewürdigt, werden wir mit einer negativen Stimmung in das Gespräch gehen und an allen Bewerbern etwas auszusetzen haben, weil sie es uns nicht recht machen können.

Um zu einer professionellen Beurteilung von neuen Mitarbeiterinnen und Mitarbeitern zu gelangen, ist es notwendig, die eigene

Wahrnehmung kritisch zu überprüfen und mögliche Wahrnehmungsverzerrungen aufzudecken. Dies kann im Anschluss an das Bewerbungsgespräch geschehen.

Anregungen für die Praxis

Bereiten Sie Einstellungsgespräche vor, indem Sie alle relevanten Informationen über die Bewerberinnen und Bewerber in einer Matrix zusammenstellen.

Bewerten Sie die Bewerberinnen und Bewerber vorab mithilfe begründeter Kriterien (Kompetenzraster).

Erstellen Sie einen Leitfaden für das Gespräch, mit dem offene Fragen geklärt werden können, der aber auch genug Freiraum für ein offenes Fachgespräch bietet (z.B. über Orientierungen, Leitziele, professionelle Beziehungsgestaltung).

Bereiten Sie das Gespräch hinsichtlich Raum, Licht, Bestuhlung, Getränkeversorgung so vor, dass eine freundliche, einladende und entspannte Atmosphäre entsteht. Wo würden Sie als Bewerberin am liebsten bei dem Gespräch sitzen?

Führen Sie das Gespräch nicht allein, aber übernehmen Sie die Rolle des Vorsitzes. Ziehen Sie je nach Größe Ihrer Einrichtung ein bis zwei Mitarbeiterinnen oder Mitarbeiter hinzu, die aufgrund ihrer Funktion und Erfahrung wertvoll für die Wahrnehmungs- und Urteilsbildung sind.

Binden Sie Ihre Mitarbeiterinnen und Mitarbeiter in das Gespräch ein, indem Sie ihnen bestimmte Themenfelder überlassen (z.B. Pädagogisches Konzept, Zusammenarbeit mit Eltern), zu denen sie Fragen stellen und mit der Bewerberin bzw. dem Bewerber ins Gespräch kommen.

Sorgen Sie für einen klaren Ablauf und halten Sie den Zeitplan ein. Erläutern Sie zu Beginn den Ablauf und die Möglichkeiten der Bewerberinnen und Bewerber, sich in das Gespräch einzubringen und die Fragen zu beantworten, aber auch selbst Fragen stellen

Einstellungsgespräche kompetent führen

zu können. Je klarer die Orientierung, desto schneller gewinnen die Bewerberinnen und Bewerber an Sicherheit im Gespräch.

Beenden Sie das Gespräch mit der klaren Aussage, in welcher Form und wann die Bewerberin/der Bewerber über das Ergebnis Ihrer Entscheidung informiert wird und wie das weitere Vorgehen im Bewerbungsverfahren aussieht.

Denken Sie daran, dass ein Bewerbungsgespräch immer auch ein Gespräch ist, bei dem Arbeitgeber um die Besten konkurrieren. Gerade in Zeiten knapper Fachkräfte in Kindertageseinrichtungen ist es also auch ein Bewerbungsgespräch in eigener Sache. Je besser der erste Eindruck von der Einrichtung ist, desto größer die Wahrscheinlichkeit, dass die Besten zusagen werden!

Werten Sie das Bewerbungsgespräch nach einem strukturierten Verfahren aus: Wie war der erste Eindruck? Hat sich der erste Eindruck im Gespräch bestätigt? Wo gab es Überraschungen? Was waren die hervorstechenden Merkmale im Gespräch (Halo-Effekte)? Was sind die größten Stärken? Wo liegen (noch) Schwächen? Welche zukünftigen Potenziale werden gesehen? Würde die Bewerberin/der Bewerber ins Team passen und warum? Wo gibt es offene Fragen und Knackpunkte, die noch geprüft oder besprochen werden müssen?

Eine gemeinsame Auswertung mit den an dem Gespräch beteiligten Kolleginnen und Kollegen hilft, mögliche Wahrnehmungsverzerrungen aufzudecken. Selbst wenn die Auswahl an Bewerberinnen und Bewerbern nicht groß ist und ganz offensichtliche Gründe für eine „schnelle Entscheidung" sprechen, lohnt sich eine sorgfältige Auswertung des Bewerbungsgesprächs, weil es die Grundlage für eine gute Einarbeitung und die langfristige Personalentwicklung darstellt.

Teilen Sie den Bewerberinnen und Bewerbern zeitnah Ihre Entscheidung (bzw. die des Teams) mit und begründen Sie diese. Laden Sie zu einer ein- oder mehrtägigen Hospitation in der Einrichtung ein, bei der die Beteiligten überprüfen, wie groß Gemeinsamkeiten und Unterschiede der pädagogischen Praxis sind und damit die Chancen für eine gute, zukünftige Zusammenarbeit.

Klarheit und Strukturen schaffen Orientierung und Sicherheit

Ein schriftliches Einarbeitungskonzept der Einrichtung und ein klarer Plan für die ersten Wochen sind für eine gute Qualität der Einarbeitung unerlässlich. Das Konzept bietet neuen Mitarbeiterinnen und Mitarbeitern die notwendige Orientierung und Sicherheit. Tägliche Gespräche ersetzt ein solches Konzept aber nicht. Je nach Organisationsstruktur und Personal werden die neuen Mitarbeiterinnen und Mitarbeiter mit den Kolleginnen der Gruppen- oder Funktionsräume im direkten Kontakt stehen. Gespräche über die tägliche Arbeit, über die Zusammenarbeit und Aufgabenverteilung innerhalb solcher Kleinteams sind notwendig, um ein selbstverantwortliches und engagiertes Team zu werden.

Reflexionsgespräche gehen über solche täglichen Arbeitsgespräche hinaus. Sie werden während der Einarbeitungsphase in regelmäßigen Abständen, mindestens einmal wöchentlich, geführt und sind Leitungssache. Reflexionsgespräche sollten nicht zwischen Tür und Angel, sondern im Büro und als Vier-Augen-Gespräche stattfinden. Bei den Reflexionsgesprächen geht es nicht nur um sachliche Informationen, sondern vor allem darum, eine Grundlage für gegenseitiges Vertrauen zu schaffen. Eine professionelle Beziehungsebene kann umso früher geschaffen werden, je besser die Einarbeitung gelingt.

Reflexionsgespräche sind Leitungssache

Mit Widersprüchen leben: Kognitive Dissonanzen aufdecken

Fragen zur Selbstreflexion

→ Stellen Sie sich vor, die von Ihnen eingestellte Mitarbeiterin entpuppt sich bei der Zusammenarbeit mit Eltern als weniger kompetent als Sie dies erwartet haben. Zumindest bekommen Sie nach einigen Wochen immer mehr Rückmeldungen von Eltern, die sich über die Zurückhaltung, bisweilen auch Unfreundlichkeit der neuen Pädagogin beschweren. Warum ist Ihnen das selbst nicht aufgefallen? ....

Wir neigen dazu, einmal getroffene Entscheidungen als „gut" zu bewerten – und zwar solange, bis wir eindeutige Hinweise erhalten, die uns zeigen, dass wir einer Fehleinschätzung unterlegen sind. Dieses Phänomen, in der psychologischen Forschung als „kognitive Dissonanz" bezeichnet, erklärt sich folgendermaßen: Innere Spannungen und Widersprüche erzeugen ein Unlustgefühl, das wir vermeiden möchten. Daher werden nach einer getroffenen Entscheidung, von deren Richtigkeit wir überzeugt sind, vor allem die Informationen gesammelt und ausgewertet, die uns darin bestätigen. Informationen, die auf das Gegenteil hindeuten, werden ignoriert oder als nicht relevant abgeschwächt. In dem Beispiel der neuen Mitarbeiterin wurden Signale, die auf eine unzureichende Kommunikation mit den Eltern hindeuteten, einfach übersehen. Jetzt, nachdem sich die Beschwerden der Eltern häufen, werden rückwirkend einige Signale erkannt, auf die man früher hätte reagieren sollen.

Sie wundern sich nun zum Beispiel darüber, dass die neue Kollegin morgens nicht persönlich die ankommenden Eltern (und Kinder) begrüßt, sondern meist an ihrem Platz im Gruppenraum sitzen bleibt und nur kurz aufschaut. Sie bemerken, dass sie auf die Anliegen der Eltern nur kurz angebunden reagiert und keine Tür- und Angelgespräche beim Abholen initiiert. In einem Reflexionsgespräch gehen Sie auf das Thema „Zusammenarbeit mit Eltern" ein. Dabei stellt sich heraus, dass Sie in Ihrer Einrichtung eine Kultur des Dialogs mit den Eltern entwickelt haben, die auf der Grundlage einer partnerschaftlichen Beziehung und Offenheit beruht. Für Ihre Mitarbeiterinnen und Mitarbeiter und auch für die Eltern ist es selbstverständlich, dass man sich so begrüßt, wie sich gute Nachbarn und Kollegen willkommen heißen: mit Namen und Händeschütteln. Tür-und-Angel-Gespräche ergeben sich automatisch, weil man sich gerne mitteilen möchte, was die Kinder erlebt und erfunden haben, und gemeinsam an der Entwicklung teilhaben will. Diese Selbstverständlichkeit des offenen, freundlichen Umgangs miteinander ist für die neue Mitarbeiterin aber neu. Den Begriff der „Erziehungspartnerschaft" kennt sie nur aus dem Lehrbuch. In ihrer vorherigen Einrichtung kam es kaum zu Gesprächen zwischen Pädagoginnen und Eltern. Neben jährlichen Entwicklungsgesprächen, die allerdings eher als Elternsprechtage mit kurzem Informationsaustausch und für alle Beteiligten als stressig erlebt wurden, gab es allenfalls Krisengespräche bei Verhaltensproblemen der Kinder. Diesen Gesprächen ging man solange es möglich war aus dem Weg. Die Erfahrungen der jungen Mitarbeiterin waren so grundlegend verschieden von der Praxis in Ihrer Einrichtung, dass es zu den aufgezeigten Missverständnissen und Schwierigkeiten kam, die die Eltern zuerst bemerkten.

Warum waren dies völlig verschiedenen Sichtweisen nicht schon im Bewerbungsgespräch zur Sprache gekommen? Zunächst einmal sind die sozialen Realitäten, in denen jeder Einzelne lebt, für ihn eine Selbstverständlichkeit. Der Umgangston untereinander, Freundlichkeit und Offenheit sind ja keine festen Größen, sondern immer nur im Vergleich zu anderen sozialen Realitäten zu messen und zu bewerten. Zwar wurde im Bewerbungsgespräch ausdrücklich darauf hingewiesen, wie wichtig Ihnen eine enge Zusammenarbeit mit den Eltern ist; aber dieser Grundsatz bestand auch in der Einrichtung aus der die neue Mitarbeiterin kam (nur anders umgesetzt). Die neue Kollegin, die unter der oftmals spannungsgeladenen Zusammenarbeit mit den Eltern gelitten hatte, hatte sich im Laufe der Zeit eine Vermeidungsstrategie angeeignet, bei der sie den Eltern und möglichen Konflikten lieber aus dem Weg ging. Dies aber konnte sie natürlich im Bewerbungsgespräch nicht zum Ausdruck bringen, denn es wäre bei der Kompetenzeinschätzung negativ zu Buche geschlagen. Ihr Verhalten in der neuen Einrichtung war daher eine Folge der Verunsicherung während ihrer Ausbildungs- und ersten Berufsjahre. Das Aufdecken des offensichtlichen Widerspruchs zwischen ihrer Einstellung („Eltern sind wichtige Erziehungspartner") und ihres Verhaltens war dringend notwendig, um ihre Professionalität im Umgang mit Eltern voranzubringen.

Für die professionelle Begleitung der Einarbeitungszeit bedeutet dies, dass Widersprüche zwischen der Vorstellung darüber, wie sich neue Mitarbeiterinnen und Mitarbeiter in der täglichen

> Widersprüche möglichst schnell aufdecken

Praxis verhalten sollten und ihrem tatsächlichen Verhalten möglichst schnell aufgedeckt werden müssen. Die engmaschige Begleitung in den ersten Wochen ist keine „Überwachung", sondern eine Unterstützung, um in die häufig ja unausgesprochenen Gesetze des beruflichen Alltags besser hineinzukommen. Kognitive Dissonanzen begleiten uns als widersprüchliche Gefühle durch diese Zeit der Einarbeitung. Je offener mit solchen Dissonanzen umgegangen wird, desto besser.

5.4 Professionalisierung des Teams: Gespräche zur Personal- und Teamentwicklung

Kompetenzen würdigen, Potenziale erkennen

Personalentwicklungsgespräche haben mehrere Ziele. Sie sollen die Kompetenzen der Mitarbeiterinnen und Mitarbeiter kontinuierlich weiterentwickeln. Personalentwicklungsgespräche sollen die Arbeitsmotivation und die Identifikation mit der Arbeit auf hohem Niveau halten. Sie sollen persönliche und fachliche Ziele zur Sprache bringen und individuelle Lösungen entwickeln. Sie sollen langfristig die Vereinbarkeit von Familie und Beruf ermöglichen und berufliche Spezialisierungen berücksichtigen. Sie sollen die Passgenauigkeit zwischen den Fähigkeiten und Kompetenzen der Mitarbeiterinnen und Mitarbeiter auf der einen Seite und den Anforderungen und Zielen der Einrichtung auf der anderen Seite verbessern. Personalentwicklungsgespräche sind damit ein wichtiges Instrument, um eine sichere Basis der Zusammenarbeit herzustellen und die Weiterentwicklung der Einrichtungsqualität zu ermöglichen. Viele Einrichtungen haben dies erkannt und Personalentwicklungsgespräche als regelmäßigen Baustein der Qualitätsentwicklung konzeptionell verankert.

Ein Kernelement der Personalentwicklung ist die Stärkung der Kompetenzen der Mitarbeiterinnen und Mitarbeiter. Daher kommen zunächst in einem Rückblick die Tätigkeiten zur Sprache, die in den letzten Wochen und Monaten ganz besonders erfolgreich waren. Diese Tätigkeiten werden nicht „pauschal" gelobt, sondern nach ihren Erfolgsfaktoren analysiert: Warum gelang es der Mitarbeiterin, so viele Eltern für einen Themennachmittag zu interessieren? Warum waren die Kinder über Wochen hinweg in einem Projekt hoch engagiert? Warum wird das Konzept der systematischen Beobachtungen in der Gruppe so gut umgesetzt? Warum gelang es, die krankheitsbedingten Ausfälle im Team abzufedern?

Analyse der Tätigkeiten nach Erfolgskriterien

Eine Analyse der Tätigkeiten nach Erfolgskriterien ist ein gutes Mittel zur Personalentwicklung, weil es einerseits die Motivation der Mitarbeiterin stärkt und ihr das Gefühl gibt, dass ihr Engagement beachtet und wertgeschätzt wird. Andererseits unterstützt es ihre Professionalität, weil die mit Erfolgen verbundenen Kompetenzen analysiert werden.

Werden die Kompetenzen anhand konkreter Situationen hervorgehoben und mit dem Erfolg in Verbindung gebracht, werden zugleich Wege aufgezeigt, auch in anderen Situationen kompetent handeln zu können. Eine Erweiterung der Kompetenzen erfolgt, indem diese übertragbar auf andere Situationen und Aufgaben werden.

Praxisbeispiel

Die systematische Anwendung von Beobachtungsverfahren einer Mitarbeiterin weist darauf hin, dass ein gut funktionierendes Beobachtungsmanagement in der Gruppe entwickelt wurde. Diese Managementfähigkeiten sind bedeutende Handlungskompetenzen im pädagogischen Alltag, die durchaus auch für andere Aufgaben gewinnbringend sind. Beispielsweise könnte die Mitarbeiterin die anderen Gruppen bei dem Aufbau eines eigenen (gruppenspezifischen) Beobachtungsmanagements fachlich unterstützen oder Vorschläge entwickeln, wie in den Teambesprechungen systematisch auch Fallbesprechungen stattfinden können und nicht wie bisher „leicht untergehen". Dass Beobachtungen in der Gruppe systematisch durchgeführt werden, ist auch auf zwei weitere wichtige Kompetenzen der Mitarbeiterin zurückzuführen: Selbstdisziplin und Teamfähigkeit. Dies zeigte sich in wissenschaftlichen Untersuchungen zur

Einführung der Bildungs- und Lerngeschichten in Kindertages-einrichtungen (vgl. Weltzien 2009a). Indem über die Beobach-tungen im Gruppenraum gesprochen wird, werden besondere Kompetenzen der Mitarbeiterinnen als „verborgene Schätze" gehoben.

Weichen für die Zukunft stellen

Daneben geht es in dem Personalentwicklungsgespräch auch um einen kritischen Rückblick auf die Arbeit der vergangenen Wochen und Monate: Was ist nicht gut gelungen? Wo gab es Unsicherheiten, Ärger oder Konflikte? Was waren mögliche Ursachen? Personalentwicklungsgespräche stellen, da sie vertraulich sind und nur zwischen Leitung und Mitarbeiterin stattfinden, eine hervorragende Gelegenheit für offene Worte dar.

Ein kritischer Rückblick sollte dabei so nüchtern wie möglich und so emotional wie nötig erfolgen. Es geht nicht um Angriff, Rückzug und Verteidigung, sondern darum, gemeinsam die Wege der Vergangenheit nachzuzeichnen, um die Weichen für die Zukunft zu stellen. Selbstdisziplin und Teamfähigkeit sind beispielsweise neben fachlichem Know-how wichtige Vorausset-zung für Innovationen, die in der Einrichtung gerade anstehen. Wenn es gelingt, offen über diese – manchmal tabuisierten – Personalthemen zu sprechen, eröffnen sich neue Chancen für eine gelingende Zukunft. Als geeignetes und vielfach erprobtes Inst-rument der Personalentwicklung hat sich die sogenannte SWOT-Analyse bewährt.

Anregungen für die Praxis

Die SWOT-Analyse (**S**trengths = Stärken, **W**eaknesses = Schwä-chen, **O**pportunities = Chancen, **T**hreats = Risiken) wird in vielen Unternehmen und Branchen als Instrument des strategischen Managements eingesetzt. Sie dient dazu, systematisch und dif-ferenziert Stärken und Schwächen einer Organisation (bzw. Teile dieser Organisation) sowie Chancen und Risiken für diese Organisation ausfindig zu machen. Die SWOT-Analyse bildet daher eine fundierte Grundlage dafür, Lösungswege zur „Stärkung der Stärken" und zur „Schwächung der Schwächen" zu entwickeln. Als Instrument bietet sich eine SWOT-Matrix an, deren Kern Fragestellungen zur Selbstreflexion bilden (vgl. Welge/Al-Laham 2008).

Bezogen auf die Einschätzung der geleisteten Arbeit in der Kita könnten zum Beispiel folgende Fragen gestellt werden:

Stärken	Schwächen
Was waren die größten beruflichen Erfolge – welche Gründe gab es dafür?	Was lief unbefriedigend – welche Gründe waren verantwortlich?
Chancen	**Risiken**
Wo liegen Chancen der beruflichen Weiterentwicklung? Welche Rahmenbedingungen sind günstig?	Was könnte die zukünftige Arbeit erschweren oder behindern? Welche Rahmenbedingungen sind ungünstig?

Prosoziales Verhalten: Förderung sozialer Verantwortung als Kernaufgabe

Der Begriff prosoziales Verhalten muss zunächst definiert werden. Im Gegensatz zu sozialem Handeln, bei dem es um den neutralen Begriff des gesellschaftlichen Zusammenlebens geht, beinhaltet der Begriff prosoziales Verhalten, dass anderen Menschen Hilfe und Unterstützung gewährt wird. Es gibt sehr viele verschiedene Ausprägungen hilfreichen Verhaltens und große kulturelle Unterschiede, wie sich prosoziales Verhalten äußert. Prosoziales Verhalten ist im Vergleich zu anderen Verhaltensweisen (z.B. Kooperation) durch eine zumindest phasenweise Einseitigkeit gekennzeichnet: Demjenigen, der Hilfe braucht, wird geholfen. Dabei wird keine Gegenleistung ausgehandelt und auch nicht erwartet. Prosoziales Verhalten folgt anderen Motiven als beispielsweise geschäftliche Verhaltensweisen. Das Gefühl, dem anderen etwas Gutes getan zu haben, eine Situation verbessert oder eine Lösung gefunden zu haben, ist ein gutes Gefühl und bestätigt das eigene Handeln. Aber auch das Gefühl, dem anderen Menschen gegenüber verpflichtet zu sein, im Bedarfsfall zu helfen, kann prosoziales Verhalten motivieren. Beide Aspekte spielen in pädagogischen Berufen eine große Rolle.

Grundsätzlich gilt prosoziales Verhalten als wichtige und fördernswerte menschliche Eigenschaft. In pädagogischen Berufen gehört prosoziales Verhalten zur Professionalität und muss entsprechend ausgebildet und weiterentwickelt werden. Pädagoginnen und Pädagogen haben die Aufgabe, auf die Bedürfnisse der Kinder angemessen zu reagieren und sie in ihren Entwicklungsaufgaben bestmöglich zu unterstützen. Hierfür ist die Fähigkeit, sich in die Bedürfnisse der Kinder einfühlen zu können und empathisch zu sein, besonders wichtig. Prosoziales Verhalten hat also viel mit Empathie und Responsivität zu tun.

In pädagogischen Berufen gehört prosoziales Verhalten zur Professionalität

Prosoziales Verhalten ist aber auch im Kontext der Zusammenarbeit mit Eltern eine wichtige pädagogische Aufgabe. Denn über den engen Austausch sollen die Eltern bei der Wahrnehmung ihrer Erziehungsverantwortung unterstützt und professionell begleitet werden. Prosoziales Verhalten in Elterngesprächen zeigt sich unter anderem darin, gemeinsam nach realistischen Lösungen zu suchen, die die Eltern auch bewältigen können, ohne deren Verhalten zu bewerten. Selbst Eltern, deren Lebensführung und Erziehungsentscheidungen für andere nur schwer nachvollziehen sind, sollten professionelle – prosoziale – Unterstützung bekommen. Es geht nicht darum, Eltern zu beurteilen, sondern ihnen Hilfe anzubieten, die sich an ihrem Bedarf orientiert.

Wie kann prosoziales Verhalten im Team weiterentwickelt werden?

Prosoziales Verhalten im Team hat wieder andere Facetten. Hier geht es um Fairness und Kooperationsbereitschaft, um vertrauensvolle Zusammenarbeit und gegenseitige Unterstützung bei der Bewältigung der Aufgaben. Wie kann prosoziales Verhalten im Team weiterentwickelt werden? Grundsätzlich lassen sich verschiedene Möglichkeiten unterscheiden, wie eine Leitungskraft prosoziales Verhalten fördern kann:

- **Modellhandeln:** Indem die Leitungskraft prosoziales Verhalten selbst vorlebt, erzeugt sie Nachahmer. Je selbstverständlicher über Möglichkeiten der Unterstützung für Kinder, Eltern oder Teamkolleginnen gesprochen wird und diese auch konkret umgesetzt werden, desto größer ist der Anreiz im Team, ebenfalls prosozial zu handeln. Das gute Vorbild der Leitung strahlt die Gewissheit aus, dass prosoziales Verhalten selbstverständlicher Bestandteil der pädagogischen Arbeit und fest in die Einrichtung integriert ist. Umgekehrt verhindert wenig prosoziales Verhalten der Leitung (z.B. ein Abwerten elterlicher Bedürfnisse) helfende Hände im Team. Kaum vorstellbar, das sich ohne gutes Vorbild eine Kultur des prosozialen Verhaltens entwickelt.
- **Soziale Verantwortung als Norm:** Wird soziale Verantwortung als zentrale Grundlage im Leitbild der Einrichtung verankert und in der pädagogischen Konzeption ausdifferenziert, was es bedeutet, soziale Verantwortung zu leben, wird allen Mitarbeiterinnen und Mitarbeitern der ethische Wert prosozialen Verhaltens deutlich. Eine solche normative Vorgabe schreibt vor, dass im Bedarfsfall geholfen wird, soweit dies möglich ist. Diese Norm bedeutet nicht Selbstaufgabe oder Überstunden, sondern vor allem eine deutlich zugewandte Haltung Kindern und Eltern gegenüber und das Bewusstsein, dass Unterstützung in den Erziehungsaufgaben ebenso zum professionellen Handeln gehört wie die Gestaltung von Lernlandschaften oder die Erstellung von Entwicklungsdokumentationen.
- **Unterstützende Rahmenbedingungen:** Aus der Altruismusforschung ist bekannt, dass eindeutige Zuständigkeiten und Verantwortungsbereiche zu mehr Unterstützung führen als diffuse Strukturen. Dabei spielt eine Rolle, dass auch der Unterstützungsbedarf besser formuliert und erkannt werden kann, wenn nicht jeder für alles zuständig ist. Bei Gruppen- oder Bezugserzieherinnen gibt es klare Zuständigkeiten, darüber hinaus können aber auch

andere Funktionalitäten eine Rolle spielen. Dazu gehören zum Beispiel Sprachen, Religion, Geschlecht, um Zuständigkeiten und Verantwortlichkeiten deutlicher zu machen. Unterstützende Rahmenbedingungen sind aber auch durch Offenheit geprägt – im Sinne einer Kultur der selbstverständlichen Vertretung im Team.

- Als wesentlicher Faktor für prosoziales Verhalten hat sich auch das **emotionale Wohlbefinden** der helfenden Kräfte herausgestellt. Nur wem es selbst gut geht, ist in der Lage, anderen etwas Gutes zu tun. Hierin liegt eine große Aufgabe für die Leitung. Sie muss dafür Sorge tragen, dass ein grundsätzliches Wohlbefinden im Team vorhanden, niemand mit seinen Aufgaben dauerhaft überfordert ist und alle gemeinsam zum Gelingen beitragen.

Prosoziales Verhalten muss gezielt gefördert werden

Aus der Auflistung der unterstützenden Bedingungen für prosoziales Verhalten wird deutlich, dass dies zwar zu den Kernaufgaben pädagogischer Fachkräfte gehört und meist auch zur Grundmotivation, diesen Beruf zu ergreifen. Dennoch ist prosoziales Verhalten keine Selbstverständlichkeit in der Alltagspraxis, sondern muss gezielt gefördert werden. Dabei handelt es sich um eine Leitungsaufgabe, die sich vor allem in Interaktionen mit dem Team ausdrückt. Indem die Leitung durch ihr Handeln prosoziales Verhalten vorlebt, in Personalentwicklungs- und Teamgesprächen diese Haltung hervorhebt und auszeichnet, indem sie für Strukturen und Rahmenbedingungen sorgt, die die persönliche Verantwortung eines jeden Teammitglieds stärken und zum emotionalen Wohlbefinden in der Einrichtung beitragen, kann sie dieser Aufgabe gerecht werden.

Teamentwicklung: Chancen einer lernenden Organisation nutzen

Kindertageseinrichtungen entwickeln sich immer mehr zu Orten von Expertinnen und Experten. Auch wenn ein Großteil der Teammitglieder eine ähnliche pädagogische Grundausbildung auf Fachschul- oder Hochschulniveau durchlaufen hat, haben sich in der alltäglichen Praxis verschiedenste Spezialisierungen, Funktions- und Rollenteilungen entwickelt. Die Einführung besonderer pädagogischer Konzepte, die Entwicklung von Funktions- und Bildungsbereichen, Experimentier- und Lernlabors, Sprach- und Bewegungsangeboten oder musisch-kreativen Schwerpunkten bringen in Verbindung mit entsprechenden Fortbildungen Fachkräfte mit Spezialwissen hervor. In vielen Einrichtungen gibt es mittlerweile Qualitäts-, Beobachtungs-, Medien- oder Kooperationsbeauftragte.

Diese Funktions- und Rollenteilungen führen, sofern sie auf einer gemeinsamen fachlichen Grundlage und einem aktuellen Bildungsverständnis in der frühen Kindheit zustande kommen, zu einer Teamentwicklung, die nach Kriterien der Personal- und Organisationsentwicklung durchaus positiv zu bewerten ist (vgl. Rosenstiel 2009). Neben einem Zuwachs an komplementären Fachkenntnissen sind es vor allem die persönlichen Erfahrungen gestiegener Entscheidungs- und Handlungskompetenzen, die zu höherer Motivation und beruflicher Zufriedenheit beitragen. Fachkräfte mit Spezialkenntnissen übernehmen wichtige Funktionen im Teamentwicklungsprozess und erhöhen die Professionalität der Einrichtung.

Neben dem Träger, der Grundsatzentscheidungen zur Personal- und Organisationsentwicklung trifft, liegt es vor allem am Geschick der Leitung, die Kita zu einer lernenden Organisation zu machen. Häufig schlummern Spezialkenntnisse im Verborgenen, können innerhalb der gegebenen Strukturen und Tagesabläufe nicht richtig zum Einsatz gebracht werden, angesichts der zu begrenzten und von anderen Themen gefüllten Teambesprechungen nicht an die Kolleginnen weitergegeben werden, werden nicht richtig gewürdigt und beachtet. Wer hatte noch nie das Gefühl, dass seine neu erworbenen Kenntnisse und Fähigkeiten, zum Beispiel nach einer Fortbildung, Hospitation oder Auslandsreise, einfach wieder im Alltag untergegangen sind? Wer kennt nicht die Zweifel, wofür die Anstrengungen einer Fort- oder Weiterbildung (bis hin zu einem berufsintegrierenden Hochschulstu-

Die Kita als lernende Organisation

dium) überhaupt gut waren, wenn sie in der Einrichtung nicht gebraucht werden? Wer hat nicht das Gefühl, mit zunehmender Qualifikation „fehl am Platz" zu sein, wenn sich die Einrichtung nicht weiterbewegt?

Fachliche und kommunikative Begleitung der professionellen Teamentwicklung

Die Aufgabe einer Leitung liegt in der fachlichen und kommunikativen Begleitung der professionellen Teamentwicklung. Teil der Personalentwicklungsgespräche ist auch die gemeinsame Erstellung eines individuellen Fortbildungskonzepts und die Reflexion des Fortbildungsprozesses: Wo können wir die erworbenen Kompetenzen einsetzen? Wo können wir neue Handlungsmöglichkeiten im pädagogischen Bereich schaffen? Wie können wir als Team an dem Prozess teilhaben?

Ein Team erhält seinen Charakter nicht durch die Spezialisten in der Gruppe, sondern durch deren Zusammenarbeit. Das bedeutet: Eine wichtige Leitungsaufgabe besteht darin, die Spezial- und Fachkenntnisse der Kolleginnen und Kollegen zusammenzuführen und einen Personalentwicklungsplan zu entwerfen, der die individuellen Interessen und Kompetenzen berücksichtigt und zugleich die Ziele der Einrichtung im Auge behält. Auf gemeinsamen Planungstagen werden konzeptionelle Weichenstellungen beschlossen. Von der persönlichen Verantwortung, das Team kontinuierlich und prozessbegleitend weiterzuentwickeln, entlassen solche Planungstage die Leitung aber nicht.

Professionelle Teams zeichnen sich durch einen breiten fachlichen Grundkonsens in zentralen Fragen der pädagogischen Arbeit und einen hohen Grad an fachlicher Expertise aus, die angesichts der komplexen Aufgaben- und Handlungsfelder auf mehrere Schultern verteilt werden muss. Für die Förderung der Professionalisierung von Teams bedeutet das, die individuellen berufsbiografischen Entwicklungs- und Karrierechancen zu unterstützen, solange sie für die Profilentwicklung der Einrichtung sinnvoll sind und die erworbenen Kompetenzen in das Team zurückfließen.

5.5 Auf Messers Schneide: Konfliktsituationen meistern

Es läuft nicht immer gut. Manchmal gibt es Konflikte in der Zusammenarbeit, die sich nicht durch eine Diskussion oder ein klärendes Gespräch beseitigen lassen. Es hat sich einiges aufgestaut oder etwas Grundsätzliches läuft verkehrt. Auch dies gehört zu den Kompetenzen einer Leitungskraft, die zwar nicht täglich, aber immer mal wieder benötigt werden: die Fähigkeit, ernste Krisen oder Konflikte zu meistern.

Konflikte erkennen und ansprechen

Erinnern wir uns noch einmal an das Beispiel aus Kapitel 1 und bauen es aus. Dabei ging es um eine Pädagogin, die zwei spielende Kinder beim Schaukeln beobachtete. Sie ist hin und her gerissen, weil die Kinder alle möglichen akrobatischen Übungen machen, auf dem Bauch, im Stehen und über Kopf schaukeln und dies eigentlich den Regeln der Einrichtung widerspricht. Sie macht sich Sorgen, ob das Ganze gut geht, gleichzeitig ist sie von den motorischen Fähigkeiten der Kinder und ihren Ideen fasziniert. Zunächst schaut sie zu. Als dann eine Kollegin dazukommt, ermahnt sie die Kinder, nur im Sitzen zu schaukeln. Daraufhin gehen die Kinder verunsichert und verärgert weg, dann verlässt auch noch die Kollegin kommentarlos den Schauplatz.

Am späten Nachmittag – fast alle Kinder haben schon den Kindergarten verlassen und die letzten Aufräumarbeiten und Vorbereitungen für den nächsten Tag werden durchgeführt – kommt es zu einem heftigen Wortgefecht zwischen den beiden Kolleginnen. Die Pädagogin, die die Kinder beim Schaukeln beobachtet hatte – nennen wir sie Dagmar –, wirft ihrer Kollegin vor, sie ständig zu kontrollieren und nur darauf zu warten, dass sie Fehler macht. Sie fühle sich in ihrer pädagogischen Arbeit niemals unterstützt, sondern ständig würde jemand an ihrem Verhalten herumkritisieren. Sie sei inzwischen so sehr verunsichert und demotiviert, dass sie am liebsten alles hinschmeißen würde. Die Kollegin kontert, dass sie noch niemals mit jemandem zusammengearbeitet habe, der so unsicher in seinen Entscheidungen sei. Immer fühle sie sich verantwortlich für alles, müsse die Augen und Ohren überall haben, damit keine Unglücke passieren. Sie hätte das Gefühl, ein sechsundzwanzigstes Kind und keine Zweitkraft in der Gruppe zu haben. In dieser Form könne auch sie sich keine Zusammenarbeit mehr vorstellen. Der Streit eskaliert weiter und endet in tränenreichen, persönlich verletzenden Beschimpfungen.

Die Leiterin, die wegen eines Außentermins nicht Zeugin des Konflikts war, erfährt am nächsten Tag gleich über mehrere Wege von dem Vorfall: Andere Kolleginnen und auch Eltern, die ihre Kinder abgeholt hatten, berichten von dem Streit. Dagmar und ihre Kollegin kommen sofort am Morgen nacheinander zu ihr und erzählen von der untragbaren Situation im Gruppenraum. Nachdem die Leiterin zunächst ruhige Zuhörerin ist und den beiden Kolleginnen die Möglichkeit gibt, „Dampf abzulassen", lädt sie beide zu einem klärenden Mittagsgespräch ein. Länger konnte in diesem Falle nicht gewartet werden. Zwei andere Kolleginnen bittet sie, für zwei Stunden die Vertretung im Gruppendienst zu übernehmen.

Genaue Analyse: Der Einfluss der Situation

Diese – wahrlich nicht einfache – Situation erfordert zunächst einmal eines: eine genaue Analyse. Allzu häufig entstehen Konflikte, weil Situationen pauschal übertragen werden und es zu unzulässigen Verallgemeinerungen kommt. Wird ein Fehlverhalten, wie in diesem Falle ein zögerliches oder widersprüchliches (inkongruentes) Verhalten den Kindern gegenüber, aus seinem situativen Kontext gerissen, erfolgt eine Übertragung auf die Person, der dann zum Beispiel allgemeine Unfähigkeit vorgeworfen wird.

Die gesamte Situation in ihrem Kontext erfassen

Bei der Analyse ist die gesamte Situation in ihrem Kontext zu erfassen: Wer war an der problematischen Situation beteiligt? Wie kam es zu der Situation? Worin lag ein Fehlverhalten aus Sicht der Beteiligten? Warum kam es zu dem Fehlverhalten?

Tatsächlich sind es einerseits oft Situationen, die ein Fehlverhalten verursachen, und nicht grundlegende Schwächen oder Persönlichkeitsmerkmale. Andererseits zeigt sich die Professionalität von Pädagoginnen und Pädagogen gerade darin, mit hochkomplexen Situationen im Alltag kompetent umgehen zu können. Nicht das fachliche und methodische Wissen machen Kompetenz aus, sondern die Fähigkeit, dieses Wissen in unterschiedlichen Situationen angemessen anwenden zu können. Kompetent handeln bedeutet daher auch, eine Dilemmasituation zu erkennen und genau dann die richtige Entscheidung zu treffen und diese auch zu vertreten. Das heißt notfalls auch, die Entscheidung gegen Kritik und Gegenargumente zu verteidigen.

Klärungen herbeiführen: Gemeinsame Deutungen und Perspektivenübernahme

Ganz offensichtlich war in unserem Beispiel am Vortag etwas vorgefallen, das das Fass zum Überlaufen gebracht hatte. Die gegenseitigen Zuschreibungen von unkollegialem Verhalten führten da nicht weiter. Die Leiterin schlug daher eine genaue Situationsanalyse zu dritt vor. Ihre eigene Rolle war die der Moderatorin. Es ging in dieser Situation zunächst nicht darum, den Streit zu schlichten, sondern den beiden Beteiligten die Möglichkeit zu eröffnen, aus ihrem Deutungskäfig herauszukommen und sich auf gemeinsame, neue Deutungen der Situation einzulassen. Dabei sollte auch der Versuch gemacht werden, jeweils die Perspektive der Kollegin zu übernehmen. Beide wurden gebeten, in die Rolle des „unbeteiligten Zuschauers" zu schlüpfen. Die Kolleginnen bekamen dann die Gelegenheit, die Situation in der Außenbetrachtung noch einmal zu schildern. Dabei konnten bereits erste Klärungen herbeigeführt werden:

Dagmar berichtete, dass „Dagmar" (sie beobachtete sich ja von außen) die ganze Zeit über bei den Kindern stand und sehr genau beobachtete, wie diese ihre Ideen auf der Schaukel erprobten. Ihre Kollegin erzählte, dass „die Kollegin" während dieser Situation in einem intensiven Gespräch mit anderen Kindern gewesen sei. Es ging darum, ihnen noch einmal die Regeln des Ballspielens auf dem Hof zu erklären und deutlich zu machen, dass keine „harten Schüsse" erlaubt seien, weil diese andere Kinder gefährden. Diese Regelklärung – so ergänzte sie – war notwendig, weil es im Laufe des Ballspiels immer wilder zuging und die Kinder im Eifer des Gefechts leicht die Grenzen überschritten, ohne dies zu beabsichtigen.

Es stellte sich also heraus, dass die Kollegin praktisch zeitgleich in einer ganz ähnlichen Situation gewesen war wie Dagmar. Auch sie freute sich über die Aktivitäten und Ideen der Kinder, nahm aber auch ihre Verantwortung für deren Sicherheit wahr. Eine Klärung bestand nun darin, festzustellen, dass sich beide über Grundprinzipien ihrer Arbeit einig waren: Die Eigenständigkeit und Aktivitäten der Kinder sollten soweit wie möglich gefördert werden. In das Spiel der Kinder sollte nur dann eingegriffen werden, wenn die Kinder oder andere durch das Spiel zu Schaden kommen könnten. Diese Klärung war wichtig, zeigte sie doch eine notwendige Grundlage für die weitere Zusammenarbeit. (Kann eine solche Grundlage nicht gefunden werden, wäre möglicherweise tatsächlich über ein Ende der Zusammenarbeit nachzudenken.) Durch die verschiedenen Missverständnisse und Verärgerungen in der vergangenen Zeit konnten beide Kolleginnen aber gar nicht mehr erkennen, dass sie doch eigentlich „auf der gleichen Linie" sind.

Nun musste – auch wieder anhand der Situation – eine weitere Klärung herbeigeführt werden: Wer entscheidet, wann der richtige Moment gekommen ist, handelnd in das Spiel der Kinder einzugreifen? Das war ja der Kernpunkt der Auseinandersetzung gewesen. Dagmars Kollegin hatte das Gefühl, diese Entscheidung immer übernehmen zu müssen. Dagmar dagegen war verunsichert und fühlte sich ständig in ihrer Arbeit kontrolliert. Für den Weg zu dieser Klärung schlug die Leiterin einen Rollentausch vor. Dagmar sollte die Rolle der Kollegin übernehmen und umgekehrt. Beide sollten aus ihrer jeweiligen Perspektive das Problem erklären. Dabei stellte sich heraus, dass sie ganz unterschiedliche Erwartungen an die jeweilige Kollegin hatten: Dagmar ist erst seit wenigen Monaten in der Einrichtung, fast 20 Jahre jünger als ihre Kollegin und ihr als Zweitkraft formal unterstellt. Sie hatte das Gefühl, am wenigstens „Unruhe" (so ihre Worte) zu verursachen, wenn sie sich in ihrem Verhalten möglichst weitgehend der älteren Kollegin anpasste, auch wenn sie nicht immer mit allem einverstanden war. Auch war sie der Auffassung, dass wichtige Entscheidungen von der Gruppenleiterin zu tragen und damit auch zu verantworten sind. In dieser Hinsicht fühlte sich Dagmar noch zu jung und unerfahren. Die Kollegin dagegen hatte ganz andere Erwartungen: Nach ihrem Teamverständnis war es wichtig, dass die Kinder zwei gleichberechtigte, aber auch unterschiedliche Erwachsene kennenlernen, mit denen sie sich auseinandersetzen können. Zwar müsse es einheitliche Regeln und Strukturen geben, dennoch sei gerade die Persönlichkeit der Fachkräfte ein wichtiges pädagogisches Element. Wenn sich die verschiedenen Persönlichkeiten aber nicht zeigten, sondern hintereinander versteckten, seien sie für die Kinder nicht greifbar und verständlich. Sie erwarte von einer Kollegin, egal wie alt oder erfahren sie ist, dass sie eigenständig und verantwortungsvoll handelt und nicht auf Anweisungen von ihr wartet.

Auch dies war eine wichtige Klärung. So offen hatten beide noch nie über ihre Einstellungen und Erwartungen gesprochen. Ein früheres Gespräch darüber hätte vielleicht einiges in der Arbeit erleichtert. Umso höher ist zu würdigen, dass es beiden trotz der Verärgerungen und Verletzungen der letzten Zeit gelingt, dieses klärende Gespräch ohne Schuldzuschreibungen und Unterstellungen zu führen. Die eindeutige Rahmung des Gesprächs durch die Leiterin, ihre Ruhe und Behutsamkeit im Gespräch haben zu dieser kommunikativen Entspannung beigetragen.

Lösungen entwickeln: Aushandeln statt streiten

Eine bereits Anfang der 1980er-Jahre von den Wissenschaftlern Roger Fisher, William Ury und Bruce Patton entwickelte Methode zur ergebnisoffenen Problemlösung ist das sogenannte Harvard-Konzept (vgl. Fisher et al. 1984/2004). Die Methode besteht aus vier Grundprinzipien:

- Menschen und Probleme getrennt voneinander behandeln
- Auf Interessen konzentrieren, nicht auf Positionen

- Entscheidungsmöglichkeiten zum beiderseitigen Vorteil entwickeln
- Objektive Beurteilungskriterien anwenden.

Menschen und Probleme getrennt voneinander behandeln

Da jede Verhandlung im Kontext von Beziehungen abläuft, geht es den beteiligten Verhandlungspartnern um zwei Dinge: Erstens möchten sie ihre Interessen soweit wie möglich durchsetzen; zweitens möchten sie die Beziehung aufrechterhalten – unter anderem, weil sie die Grundlage für die weitere Zusammenarbeit ist. Diese Vermengung von sachlichen und persönlichen Interessen führt dazu, dass Verhandlungen schwieriger werden. In dem Harvard-Konzept wird eine bewusste Trennung der beiden Ebenen vorgenommen. Damit soll es einfacher werden, die Interessen zu verdeutlichen und gleichzeitig nicht die Beziehungen zu gefährden. Dieses Prinzip lehnt sich an Paul Watzlawicks Überlegungen zur Sach- und Beziehungsebene in der zwischenmenschlichen Kommunikation an (vgl. Kapitel 1).

Auf Interessen konzentrieren, nicht auf Positionen

Das zweite Prinzip besteht in der Berücksichtigung der beiderseitigen Interessen. Dazu ein Beispiel: „Zwei Männer streiten in der Bibliothek. Der eine möchte das Fenster offen haben, der andere geschlossen. Sie zanken herum, wie weit man es öffnen soll: einen Spalt breit, halb, dreiviertel offen. Keine Lösung befriedigt beide. Die Bibliothekarin kommt herein. Sie fragt den einen, warum er denn das Fenster öffnen möchte. ´Ich brauche frische Luft.´ Sie fragt den anderen, warum er das Fenster lieber geschlossen hat. ´Wegen der Zugluft.´ Nach kurzem Nachdenken öffnet sie im Nebenraum ein Fenster weit. Auf diese Weise kommt frische Luft herein, ohne dass es zieht" (Fisher et al. 2004, S. 71). Die Geschichte der weisen Bibliothekarin zeigt, dass es oftmals eine einfache Lösung für einen Konflikt gibt, wenn man nicht versucht, die Positionen zusammenzubringen – das hätte nur einen „faulen" Kompromiss mit ein bisschen Frischluft und ein bisschen Zugluft ergeben, so wie ihn die Männer auszuhandeln versucht haben –, sondern nach den Interessen fragt, die hinter den Positionen stehen.

Das dritte Prinzip bezieht sich auf den Problemlöseprozess als solchen, der so offen und fair gestaltet werden muss, damit alle

Verhandlungspartner ihr Gesicht wahren können. Dabei wird dem Prozess des Problemlösens als kommunikatives Geschehen ein mindestens ebenso großes Gewicht beigemessen wie den Lösungen selbst. Oftmals geht es nicht um eine rein sachliche Auseinandersetzung, zum Beispiel um die Frage, wieviel Urlaub den Mitarbeiterinnen und Mitarbeitern jeweils zusteht, sondern um die Frage, wer wann wie lange Urlaub machen kann und wer im Zweifel Vorrang mit seinen Bedürfnissen und Wünschen hat. Wird ein solches Thema nicht in einer offenen Kommunikation von allen Beteiligten gemeinsam getragen, werden niemals einvernehmliche Lösungen möglich sein. Um im Beispiel zu bleiben: wenn diejenigen, die zuerst Urlaub beantragen, regelmäßig bevorzugt werden. Auch wenn ein solcher Aushandlungsprozess unter Umständen zeitaufwendig ist, lohnt sich der Weg, weil er zugleich andere Konfliktfelder verringert oder Lösungen erleichtert.

Entscheidungsmöglichkeiten zum beiderseitigen Vorteil entwickeln

Natürlich gelingt es nicht immer, Lösungen zu finden, die alle Interessen gleichzeitig befriedigen und keine „Pferdefüße" haben. Zu groß sind die Unterschiede in den Interessen, zu eng die Verhandlungsspielräume angesichts der knappen Ressourcen. In dem Beispiel einer fairen Urlaubsregelung sind die Wünsche der Mitarbeiterinnen und Mitarbeiter unmittelbar gekoppelt an die Ferienzeiten ihrer Partner und Familien. Ein Ausweichen auf Ferien außerhalb der Schulzeiten hat für berufstätige Eltern meist gar keinen Wert, weil es ja darum geht, die Betreuung der Kinder bestmöglich zu organisieren. Berufstätige ohne Kinder müssen aber ebenfalls ihre Ferienzeiten an den Schulferien ausrichten können, wenn sie mit befreundeten Familien Urlaub machen wollen oder ihr Partner zum Beispiel im Schuldienst tätig ist. Es geht in solchen Fällen darum, objektive Beurteilungskriterien zu finden, die die Interessen gewichten und ein Maß dafür bilden, welche Interessen dringlicher sind. Objektive Beurteilungskriterien würden sich hier zum Beispiel darauf beziehen, wer einen besonders großen Betreuungsbedarf hat (z.B. Alleinerziehende), wer die letzten Jahre hinsichtlich der Urlaubswünsche und -zeiten zurückgesteckt hat, welche Mitarbeiterinnen und Mitarbeiter gleichzeitig Urlaub nehmen könnten (aufgrund der Gruppenor-

Objektive Beurteilungskriterien anwenden

ganisation) usw. Aufgrund dieser Kriterien werden Kompromissvorschläge für die Urlaubsregelung entwickelt und gemeinsam verabschiedet. Damit wird verhindert, dass Urlaubszeiten nach Sympathie, Hierarchie oder dem Zufallsprinzip genehmigt werden, was Unverständnis und Spannungen im Team verursachen würde.

Das Team in Entscheidungsprozesse einbeziehen

Es gehört zu den Leitungsaufgaben, Konfliktsituationen zu meistern. Grundlage hierfür ist neben einer hohen kommunikativen Kompetenz auch die Fähigkeit, Entscheidungen zu treffen. Je stärker es gelingt, das Team in solche Entscheidungsprozesse einzubeziehen, desto größer ist die Chance, einvernehmliche Lösungen zu erzielen. Die letzte Entscheidungsverantwortung aber liegt bei der Leitung. Die Kunst, die richtigen Entscheidungen zu treffen, die die Situation lösen und die langfristigen Ziele nicht aus dem Blick verlieren, ist ein wichtiger Aspekt der Professionalität.

5.6 Vertrauensspielräume schaffen: Gespräche mit dem Träger

Praxisbeispiel

Die Leiterin einer Kita, Frau G., erzählt bei einem Leitungs-Coaching: „Ich bin richtig sauer! Mein Träger, Herr F., ist einfach nicht in der Lage, mir zuzuhören. Egal, aus welchem Grund ich mit ihm zusammentreffe, ob ich einen Antrag stellen muss, ihn über ein Problem in der Kita informieren möchte oder es um Personalfragen geht. Immer habe ich das Gefühl, nicht ernst genommen zu werden. Während ich spreche, schaut er mich nicht an. Entweder wühlt er in seinen Unterlagen herum oder er wendet mir sogar den Rücken zu und schaut auf den Bildschirm seines PC. Manchmal spielt er mit seinem Handy oder telefoniert zwischendrin zu einem ganz anderen Thema mit einem Kollegen. Ich fühle mich dann immer ganz unsicher und versuche oft, energischer und deutlicher zu sprechen. Darauf reagiert er dann mit einem ironischen Unterton, dass ich sachlich bleiben solle und er doch nicht schwerhörig sei. In der letzten Zeit bringe ich mein Anliegen meistens gar nicht mehr vollständig vor. Ich vergesse die Hälfte oder sage mir, dass das alles keinen Sinn macht. Obwohl ich das nicht von mir gedacht hätte, komme ich mir in diesen Situationen irgendwie klein und hilflos vor.

Und was das Schlimmste ist, die sogenannten Gespräche enden ohne Entscheidung. Meistens schaut er schon nach wenigen Minuten dauernd auf die Uhr und gibt mir unmissverständlich zu verstehen, dass er ja nun Bescheid weiß und außerdem noch Wichtigeres zu tun habe. Wenn ich frage, wann ich dann mit einer Antwort rechnen darf, reagiert er ungehalten oder unbestimmt. Ehrlich gesagt, habe ich ihm diese Frage in den letzten Wochen nicht mehr gestellt.

Jedenfalls geht es mir richtig schlecht nach diesen Gesprächen. Und wenn ich ehrlich bin, ich habe direkt Angst vor dem Kontakt mit Herrn F. Im Team brauche ich das gar nicht zu erzählen. Wenn er zu uns ins Haus kommt, ist er bei den Kolleginnen die Freundlichkeit in Person. Manchmal habe ich mir schon überlegt, wie ich diese Situation vermeiden könnte. Aber das geht nicht: Er wünscht, über alles informiert zu werden. Er entscheidet über den Etat. Ich muss jede Anschaffung und jede Ausgabe beantragen und begründen, selbst über die kleinsten Beträge kann ich nicht ohne seine Zustimmung verfügen.

Nein, das macht mir alles keinen Spaß und ich hätte auch schon längst gekündigt, wenn es die neuen Tarifverträge nicht gäbe. Als alleinerziehende Mutter kann ich mir aber nicht leisten, die mit einem Wechsel verbundenen finanziellen Nachteile in Kauf zu nehmen. Ich glaube, das weiß er ganz genau."

Dieses – sicherlich sehr deprimierende – Beispiel eines „chronischen Knotens" in der Beziehung zwischen Leiterin und Träger ist nicht erfunden und auch kein Einzelfall, aber doch in seiner Problematik besonders massiv. Beim Hören solcher Fälle neigen wir dazu, sofort Partei für die sympathischere, die schwächere und hierarchisch untergeordnete Person zu ergreifen und den

Träger als ignoranten und unhöflichen Menschen abzutun. Dieses Urteil nützt aber nichts, denn auch mit solchen Vorgesetzten müssen wir zurechtkommen. Und auch für solche Fälle müssen im Leitungs-Coaching Lösungen entwickelt werden.

Gemeinsame Ziele: Identität und Erfolg

Gespräche mit dem Träger benötigen eine gemeinsame Basis

Gespräche mit dem Träger benötigen eine gemeinsame Basis, um für beide Seiten befriedigend zu verlaufen. Diese gemeinsame Basis ist das festgeschriebene Leitbild der Institution, das sich in der pädagogischen Konzeption der Einrichtung wiederfindet. Teil des Leitbildes ist eine Werteorientierung, in der die ethischen Prinzipien der Arbeit dargelegt werden. Eine Orientierung an diesen Prinzipien schafft die Grundlage dafür, sich mit der Trägerinstitution, der Einrichtung und der eigenen Arbeit zu identifizieren. Gespräche mit dem Träger sollten eindeutig auf dieser gemeinsamen Basis verankert sein, weil diese identitätsstiftend ist. Wird diese Basis in der Zusammenarbeit zwischen Träger und Leitung verlassen, ist es notwendig, wieder nach dieser Grundlage zu suchen: Was sind die gemeinsamen Ziele? Was ist unser gemeinsamer rechtlicher, bildungspolitischer, kommunaler, kirchlicher oder frei-gemeinnütziger Auftrag? Welche Werte und Normen liegen unserer Zusammenarbeit zugrunde? Wie können wir die Ziele bestmöglich erreichen? Es gehört zu den Aufgaben der Gesprächspartner, diese Grundlagen der Zusammenarbeit zu respektieren und – falls eine Seite davon abweicht – daran zu erinnern, dass es gemeinsame Ziele gibt. Notfalls auch vehement.

Frau G. hatte das Gefühl, nicht ernst genommen zu werden, wenn sie ihre Anliegen vorbrachte, einen Antrag stellen musste, über Probleme in der Kita informierte oder wegen Personalfragen zu Herrn F. kam. Aber hat sie ihn auch gefragt, ob er sie ernst nimmt? Hat sie mit ihm geklärt, dass die Themen die vereinbarten Ziele der Einrichtung gefährden und Entscheidungen daher Trägeraufgabe sind? Hat sie ihm die Konsequenzen nicht getroffener Entscheidungen sachlich aufgezeigt (z.B. Beeinträchtigungen der pädagogischen Qualität durch verzögerte oder falsche Personalentscheidungen)? Frau G. sagt: „Wenn ich frage, wann ich dann mit einer Antwort rechnen darf, reagiert er ungehalten oder unbestimmt." Damit bringt sie zum Ausdruck, dass sie sich als Bittstellerin wahrnimmt. Diese Rolle muss sie verlassen, um wiederum den Träger aus der Rolle des „Gönners" zu locken.

Überzeugen durch Sachverstand

Glücklicherweise gibt es deutlich sympathischere, zugewandte und interessierte Träger, mit denen Gespräche einfacher sind als mit Herrn F. Dennoch haben Gespräche mit dem Träger oft einen etwas diffusen Charakter. Auf der einen Seite sitzt die Leiterin einer Einrichtung, der die Notwendigkeiten des pädagogischen Alltags bekannt sind und die meist mit einem ungeheuer kleinen Budget haushalten muss. Auf der anderen Seite befindet sich der Träger, der für mehrere Einrichtungen – und häufig auch für andere sozial-gemeinnützige Institutionen – verantwortlich ist und seine Entscheidungen mit den übrigen Erfordernissen in Einklang bringen und vertreten muss. Herr F. konnte möglicherweise gar keine Entscheidungen ad hoc fällen und auch nicht verbindlich sagen, wann mit einer Entscheidung zu rechnen ist, weil er von den trägerinternen Strukturen und Entscheidungshierarchien abhängig war. Dass er die Entscheidungswege und -zeiträume nicht offengelegt und damit den Eindruck von Willkür und Ignoranz vermittelt hat, spricht allerdings nicht für ihn.

Träger sind auf gesicherte Informationen angewiesen. Sie müssen Rechenschaft ablegen, welche Anträge sie bewilligt, für welche Maßnahmen sie Geld bereitgestellt haben. Hier macht Frau G. – so verständlich das aus menschlicher Sicht ist – einen entscheidenden Fehler: Sie „hofft" auf Verständnis und positive Entscheidungen, erzwingt sie aber nicht durch sachliche Argumente und Überzeugungskraft. Weil sie Angst vor Herrn F. hat und sich in den Gesprächen klein und hilflos vorkommt, ist ihre Überzeu-

Wie kann man Entscheidungsprozesse günstig befördern?

gungskraft gleich null. Im Gegenteil: Sie schwimmt zunehmend, vergisst die Hälfte, vermeidet alle Themen, die nicht unbedingt notwendig sind. Es ist schwer vorstellbar, dass Herr F. diese Situation und seine Überlegenheit genießt. Auch für ihn sind es Gespräche, die er möglichst schnell hinter sich bringen möchte, weil sie so unerfreulich sind. Pflichtübungen, die ihm nichts als Wut und Ärger bringen. Lieber geht er in die Kita und spricht mit den Kolleginnen über deren Arbeit, denn dort hat er keine unangenehmen Gespräche zu befürchten.

Wie wäre ein Gespräch verlaufen, das Frau G. so gut vorbereitet hätte, dass ihr nichts entgeht. Wenn sie mit Zahlen und Fakten über ihre Kita aufwarten könnte, die Herrn F. überraschen und beeindrucken? Wenn sie ihm Informationen als Tischvorlage „mundgerecht" vorlegt, die er unmittelbar für seine Arbeit im Verwaltungsrat verwenden kann? Auch wenn wir Herrn F. nicht vor uns sehen, ist er möglicherweise viel unsicherer in seiner Arbeit, als Frau G. denkt, und alles andere als entscheidungsfreudig. Vielleicht muss sich Frau G. einmal massiv in einer ihr besonders wichtigen Sache durchsetzen, um Herrn F. zu beeindrucken. Entweder er kündigt ihr (was unwahrscheinlich ist), oder er nimmt sie zukünftig ernster. Jedenfalls muss sich das fatale Rollenspiel der beiden dringend ändern, und hier hat Frau G. mehr Handlungsspielräume als Herr F.

Einbinden in Professionalisierungsprozesse

Träger haben Spaß an erfolgreichen Einrichtungen. Nichts ist befriedigender für einen Träger als ein gut funktionierendes Team, eine gut geführte, moderne Einrichtung, abgeschlossene Baumaßnahmen, glückliche Kinder, zufriedene Eltern. Denn dann hat auch der Träger seine Arbeit gut gemacht.

Der Kita-Bereich ist ein hochdynamisches Feld, das in den letzten Jahren in einem unglaublichen Tempo ausgebaut und fachlich weiterentwickelt wurde. Diese Entwicklung ist bei weitem noch nicht abgeschlossen und wird noch einige Jahre andauern. Politisch gehört die Professionalisierung des frühpädagogischen Feldes zu den am stärksten beachteten und geförderten Bereichen. In einem unglaublichen Tempo wurden in den letzten Jahren Bildungsprogramme auf Länderebene, Aus-, Fort- und Weiterbildungsangebote, Kinderbetreuungsausbaumaßnahmen, Bildungsangebote, Modellprojekte, Tagesplätze vorangebracht. Jede einzelne Kita hat sich auf den Weg gemacht, den für sich besten Weg der Professionalisierung zu gehen.

Die Träger stoßen solche Professionalisierungsprozesse an, wenn sie sich an kommunalen Ausbauprogrammen oder Bildungsprojekten beteiligen, und unterstützen die Einrichtungen in ihrer Weiterentwicklung finanziell, zum Beispiel durch Fortbildungen. Inhaltlich bekommen die Träger aber von dem Professionalisierungsprozess nur indirekt etwas mit. Sie arbeiten ja nicht vor Ort, sehen neue Angebote nur bei Besuchen, erfahren von gelungenen Projekten nur durch Gespräche. Wie viel sie vom Professionalisierungsprozess mitbekommen – und wie sehr sie ihn dann auch mittragen und unterstützen – liegt nicht zuletzt in der Hand der Leitung. Träger sind, soweit sie es zeitlich ermöglichen können, engagierte Teilnehmer von Teamfortbildungen und Fachvorträgen in den Einrichtungen, informieren sich auch trägerübergreifend über neue pädagogische Konzepte aus Newslettern und Wanderausstellungen in den Einrichtungen – das zeigen die Erfahrungen aus zahlreichen Praxisentwicklungsprojekten der letzten Jahre.

Wie sehr sich Träger an dem Professionalisierungsprozess beteiligen, liegt nicht nur, aber zu einem großen Teil auch daran, wie gut und eng die Kommunikation zwischen Träger und Leitung ist. Zu einer guten Gesprächskultur gehört auch, den Träger regelmäßig und herzlich zu allen Kita-Veranstaltungen einzuladen und ihn über die aktuellen Entwicklungen in der Einrichtung zu informieren, auch wenn damit keine Entscheidungen über finanzielle Zuwendungen verbunden sind.

Gute Gesprächskultur zwischen Träger und Leitung

5.7 Leitungssache: Netzwerke aufbauen und befördern

Gemeinsame Sache machen: Wozu braucht man Netzwerke?

Ist die Netzwerkarbeit verbindliche Aufgabe oder freiwillige Zusatzleistung der Kindertageseinrichtungen? Diese Frage taucht immer dann auf, wenn es darum geht, knappe Ressourcen – vor allem Arbeitszeit – einzuteilen.

✋ Praxisbeispiel

In der Gemeinde „Kleinod" ist durch ein zufälliges Zusammentreffen der Leiterin einer Kindertageseinrichtung, einer Grundschulrektorin und Fachhochschulvertretern die Idee entstanden, eine Bildungsinitiative für die Kinder vor Ort zu entwickeln. Dafür wird das Ziel formuliert, jedes Kind in den Blick zu nehmen und in seiner Entwicklung von vielen Seiten bestmöglich zu unterstützen. Nach dem Schneeballsystem werden zahlreiche lokale Vertreter eingeladen, um nach gemeinsamen Leitzielen, Ideen und konkreten Projekten zu suchen. Ziemlich bald schon stellt sich die Frage, inwieweit die Teilnahme an dem Netzwerk Arbeit oder Privatinitiative ist. Und ebenso schnell springen einige Vertreter von Einrichtungen ab, die nicht bereit sind, unbezahlte Mehrarbeit zu leisten. Es hält sich aber ein harter Kern, der keine Überstunden geltend machen will (oder kann). Die Frage, wie die Netzwerkarbeit zu bewerten ist, taucht bei gemeinsamen, ganztägigen Veranstaltungen zur Öffentlichkeitsarbeit aber wieder auf, weil einige Netzwerkvertreter für diese Arbeiten vom Träger nicht freigestellt werden. Nicht nur die Arbeitszeitfrage, auch andere Knappheiten erzeugen Probleme. Da die Netzwerkarbeit weder offiziell in Auftrag gegeben noch in irgendeiner Form finanziell unterstützt wird, muss geklärt werden, inwieweit die Beteiligten institutionelle Ressourcen einsetzen dürfen. Eine angesichts allgemein leerer Kopier- und Portokassen nicht zu unterschätzende Frage für die Netzwerkarbeit (vgl. Weltzien 2006).

Die Frage nach Pflicht oder Kür von Netzwerkarbeit hat im Zuge der Bildungspläne der Länder neue Aktualität erhalten. Darin wird mehr oder weniger explizit von den Kindertageseinrichtungen erwartet, dass sie sich eng mit anderen Einrichtungen vernetzen. In einigen Bildungsplänen wird nicht nur die Notwendigkeit zur Zusammenarbeit begründet, sondern es werden auch Möglichkeiten der Mitwirkung im Gemeinwesen und der Beteiligung an öffentlichen Entscheidungen aufgezeigt.

Die Forderung einer Vernetzung zwischen Kindertageseinrichtungen und anderen Einrichtungen begründet sich auf dem im Kinder- und Jugendhilfegesetz (KJHG) festgelegten Auftrag zur Zusammenarbeit. Für die Tageseinrichtungen für Kinder ist dies in § 22a KJHG geregelt. Darin heißt es unter anderem: „Die Träger der öffentlichen Jugendhilfe sollen sicherstellen, dass die Fachkräfte in ihren Einrichtungen zusammenarbeiten

- mit den Erziehungsberechtigten und Tagespflegepersonen zum Wohl der Kinder und zur Sicherung der Kontinuität des Erziehungsprozesses,
- mit anderen kinder- und familienbezogenen Institutionen und Initiativen im Gemeinwesen, insbesondere solchen der Familienbildung und -beratung,
- mit den Schulen, um den Kindern einen guten Übergang in die Schule zu sichern und um die Arbeit mit Schulkindern in Horten und altersgemischten Gruppen zu unterstützen."

Kindertageseinrichtungen haben einen besonderen Vertrauensbonus. Daher kommt ihnen in lokalen Netzwerken eine wichtige Rolle zu. Auf Bundes-, Länder- und kommunaler Ebene gibt es zahlreiche Ansätze, Kindertageseinrichtungen zu Familienzentren auszubauen. Ziele sind unter anderem:

- Systematische Verknüpfung von Kindertageseinrichtungen, familienbezogenen Bildungs- und Beratungsdiensten, der Familienhilfe sowie medizinischen und präventiven Diensten

- Vernetzung professioneller und ehrenamtlicher Akteure im Bereich der Kinder- und Jugendhilfe im Sozialraum sowie
- Aufbau und Unterstützung von Frühwarnsystemen zum Schutz des Kindeswohls (vgl. Maiwald 2009).

Diese Aspekte gehen ineinander über – letztendlich geht es darum, ein engmaschiges Netz im Sozialraum zu knüpfen, um mit den vorhandenen (knappen) Ressourcen möglichst viel zu erreichen und kein Kind und keine Familien „durch das Netz fallen" zu lassen. Es geht auch darum, neue Ressourcen zu generieren (Stichwort: Bürgerschaftliches Engagement). Auch hierfür gibt es schon viele gute Beispiele wie Lesepatenschaften, Spielenachmittage, gemeinsame Ausflüge, Nachhilfe etc. Diese Aktivitäten müssen aber professionell gemanagt werden, damit sie langfristig tragfähig und auch über Durststrecken und Motivationslöcher hinweg Bestand haben. Und es geht natürlich auch darum, ein funktionierendes Frühwarnsystem aufzubauen, das Fälle von Verwahrlosung, Missbrauch und Misshandlung von Kindern aufdeckt und verhindert.

Die institutionelle und die informelle Ebene in Netzwerken

Machen wir einen kleinen Ausflug in die Netzwerkforschung. Bei Netzwerken im Kontext von Kindertageseinrichtungen wird immer selbstverständlich unterstellt, dass es zu einem Netzwerk von Institutionen und vielen Menschen kommt und dann mehr erreicht wird als vorher. Ist das überhaupt so? Und wenn ja, wann? Immerhin ist es doch verwunderlich, dass es offensichtlich „gute" Netzwerke gibt und andere eher gefährlich lückenhaft sind. Was hat es mit dem Begriff „Soziales Netzwerk" auf sich?

James Clyde Mitchell, einer der ersten und bekanntesten Netzwerkforscher, beschreibt ein soziales Netzwerk folgendermaßen: Es umfasst eine bestimmte Anzahl von Personen mit einer bestimmten Anzahl von Beziehungen mit der Besonderheit, dass die Beziehungen das Verhalten der Einzelnen beeinflussen (vgl. Mitchell 1969). Im Umkehrschluss heißt das: Beziehungen alleine reichen nicht aus, um etwas als Netzwerk zu bezeichnen, sondern die Beziehungen nehmen Einfluss auf das Verhalten der Beteiligten. Dies ist ein sehr wichtiges und manchmal übersehenes Qualitätsmerkmal, an dem sich Netzwerke messen lassen müssen.

Die Netzwerkforschung unterscheidet institutionelle Netzwerke (zwischen Organisationen) und individuelle Netzwerke (zwischen Personen). Wir alle sind in eine Vielzahl von kleinen, mittleren und großen Netzwerken eingebunden, die eher individuellen oder eher institutionellen Charakter haben. Und das vielleicht Spannendste an der Netzwerkforschung ist die Frage: Wie hängen institutionelle und individuelle Netzwerke zusammen?

Wie hängen institutionelle und individuelle Netzwerke zusammen?

Stellen wir uns einmal die Netzwerkkarte einer Kindertageseinrichtung vor: Es gibt eine Fülle von Beziehungen zu anderen Kitas, Schulen, Tagesmüttern und vielen weiteren Kooperationspartnern im Sozialraum. Beziehungen bestehen zu Interessens- und Berufsverbänden, Trägerorganisationen, Institutionen der Kinder- und Jugendhilfe und letztlich auch zu überregionalen Netzwerken und Weiterbildungsnetzwerken.

Legt man nun einmal die Lupe auf die einzelne Kindertageseinrichtung, zeigt sich die individuelle Ebene: Im Kern sind Leitung und Team, im Innenraum der Kita die Kinder mit ihren jeweiligen persönlichen Beziehungen und Freundschaften. Auf dem Außenring der Kita stehen Elternvertreter und besonders engagierte Eltern, die bei Gremienarbeit, Fortbildungen oder an der Homepage mitarbeiten. Außerhalb der Kita sind dann die Familien mit ihren jeweiligen Querbeziehungen angesiedelt. Unter diesem Blickwinkel zeigt sich, dass es sehr aktive Akteure gibt, sogenannte „Networker", die viele Beziehungen haben. Und aus der Netzwerkforschung wissen wir, dass diejenigen, die viele Beziehungen haben, leicht immer weitere dazubekommen, weil sie für andere besonders attraktiv sind: Sie sind alteingesessen, kontaktfreudig, haben keine besonderen Probleme und kennen viele Menschen. Umgekehrt wissen wir, dass der Aufbau der ersten Netzwerkbeziehungen am schwersten ist und sich Kontakte nicht automatisch ergeben.

Welche Ebenen haben wir bei einem Netzwerk zu beachten? Wie das Beispiel einer Kita zeigt, laufen wichtige Verbindungen über die Vertreter der jeweiligen Institutionen als Knotenpunkte. Diese Vertreter wirken auf das Netzwerk aber nicht nur über ihre Funktion (z.B. als Einrichtungsleitung), sondern auch über ihre individuellen Beziehungen. Das ist immer so: Kein Funktionsträger ist nur Funktionsträger, sondern hat immer eine Persönlichkeit, die wiederum auf die Persönlichkeiten der anderen Funktionsträger trifft.

Dies kann die Netzwerkarbeit unterstützen, sofern „die Chemie" stimmt. Es kann aber auch die Arbeit hemmen. Das wissen wir aus der Politik ebenso wie aus der Wirtschaft und dem sozialen Bereich. Die persönlichen Beziehungen in Netzwerken erweisen sich als positive oder negative Verstärker. Das muss man wissen, um professionell in einem Netzwerk arbeiten zu können. Es geht nicht darum, die Persönlichkeit abzuschalten, sondern sie als positiven Verstärker in die gemeinsame Arbeit einzubringen.

Warum wird überhaupt ein Netzwerk gegründet? Warum wird überhaupt ein Netzwerk gegründet? Häufig werden Effizienz- oder Nutzenaspekte angeführt, zum Beispiel der geringere Informations- oder Koordinationsaufwand. Diese Zwecke reichen aber nicht aus, um ein Netzwerk sinnvoll zu machen, denn zumindest in der ersten Phase der Netzwerkbildung steigt der Koordinationsaufwand meist erheblich an. Netzwerke haben eben nur dann eine Funktion, wenn sie innerhalb der beteiligten Institutionen Veränderungen herbeiführen, wie Mitchell bereits in den 1960er-Jahren zeigen konnte. Wenn sich die Institutionen nicht mit der Gründung eines Netzwerks verändern, hat das Netzwerk keinen Nutzen. Das Problem bei den politisch gewollten und manchmal einfach nur unter diesem Begriff deklarierten Netzwerken besteht wohl darin, dass es mit dem Namen „Netzwerk" allein nicht getan ist. Es muss sich grundsätzlich etwas verändern, um die Sache erfolgreich zu machen. Der politische Wille allein reicht nicht aus, um einen solchen Veränderungsprozess zu garantieren. Er kann und sollte Netzwerkinitiativen unterstützen, aber nicht erzwingen.

Filtern und Verstärken: Die Leitungsaufgaben in Netzwerken

Alle institutionellen Netzwerke haben auch eine persönliche Ebene, denn sie werden über die Funktionsträger bzw. Vertreter der Organisationen mit Leben gefüllt. Auch wenn man ein professionelles Handeln der Vertreter voraussetzt, hat diese persönliche Ebene einen nicht zu unterschätzenden Einfluss auf das Gelingen oder Scheitern von Netzwerken.

Nehmen wir noch einmal das Beispiel aus der Gemeinde „Kleinod": Diese kleine Gemeinde gab es bereits in der Römerzeit, und seit langer Zeit gehören Familien, Traditionen, Vereine, Freundschaften, Parteien, Cliquen, aber auch Streitigkeiten und Konflikte zum normalen Gemeindeleben dazu. Alle Bürger gehören verschiedenen Netzwerken an, viele engagieren sich in Einrichtungen vor Ort, einige sind Vertreter von Bildungsinstitutionen oder in der Jugendarbeit tätig. Diese finden sich nun im Netzwerk an einem Tisch wieder und sehen die meisten dort nicht zum ersten Mal. Welche Gefühle haben sie dabei? Wohl sehr unterschiedliche, denn sie wissen viel voneinander und haben auch als Vertreter ihrer Institution schon das eine oder andere Mal miteinander zu tun gehabt. Wenn die Zusammenarbeit unter den Mitgliedern des neu gegründeten Netzwerks durchweg erfolgreich gewesen wäre, hätte es dieser Initiative gar nicht bedurft, denn ihr Ziel war es ja gerade, die Zusammenarbeit zu verbessern.

Die Arbeit in institutionellen Netzwerken ist immer unter einer Doppelperspektive zu sehen: Die Mitglieder sind zwar als Vertreter ihrer Institution Teilnehmer des Netzwerks und austauschbar, weil sie bei einem Ausscheiden aus der Institution automatisch nicht mehr dem Netzwerk angehören. Anderseits wird nicht ohne Grund von besonders wichtigen „Figuren" im Netzwerk gesprochen. Die Persönlichkeit der institutionellen Vertreter spielt also doch eine entscheidende Rolle für den Fortgang der Arbeit. Damit wird aber auch klar, dass die persönlichen Beziehungen, die bereits vor dem Netzwerk existiert oder sich über das Netzwerk entwickelt haben, nicht ohne weiteres austauschbar sind. Hier kommen die Faktoren, die bei den individuellen Netzwer-

Arbeit in institutionellen Netzwerken hat immer eine Doppelperspektive

ken so bedeutsam sind – allen voran Vertrauen und Sympathie –, hinzu. Gute persönliche Beziehungen sind förderlich, schlechte entsprechend hinderlich für ein institutionelles Netzwerk.

Institutionelle Netzwerke entstehen nur, wenn Mitglieder verschiedener Organisationen miteinander interagieren, Entscheidungen vorbereiten und Strukturveränderungen in den Organisationen möglich werden lassen. Diese aus der Systemtheorie entwickelten Zusammenhänge (vgl. Weyer 2000) verweisen auf die große Bedeutung persönlicher Interaktion nicht nur in individuellen, sondern eben auch in institutionellen Netzwerken. Das „Geheimnis" gut funktionierender Netzwerke liegt damit auch in der Kompetenz und dem Engagement der Netzwerkvertreter, die von den Organisationen entsandt werden. Die Netzwerkfunktion dieser institutionellen Vertreter wird in der Managementliteratur daher als eine „kaum zu imitierende Ressource" bezeichnet.

Eine wichtige Rolle spielt dabei, dass das für den Aufbau und die Weiterentwicklung eines Netzwerks benötigte Wissen nicht einfach abrufbar ist, sondern erst in der Interaktion der Beteiligten erzeugt wird. Die Netzwerkforschung verweist in dem Zusammenhang auf die Wichtigkeit von „Voice-Beziehungen", also persönlichen Kontakten, die durch die Ähnlichkeit der Netzwerkakteure erleichtert werden (vgl. Jansen 2003). Netzwerke sind aber auch immer auf der Suche nach komplementären Partnern, denn ein Netzwerk, das nur aus ähnlichen Partnern besteht, hat eine eingeschränkte Reichweite.

Die Leitung vertritt zunächst einmal die Interessen ihrer Einrichtung und ist damit ihrem Leitbild und den Vorgaben ihres Trägers verpflichtet. Das bedeutet, dass sie in ihrer Funktion dem Netzwerk nur das „anbieten" kann, was im Rahmen dieser Vorgaben möglich ist. Der Kooperation mit Institutionen, die sich in einer anderen Trägerschaft befinden, sind damit Grenzen gesetzt, was den Austausch von Informationen, strukturellen Planungen und Ressourcen angeht. Umgekehrt spricht einiges dafür, eine kooperative Kita-Planung vor Ort einzugehen, um den Bedarf an Betreuungsangeboten und -zeiten besser abdecken zu können. Dies kann durch die Kooperation mit anderen Betreuungsinsti-

Das benötigte Wissen wird erst in der Interaktion erzeugt

tutionen oder mit Tagesmüttern/-vätern geschehen, wenn angestrebt wird, eine Flexibilisierung der Öffnungszeiten zu erreichen (z.B. Samstagsbetreuung). Wird zum Beispiel in einem lokalen Netzwerk die Notwendigkeit benannt, eine bessere Abstimmung oder Ausweitung der Betreuungszeiten für Kinder zu erreichen, steht die Leitung einer Einrichtung vor folgender Frage: Bringt sie ihre Institution in die kooperative Bedarfsplanung mit ein, das heißt ist sie bereit, unter Umständen die Betreuungszeiten ihrer Einrichtung zu ändern? Das würde wahrscheinlich bedeuten, dass sie Überzeugungsarbeit beim Team oder Träger leisten muss. Ist sie aber nicht bereit oder in der Lage, dem lokalen Netzwerk beizutreten und ihre Betreuungsangebote auf die anderen Institutionen abzustimmen, bedeutet das unter Umständen eine Schwächung ihrer Position. Eltern informieren sich vor Ort über die besten Betreuungsangebote, und da haben kooperierende Institutionen aufgrund ihrer hohen Flexibilität natürlich einen Wettbewerbsvorsprung. Auch im Bereich der Öffentlichkeitsarbeit wird die Einrichtung unter Umständen Nachteile haben, weil ein Netzwerk – noch dazu, wenn es innovative Ansätze zeigt – gerne in der Presse vorgestellt wird. Hinzu kommen indirekte Nachteile zum Beispiel durch Informations- oder Kontakteinbußen. All diese Überlegungen sprechen dafür, sich an dem Netzwerk zu beteiligen. Auf der anderen Seite ist die Teilnahme aber auch mit zusätzlichen Belastungen verbunden.

> Auch in Netzwerken hat die Einrichtungsleitung eine Doppelfunktion

Die Leitung einer Einrichtung hat also eine Doppelfunktion: Sie muss die Interessen ihrer Einrichtung und ihres Trägers vertreten und gleichzeitig als Teilnehmerin eines lokalen Netzwerks übergeordnete Ziele vertreten. Sobald sich diese Ziele und Interessen von den Binnenzielen und -interessen der Einrichtung unterscheiden, kommt es zu einem Rollenkonflikt, den die Leitung lösen muss. Damit steht eine Leitung, die sich ohnehin in der Sandwichposition zwischen Träger und Team befindet, in einem zusätzlichen Spannungsfeld. Dies auszuhalten lohnt nur, solange die Ziele des Netzwerks und die Netzwerkarbeit als sinnvoll erachtet werden.

6. Gespräche mit Eltern

6.1 Familienorientierung: Zum Wohl des Kindes

Praxisbeispiele

Ein Vater kommt nach einer Elternversammlung auf die Leitung zu und sagt: „Ich mache mir große Sorgen um meinen Sohn. Er ist gerade vier Jahre alt geworden und interessiert sich für nichts außer seinem Gameboy. Wir haben so viele Spielsachen gekauft, die beachtet er aber überhaupt nicht. Was kann ich tun?" Und dann versucht er es mit einer eigenen Antwort: „Ich habe mir schon überlegt, ihn – ohne Gameboy – in seinem Kinderzimmer einzuschließen. Was halten Sie davon?"

Was Eltern bewegt – was Eltern fragen

Eine Mutter, Akademikerin, spricht die Referentin nach einem Vortrag zum Thema „Das eigene Kind mit neuen Augen sehen" an: „Mein Sohn wird bald fünf Jahre alt. Er wird täglich von meinen Eltern in der Kita abgeholt und bleibt bei ihnen, bis ich von der Arbeit komme. Meine Mutter vertritt die Ansicht, dass er nun auf die Schule vorbereitet werden muss und erwartet von mir, dass ich ihm schon vor dem Eintritt in die Schule mathematisches Wissen vermitteln soll, damit er gute Noten bekommt. Ich finde aber, dass er selbst neugierig ist, gerne und viel spielt und sich wohl dabei fühlt. Was soll ich machen? Muss ich ihn anders auf die Schule vorbereiten? Und was soll ich meiner Mutter sagen?"

Ein Vater aus dem Libanon fragt: „Meine Tochter ist vier Jahre. Wir haben noch eine zweite Tochter, die gerade sprechen lernt. Zu Hause sprechen wir Arabisch. Meine Frau spricht nur wenig Deutsch. Sie haben eben gesagt, dass es gut ist, die Muttersprache in der Familie zu sprechen. Wenn wir zu Hause sind, ist das auch kein Problem. Aber wenn ich mit meiner Tochter einkaufen gehe, antwortet sie mir nicht auf Arabisch, sondern immer auf Deutsch. Sie tut so, als ob sie gar nicht Arabisch verstehen und sprechen könnte. Was mache ich falsch?"

Eine Mutter erzählt: „Ich habe vier Kinder. Die beiden Großen sind Jungen. Bei beiden wurde ADHS festgestellt. Der Arzt hat ihnen das Medikament ´Ritalin´ verordnet. Damit sind sie viel ruhiger geworden und kommen auch in der Schule besser zurecht. Nun habe ich aber gehört, dass dieses Medikament gar nicht so harmlos ist und frage mich, ob es gut für meine Kinder ist. Die beiden Kleinen (eine Tochter und ein weiterer Sohn) gehen noch nicht in die Schule. Jetzt mache ich mir große Sorgen, dass mit meinen Kindern irgendetwas nicht stimmt. Was sagen Sie dazu?"

Mit Anzeichen großer Aufgeregtheit spricht am Rande einer Fachtagung eine Mutter die Referentin an: „Was sagen Sie als Expertin dazu? Meine Tochter ist vor drei Monaten in die Schule gekommen. Anfangs war sie so begeistert, hat sich jeden Tag auf die Schule gefreut. Aber nun – gerade nach den allerersten Ferien – klagt sie morgens über Bauchweh und möchte am liebsten nicht in die Schule gehen. Ich habe schon versucht mit der Lehrerin zu sprechen, aber die hat abgewinkt, sie sehe keinen Anlass für ein Gespräch. Was können Sie mir raten, damit meine Tochter die Freude an der Schule nicht verliert?"

Diese fünf Beispiele geben Einblick in manche Gedanken und Gefühle von Eltern und zeugen zugleich von dem Wunsch, sich darüber mit erfahrenen Pädagoginnen und Pädagogen auszutauschen. Kommen Eltern mit solchen Fragen, so ist dies immer ein Zeichen von Wertschätzung und Anerkennung: Sie vertrauen auf Ihre Fachkenntnisse und hoffen, von Ihren Erfahrungen profitieren zu können.

In vielen Einrichtungen sind die Eltern kompetente, interessierte und kooperative Partner. Es finden täglich Tür- und Angelgespräche, regelmäßige Entwicklungsgespräche, gemeinsame Projekte oder Feste statt, die für Eltern ebenso wie für die Pädagoginnen und Pädagogen bereichernd sind. Daneben gibt es aber auch Erfahrungen verkürzter oder misslungener Kommunikation. In diesen Fällen werden keine Erfahrungen und Informationen ausgetauscht, Anliegen, Fragen oder Befürchtungen formuliert, sondern es werden Erwartungen und Forderungen aufgestellt – zum Beispiel: „Sorgen Sie dafür, dass mein Kind Deutsch lernt!" „Bringen Sie meinem Kind bei, dass es still sitzen kann und auf die Schule vorbereitet wird!" „Passen Sie besser auf, damit mein Kind nicht von anderen geärgert wird!" Diese und ähnliche Sätze kommen bei den pädagogischen Fachkräften verständlicherweise nicht gut an. Obwohl die meisten Eltern sich anders ausdrücken, bleiben solche „Tonstörungen" besonders lange in den Köpfen der Beteiligten haften. So entsteht der Eindruck, dass Eltern grundsätzlich überzogene Ansprüche haben, die nicht zu erfüllen und obendrein aus fachlicher Hinsicht auch noch falsch sind. Die Pädagogen sehen sich dann als Mitarbeiter in einer „Reparaturwerkstatt", in der Kinder „abgeliefert" und „verkehrstüchtig" gemacht werden sollen. Auf dieser Grundlage wird es schwer, das notwendige Vertrauen zwischen Eltern und pädagogischen Fachkräften aufzubauen und eine tragfähige Zusammenarbeit zu schaffen – zum Wohl des Kindes.

Missverständnisse zwischen Eltern und pädagogischen Fachkräften

Häufig sind nicht die vermeintlich kritischen Beziehungen zwischen Eltern und pädagogischen Fachkräften der Grund für Probleme in der Kommunikation, sondern Missverständnisse auf beiden Seiten.

Gespräche mit Eltern zeigen, dass die eigentlichen Stressfaktoren weniger in der Kindertageseinrichtung, sondern eher im beruflichen und privaten Umfeld der Familien liegen. Vor diesem Hintergrund fühlen sich Eltern von den Erziehungsratschlägen der Pädagoginnen und Pädagogen überfordert oder fürchten deren Beurteilungen. Sie fühlen sich unterlegen, weil sie

Missverständnisse auf Elternseite

- sich nicht kompetent genug einschätzen, um ihrem Kind so gerecht zu werden, wie sie es von sich selbst erwarten,
- beruflich oder familiär so eingespannt sind, dass sie ein schlechtes Gewissen gegenüber ihrem Kind haben,
- Angst davor haben, ihr Kind könne Entwicklungsverzögerungen aufweisen und dies in Gesprächen zum Thema werden,
- zwischen den Erziehungsanforderungen ihrer familiären oder sozialen Umwelt und der pädagogischen Ausrichtung der Kita Widersprüche spüren,
- sprachliche Barrieren aufgrund ihrer geringen Deutschkenntnisse haben,
- alleinerziehend sind und sich mit der Bewältigung des Alltags überfordert fühlen,
- Schwierigkeiten im Ablösungs- bzw. Eingewöhnungsprozess haben und kritische Rückmeldungen fürchten.

Aus der Perspektive der Pädagoginnen und Pädagogen ist das Verhalten von Eltern Grund für Spannungen, wenn diese

Missverständnisse auf Seiten der pädagogischen Fachkräfte

- die fachlichen oder persönlichen Kompetenzen infrage stellen
- bevormunden oder ungerechtfertigte Vorwürfe machen,
- arrogant auftreten oder Grenzen des Respekts überschreiten,

- sich als Konkurrenten empfinden (Wer ist die bessere Mutter?),
- sich nicht an bekannte Regeln und Zeiten der Einrichtung halten,
- nie Zeit für klärende Gespräche haben.

Eine langfristig tragfähige, auf das Wohl des Kindes ausgerichtete Zusammenarbeit mit Eltern lässt sich nicht auf Missverständnissen aufbauen. Ein erster Schritt zum professionellen Handeln ist daher, eigene Verärgerungen und Verletzungen durch Eltern zu hinterfragen. Hierfür ist einerseits ein kollegialer Austausch im Team, andererseits eine kontinuierliche Selbstreflexion notwendig: Warum habe ich das Gefühl, dass meine Kompetenzen infrage gestellt werden? Vertrete ich überzeugend und transparent genug meine pädagogische Arbeit? Wo wirke ich unsicher? Gibt es Bereiche, in denen ich mich fortbilden muss, um mich professioneller und kompetenter zu fühlen? Wie kann ich fachlich überzeugen, ohne bevormundend zu wirken?

Eine Verbesserung in der Zusammenarbeit mit Eltern fängt häufig auch mit der eigenen biografischen Arbeit an. Reizsituationen, wie zum Beispiel arrogante „Bildungseltern", werden danach analysiert, welche Automatismen solche Verhaltensweisen auslösen: Welche innere Abwehr wird mobilisiert, wenn wir uns einem Gesprächspartner intellektuell oder sprachlich unterlegen fühlen? Und wie können wir mit dieser Reaktion professionell umgehen?

Professionell handeln bedeutet Potenziale der Eltern wertzuschätzen

Ein weiterer Schritt zum professionellen Handeln ist eine deutliche Familienorientierung. Wenn die Überlastung der Eltern augenscheinlich ist, bringen Appelle an ihr Verhalten für keine Seite irgendeinen Gewinn. Professionelle Einfühlung heißt dann, solidarisch zu denken und mit den Eltern nach konkreten Entlastungsmöglichkeiten zu suchen: Wer kann die Familie vorübergehend unterstützen? Welche Möglichkeiten sehen wir? Allein eine Geste, die Verständnis und Hilfsbereitschaft signalisiert, kann schon so entspannend wirken wie eine gute Tasse Tee.

Kinder nicht wegen ihrer Herkunft zu diskriminieren war auch früher schon eine Selbstverständlichkeit in Kindertageseinrichtungen. Allerdings wurde dabei häufig klar zwischen Fürsorge und Zuwendung für das Kind und bewertender Distanz gegenüber der Familie unterschieden. Eine solche Trennung führte – dies zeigen langjährige Erfahrungen – nicht zu den erhofften Effekten für die Bildung und Entwicklung der Kinder. Nur wenn es gelingt, die Familien mit ins Boot zu holen, kann die vielfach geforderte entwicklungsfördernde Umwelt geschaffen werden. Mit dieser Erfahrung mussten und müssen sich viele Kindertageseinrichtungen und noch mehr Schulen auseinandersetzen. Egal, wie groß die Anstrengungen für die Erziehungs- und Bildungsförderung auch sind, die Dominanz der familiären Muster ist größer.

Wenn eine bestmögliche Förderung der Kinder also nur sehr begrenzt ohne die familiäre Unterstützung und schon gar nicht gegen die Widerstände der Familien möglich ist, muss es zu einem – wie auch immer gestalteten – kooperativen Miteinander kommen. Das bedeutet nicht, dass familiäre Verhaltensweisen ungeachtet aller Normen und Werte Anerkennung und Zustimmung erfahren. Eine ernsthafte Auseinandersetzung schließt auch einen – konstruktiv geführten – Austausch über erzieherische Orientierungen und Maßnahmen ein. Zunächst aber geht es darum, den Eltern Wertschätzung gegenüber ihren grundsätzlich positiv gemeinten Erziehungsbemühungen entgegenzubringen. Dass diese Bemühungen manchmal ins Leere laufen oder auch das Gegenteil bewirken, verhindert nicht, dass wir an die erzieherischen Potenziale der Eltern glauben sollten.

Oftmals verbirgt sich hinter einem rigiden Erziehungsverhalten das Ziel, dem Kind „gutes Benehmen" beizubringen. Ein überbehütender Erziehungsstil erfolgt aus der Motivation, dem Kind möglichst viel abzunehmen, weil man selbst vielleicht nicht diese Erfahrung machen konnte. Vernachlässigung von Kindern entsteht vielfach nicht aus Bösartigkeit, sondern als Folge materieller Not, Überforderung, Ängsten oder psychischen Störungen. Werden diese verdeckten Wirkmechanismen in das Bild der Familien einbezogen, entsteht die Möglichkeit, eine Beziehung einzugehen, die nach dem Personzentrierten Ansatz von C. Rogers auf gegenseitiger Achtung und Wertschätzung beruht. Die Eltern werden mit all ihren Fragen, Aufgaben und Schwierigkeiten, aber eben auch mit ihren Potenzialen als die wichtigsten Bezugspersonen für die Kinder angenommen.

Kindeswohl hängt ab vom Wohl der Familie

Wer es ernst damit meint, nach dem Grundsatz „zum Wohl des Kindes" zu wirken, kommt nicht daran vorbei, sich zur Weiterentwicklung der eigenen Professionalität mit entwicklungswissenschaftlichen Erkenntnissen zu befassen. Neben den medizinischen, entwicklungspsychologischen und neurobiologischen Grundlagen sind auch Erkenntnisse aus der systemischen und sozio-ökologischen Forschung für eine umfassende Einschätzung kindlicher Entwicklungsprozesse wichtig. Aus der Resilienzforschung, die sich mit der Wahrnehmung von Schutz- und Risikofaktoren für die Entwicklungs- und Bildungschancen von Kindern befasst, wissen wir, dass die soziale Zugehörigkeit und Akzeptanz der Familie im weiteren sozialen Umfeld einen wichtigen Schutzfaktor darstellt (vgl. Fröhlich-Gildhoff / Rönnau-Böse 2009).

Kinder registrieren intuitiv, wie ihre Familie von der Umwelt wahrgenommen wird

Ganz unabhängig von der Frage des sozialen Status einer Familie registrieren Kinder intuitiv, wie ihre Familie von der Umwelt – auch von den pädagogischen Fachkräften – wahrgenommen wird. Sie deuten nonverbale Signale wie Augenbrauen hochziehen, Augen rollen, Nase rümpfen, wegwischende Handbewegung, abwendende Körperhaltung ebenso wie Bemerkungen, die über ihre Eltern, Großeltern oder Geschwister ausgetauscht werden. („Wie die spricht!" „Wie der aussieht!" „Wie die riecht!") Dazu schreibt Petra Wagner: „In den ´Welten der Kinder´ regieren Kinder selbst mit ihrem Eigensinn und ihrer Kreativität, ihrer je individuellen Art, das zu verarbeiten, was sie beobachten und wahrnehmen. 'Kinderwelten' sind also auch die Lernwege, die Kinder gehen, um ihr Verständnis von der Welt, ihr Bild von sich selbst und anderen Menschen in der Welt, in einem aktiven Aneignungsprozess zu konstruieren. In diesem Prozess verarbeiten Kinder auch die bewertenden Botschaften über sich selbst und andere Menschen, die sie aus ihrem Umfeld erhalten" (Wagner 2008, S. 9).

Kinder beziehen ihr Wohlbefinden zuerst aus ihrer eigenen Familien. Die eigene Familie ist in den frühen Jahren der wesentliche Orientierungsraum für ein Kind – selbst dann, wenn die Lebensumstände der Familie aus dem Rahmen der sozialen und materiellen Mitte fallen. Wer das Kindeswohl in belasteten Familien verbessern möchte, muss daher auch das Wohlbefinden der Familie in den Blick nehmen. Geht es der Familie gut und fühlt sie sich in ihrer Umwelt wahr- und angenommen, stellt das einen wesentlichen Schutz für das Aufwachsen der Kinder dar. Geht es der Familie schlecht, wird sie ignoriert oder abfällig behandelt, verstärken sich Entwicklungsrisiken. Professionelles Handeln zeigt sich daher immer dort, wo auch denjenigen mit Freundlichkeit und Zuwendung begegnet wird, deren Erscheinungsbild, Verhaltensweisen und Ausdrucksfähigkeiten nicht mit den eigenen Vorstellungen übereinstimmen.

Das Wohlgefühl der gesamten Familie in den Blick nehmen

In allen Bildungsplänen, die in den vergangenen Jahren für Kindertageseinrichtungen entwickelt und implementiert wurden, sind Bildungs- und Erziehungspartnerschaften mit Eltern als wesentliche Ziele verankert. Wie eine konstruktive Zusammenarbeit von Kindertageseinrichtung und Eltern aussehen kann, haben Lothar Klein und Herbert Vogt wie folgt beschrieben: „Sie entfaltet sich natürlich nicht von selbst, sondern muss von den Fachkräften gewollt und aktiv entwickelt werden. Der Schlüssel für die Entwicklung von Familienorientierung liegt in einem veränderten Rollenverständnis der Erzieherinnen. Sie müssen sich innerlich für Familien als Kooperationspartner zuständig erklären und daraus gemeinsam die Angebote zur Zusammenarbeit ableiten. Allem voran hilft es, sich eine bestimmte Grundhaltung gegenüber den Eltern im eigenen Arbeitsbereich bewusst zu machen oder neu einzunehmen. (…) Diese Grundhaltung ist offen, interessiert und freundlich. Sie setzt auf Partizipation, grenzt nicht aus, sondern integriert, orientiert sich am Bedarf und der gegenwärtigen Lebenssituation der Familien" (Klein/Vogt 2008, S. 7).

6.2 Einfühlende Gesprächskompetenzen erwerben

In Kapitel 2 wurde beschrieben, auf welche grundlegenden Orientierungen und Kompetenzen es ankommt, wenn Gespräche gelingen sollen. Gleichwohl ereignen sich doch immer wieder Konfrontationen zwischen Eltern und pädagogischen Fachkräften.

Praxisbeispiel

Die Eltern des dreijährigen Lukas werden zum Entwicklungsgespräch in die Kita eingeladen. Lukas hatte bereits die im Haus befindliche Krippe besucht. Nun ist er seit einigen Wochen in der neuen Kita-Gruppe. Aus der Vorgeschichte des Kindes wissen die neuen Erzieherinnen, dass Lukas zu früh geboren wurde. Den Protokollen der vorangegangenen Entwicklungsgespräche konnten sie entnehmen, dass sich Lukas nach Einschätzung seiner Eltern zwar in manchen Bereichen (Spracherwerb) langsam, aber insgesamt gut entwickelt. Auch habe er Spielfreunde gefunden. Diesen Eindruck teilen seine neuen Gruppenerzieherinnen nicht. Wenn er angesprochen wird, reagiert er nach ihrer Einschätzung kaum. Sie haben beide den Eindruck, dass Lukas nicht richtig hört.

Den Eltern sollen diese Beobachtungen im Entwicklungsgespräch mitgeteilt werden. Die beiden Erzieherinnen schildern den Eltern, dass Lukas alle Aufforderungen, etwas zu tun oder zu lassen, ignoriert. Und sie konfrontieren die Eltern mit der Einschätzung, dass Lukas Entwicklungsdefizite aufweist und fordern sie auf, möglichst bald einen Kinderarzt zu konsultieren. Die Eltern, beide sind zu dem Gespräch gekommen, reagieren auf diese Information irritiert und ungläubig. Ihre Irritation lässt auch nicht nach, als die Erzieherinnen später einige positive Beobachtungen berichten. So habe Lukas mehrfach versucht, am Spiel in der Bauecke teilzunehmen. Die Eltern beenden das Gespräch mit der Feststellung, sie hätten alle Vorsorgeuntersuchungen bei ihrem Kinderarzt wahrgenommen und dabei sei keine Hörschädigung festgestellt worden. Dennoch folgen sie der Aufforderung zum Arztbesuch.

Wenige Tage später berichtet die Mutter, dass diese Untersuchung den Verdacht einer Hörbeeinträchtigung bei Lukas nicht bestätigt hätte. Sie wirkt bei dieser Mitteilung kühl und distanziert auf die Erzieherinnen. Die Erzieherinnen sind daraufhin empört. Sie fühlen sich von den Eltern nicht ernst genommen, weil diese ihre umfassenden Beobachtungen anzweifeln und stellen infrage, ob die Eltern tatsächlich beim Kinderarzt gewesen waren.

Dieses Beispiel von Lukas, seinen Eltern und den beteiligten Pädagoginnen zeigt einen klassischen Beziehungs-Fehlstart. Wenn die entstandene Kommunikations- und Vertrauenskrise nicht überwunden werden kann, hätte dies für die weitere Entwicklung des Jungen – zumindest im Kontext seiner Kindergartenjahre – nachteilige Folgen. Daher ist das professionelle Handeln der Pädagoginnen und eine Erweiterung ihrer Handlungskompetenzen in Bezug auf die Zusammenarbeit mit Eltern gefragt.

Fehler sind menschlich – und zum Lernen da!

Nach einigen Tagen der stillen Verärgerung beschließen die beiden Erzieherinnen, der Leiterin von dem Gesprächsverlauf und der kühlen Reaktion der Eltern zu berichten. Ursprünglich hatten sie sich dazu in der Hoffnung auf Bestätigung und Unterstützung für die eigene Sichtweise entschieden. Die Leiterin Adele N. hört ihnen aufmerksam zu, hält sich jedoch mit eigenen Bewertungen zurück. Sie bedankt sich für das ihr entgegengebrachte Vertrauen und zeigt Mitgefühl für die schwierige Situation der beiden Mitarbeiterinnen. Wenn es in diesem Gespräch Fehler gegeben habe, sehe sie das als Hinweis darauf, dass hier noch konzeptionelle Klarheit fehle. Aus dieser Überlegung heraus unterbreitet sie den beiden Pädagoginnen eine Idee: „Wir können – vorausgesetzt, Sie sind einverstanden – diese Situation zum Anlass nehmen, das Thema ´Zusammenarbeit mit Eltern´ im Team zu bearbeiten. Was halten Sie davon, wenn wir die Situation einmal mit dem ganzen Team, auch mit den Kolleginnen der Krippe, sorgfältig untersuchen?"

Diesen Vorschlag begründet sie mit dem Argument, dass ihr das Thema „Entwicklungsgespräche führen" schon lange am Herzen liege und sie es leider noch nie so richtig mit dem Team bearbeitet habe. Nun sei aber der Zeitpunkt gekommen, dies nachzuholen, und sie bittet die beiden, dieses Beispiel zum Teamlernen verwenden zu dürfen. Mit den Ergebnissen aus dieser Sitzung könnten erste Eckpunkte zur Entwicklung von Grundsätzen für Entwicklungsgespräche festgehalten werden. Außerdem erhoffe sie sich daraus Anregungen für ein weiteres Gespräch mit Lukas Eltern. Die Sicht der Leiterin beruhigt die beiden Pädagoginnen und man einigt sich – wenn auch ein wenig skeptisch –, die Idee auszuprobieren.

Gefühlen und Gedanken nachspüren: Die Sechs-Denkhüte-Methode

Die Leiterin der Einrichtung bereitete die Teambesprechung zum Thema „Entwicklungsgespräche" mithilfe der sogenannten Sechs-Denkhüte-Methode vor. Diese Methode wurde 1990 von Edward de Bono, einem britischen Arzt und Pädagogen, entwickelt. Sie ermöglicht die systematische Wahrnehmung von Beobachtungen (weißer Hut), die Berücksichtigung möglicher Gefühle (roter Hut), Einblick in positive Denkweisen (gelber Hut) sowie Zweifel und Befürchtungen (schwarzer Hut), und schließlich lädt sie dazu ein, kreative Lösungen (grüner Hut) zu entwickeln. Die Moderation (blauer Hut) achtet darauf, dass die Systematik eingehalten wird. Die Methode ist vielfach erprobt und erweist sich besonders in der Klärung von Konflikten als hilfreich, weil sie den Blick weitet und kreative Lösungen hervorbringt.

Nach der üblichen Eingangsrunde und einer kurzen Einführung in den Themenschwerpunkt der heutigen Teambesprechung stellt die Leiterin die Sechs-Denkhüte-Methode vor. Sie schlägt zwei Vorgehensweisen vor: Entweder werden die Hüte verteilt und jede Teilnehmerin behält während des gesamten Prozesses ihren Hut, oder die Farben der Hüte werden gewechselt und jedes Teammitglied nimmt nach und nach unterschiedliche Perspektiven ein. Das Team entschied sich für den zweiten Weg.

Dann beginnt die systematische Analyse: Die Leiterin übernimmt den „blauen Hut" der Moderation. Sie erinnert an die Dialogvereinbarungen und bittet die Kolleginnen darum, aufmerksam zuzuhören und während des Berichtes keine Kommentare abzugeben. Die beiden an dem Konflikt beteiligten Gruppenerzieherinnen setzen sich den „weißen Hut" (symbolisch für die systematische Schilderung der Beobachtungen) auf und berichten über das Entwicklungsgespräch, ihre Mitteilungen und die Reaktionen der Eltern. Anschließend setzen sich die zuvor in der Krippe für Lukas zuständigen Kolleginnen den weißen Hut auf und berichteten über ihre Erfahrungen.

Aus diesen Schilderungen ergibt sich, dass Lukas sich – anders als in der neuen Gruppe – sehr kooperativ verhalten hatte. Natürlich habe er, wie andere Kinder auch, manchmal einfach weitergespielt, wenn er eigentlich aufräumen sollte oder das Spiel der Kinder aus anderen Gründen unterbrochen wurde. Dass er nicht richtig hören könnte, hätten sie allerdings nie vermutet. Die Eltern seien sehr besorgt um Lukas gewesen und hätten immer wieder gefragt, ob er sich gut entwickele. Zwar hätte er sich im sprachlichen Bereich recht langsam gezeigt und in ruhigen Umgebungen am wohlsten gefühlt. Es sei aber mit drei Jahren weitgehend „sauber" gewesen und habe sich auch auf die „Großen" in der Regenbogengruppe gefreut. Abschließend berichten die Kolleginnen davon, dass es vor einiger Zeit personelle Engpässe im Krippenteam gegeben habe. Daher habe die Zeit gefehlt, Lukas die Möglichkeit zu geben, sich allmählich mit den neuen Gruppenerzieherinnen und der Regenbogengruppe vertraut zu machen.

Nach den Berichten ziehen sich alle Mitarbeiterinnen den „roten Hut" auf und befassen sich in Kleingruppen mit den Gefühlen der Beteiligten:
- Wie fühlt sich Lukas in der neuen Gruppe?
- Wie fühlen sich Lukas Eltern in der neuen Situation?
- Wie fühlen sich die beiden Gruppenerzieherinnen in der Regenbogengruppe?

Gefühle untersuchen – der „Rote Hut"

Lukas	Lukas Eltern	Gruppenerzieherinnen
Fühlt sich möglicherweise fremd und unsicher in der neuen Gruppe/hat noch keinen Freund gefunden	Haben sicher immer noch große Angst, dass Lukas irgendetwas zustoßen könnte	Fühlen sich überfordert: Fünf neue Kinder mussten sie im letzten Monat integrieren
Wirkt ängstlich, traut sich nicht, die Umgebung zu erkunden (Lautstärke und viel mehr Kinder als in der Krippengruppe)	Wünschen sich bestimmt, dass Lukas von anderen gemocht wird	Fühlen sich in ihrer Erwartung, dass Lukas sich problemlos eingewöhnen wird (er war doch schon in der Krippe), nicht bestätigt
Hält sich an bestimmten Objekten fest (großes Feuerwehrauto mag er nicht hergeben)	Empfinden vielleicht Panik, weil seine Erzieherinnen von einem Hörproblem berichten	Fühlen Verärgerung, weil Lukas Eltern ihre Sicht nicht annehmen wollen
Zieht sich oft in Ecken zurück und schaut den anderen Kindern zu (Bauecke)	Fühlen sich in dem Entwicklungsgespräch überrumpelt/hatten einen anderen Verlauf erwartet (Krippe)	Fühlen sich nicht ernst genommen und gekränkt, weil Lukas Eltern dem Urteil des Arztes mehr vertrauen als ihnen
Wirkt traurig, wartet jeden Tag darauf abgeholt zu werden (zeigt Freude, wenn Mama oder Papa ihn abholen)	Sind vielleicht enttäuscht, weil die neuen Erzieherinnen viel Negatives über Lukas erzählen	Empfinden Hilflosigkeit, weil sie Lukas nicht erreichen können und sich mit ihrer Einschätzung der Ursachen auf nur eine Erklärung (hört nicht richtig) festgelegt haben
Wirkt manchmal trotzig – reagiert nicht, wenn er angesprochen wird	Ärgern sich möglicherweise über die einseitige Feststellung, dass es an Lukas liege, weil der Kontakt nicht gut sei (weil er nicht reagiert)	Fühlen sich unterlegen, weil Lukas Eltern (besonders seine Mutter) nach dem Gespräch sehr kühl und abweisend reagieren

Die Bilanz der ersten Runde ergibt, dass „schlechte Gefühle" bei allen Beteiligten bestimmend waren. Im nächsten Schritt sollen mögliche Chancen (gelber Hut) und Risiken (schwarzer Hut) dieser Situation ausgelotet werden.

Mit dem „Gelben Hut" Chancen erkennen

Lukas	Lukas Eltern	Gruppenerzieherinnen
Erwartungen an sein Verhalten werden überprüft / Beziehung aufgebaut	Fühlen sich wertgeschätzt, weil ihre negative Erfahrung in einem neuen Gespräch aufgefangen wird	Fühlen sich im Team – trotz Fehler – wertgeschätzt; erfahren, dass man Fehler machen und daraus lernen kann
Wird aufmerksamer wahrgenommen und ermutigt	Sind beeindruckt, weil die Gruppenerzieherinnen Fehler einräumen und ihre erste Meinung über Lukas überprüft und verändert haben	Gewinnen neue Sichtweisen für die Übergänge von Krippe zur Kita / können erkennen, dass Lukas im Übergang überfordert wurde
Erhält mehr Zuwendung und kann Kontakt zu Kindern aufnehmen	Können Vertrauen zu den Erzieherinnen und zur neuen Gruppensituation gewinnen	Lernen, ein offenes und klärendes Gespräch mit Lukas Eltern zu führen / haben das Gefühl, selbstverantwortlich etwas verändern zu können
Kann die neuen Spielmöglichkeiten der Regenbogengruppe entdecken	Vertrauen in Lukas Entwicklungspotenziale wird weiter gestärkt	Entwickeln neue Ideen zur Eingewöhnung / erwerben Kompetenzen für Entwicklungsgespräche

Den zahlreichen Chancen, die in dieser zunächst doch schwierigen konfliktbeladenen Situation gesehen werden konnten, stehen allerdings auch Risiken gegenüber, die im Team gesammelt werden.

Risiken nicht übersehen: „Schwarzer Hut"

Lukas	Lukas Eltern	Gruppenerzieherinnen
Es wird keine Zeit für systematische, stärkenorientierte Beobachtungen und Beziehungsaufbau gefunden	Lehnen ein weiteres Gespräch ab und kündigen an, die Einrichtung wechseln zu wollen	Fühlen sich in ihrer Arbeit nicht wertgeschätzt / haben Angst, dass hinter vorgehaltener Hand schlecht über sie gesprochen wird
Reagiert nicht positiv, bleibt in sich gekehrt		Fühlen sich schuldig, weil die Eltern über ihre negativen Erfahrungen berichten werden (schlechter Ruf)
Findet keinen Kontakt zu anderen Kindern		Ziehen sich in ihre Gruppe zurück, vermeiden den Kontakt im Team
Hält sich weiterhin am Feuerwehrauto fest und verweigert alle anderen Angebote der Gruppe		Zweifeln an ihrer Berufswahl und haben Motivationsprobleme

Nach dieser ernüchternden Einschätzung wird deutlich, dass kreative Lösungen gebraucht werden, um das Eintreten dieser Risiken zu vermeiden. Dazu sollen alle spontanen Einfälle gesammelt, aber nicht diskutiert werden. Anschließend werden diese Vorschläge dann in die Kategorien realistische und utopische Ideen gefiltert.

Kreativität freisetzen unter dem „Grünen Hut"

- „Sorry-Karte" für Lukas Eltern gestalten und mit Einladung zum Gespräch zuschicken
- Kennenlern-Tag für Lukas in der Gruppe veranstalten (künftig auch für andere neue Kinder)
- Film über Regenbogengruppe drehen
- Lukas fotografieren – mit Feuerwehrauto
- Bilder und Bilderbücher über die Feuerwehr in der Bauecke anbieten
- Lukas und seine Eltern zu Hause besuchen

- Portfolioarbeit beginnen (für Lukas und alle anderen Kinder)
- Mit Kolleginnen der Krippe ein Stärkenportrait für Lukas entwickeln (künftig auch für alle anderen Kinder, die von der Krippe in die Kita wechseln)
- Mit Kindern ein Überraschungs-Gruppenfest planen, zu dem jedes Kind die eigenen Eltern einlädt
- Alle neuen Eltern zu einem Austausch über ihre Übergangserfahrungen einladen (Elterncafé): Aufgabe der Leitung
- Eltern bitten, ein kleines Portrait von Lukas anzufertigen: Was mag er, was nicht? Was braucht er, um sich wohl zu fühlen?
- Möglichen Verlauf für das neue Gespräch im Rollenspiel üben und reflektieren
- Raumwechsel: Neues Gespräch in anderer Umgebung führen (Café)
- Lukas Eltern ermuntern, noch andere Personen zum Gespräch mitzubringen (z.B. Lukas Oma).

In der Filterphase zeigt sich, dass die meisten Ideen auch umsetzbar sind. Klar wird aber auch, dass nicht alles gleichzeitig angestoßen werden kann. Bis zur nächsten Teambesprechung nehmen sich die beiden Gruppenerzieherinnen Zeit für die Planung der nächsten Schritte. Dann stellen sie ihre Vorhaben vor: Die beiden Gruppenerzieherinnen wollen für Lukas und seine Eltern eine Entschuldigungs-Karte gestalten und diese bei einem Hausbesuch, den sie schon vereinbart haben, mitbringen. Zu diesem Besuch werden sie auch Fotografien mit dabei haben und gemeinsam mit den Eltern überlegen, was sie unternehmen können, um Lukas Wohlbefinden in der Regenbogengruppe zu stärken. Von der Idee eines Gruppenfestes sind die Pädagoginnen begeistert. Sie haben schon mit den Kindern darüber gesprochen und waren gerade dabei, Ideen für dieses Fest zu sammeln. Die Kinder wollen es am Samstag feiern, wenn ihre Eltern nicht arbeiten müssen. Die beiden Erzieherinnen möchten außerdem gerne mehr über die Portfolioarbeit wissen und wünschen sich dafür gemeinsame Fortbildungen im Team.

Rückschlüsse auf die konzeptionelle Arbeit ziehen

Für die Untersuchung hatte das Team weniger als 90 Minuten gebraucht. Zum einen war dies auf die hohe Disziplin während der Teambesprechung zurückzuführen, zum anderen auch auf die Bereitschaft der beiden Gruppenerzieherinnen, offen mit Fehlern umzugehen und systematisch an der Verbesserung der Beziehung zu Lukas und seinen Eltern zu arbeiten.

Die systematische und lösungsorientierte Arbeit mithilfe der Sechshüte-Methode stellte aber auch die Basis für eine Neuausrichtung der „Zusammenarbeit mit Eltern" insgesamt dar. Daher wurden Arbeitsgruppen gebildet und folgende Arbeitsaufträge vergeben:

- Klärung des professionellen Auftrags der „Bildungs- und Erziehungspartnerschaft mit Eltern": Welche Aufträge haben wir (Gesetz/Bildungsplan/Träger)? Was wollen wir damit erreichen? Welche Vorstellungen haben wir von der Zusammenarbeit mit Eltern? Gibt es für uns Grenzen für die partnerschaftliche Zusammenarbeit mit Eltern und wie sehen diese aus?
- Feststellung des Ist-Standes zur Zusammenarbeit: Wie bewerten wir die bestehende Zusammenarbeit mit Eltern? Wie bewerten die Eltern diese Zusammenarbeit? Dazu will die Arbeitsgruppe gemeinsam mit einigen Eltern einen Fragebogen ausarbeiten und die Ergebnisse dem Team vorstellen.
- Orientierungshilfen für die Kommunikation mit Eltern entwickeln: Für welche Gesprächssituationen brauchen wir (und die Eltern) mehr Sicherheit? Wie könnten entsprechende Leitfäden gestaltet werden?

In dialogischer Grundhaltung Gespräche führen

Dialogisches Denken und Handeln wird von dem Ziel geprägt, ein gemeinsames Verständnis zu erlangen. Diese Erfahrung konnten die beiden Gruppenerzieherinnen dann bei dem Besuch bei Lukas und seinen Eltern machen. Im Team berichteten sie anschließend, dass sie anfangs schon ein wenig verkrampft gewesen seien. Als sie dann aber die Karte überreicht und sich für ihre Fehleinschätzung zu Lukas Hörfähigkeit entschuldigt hätten, sei alles ganz leicht gegangen. Lukas Eltern hätten das Babyalbum auf den Tisch gelegt und viel erzählt von ihrer Vorfreude auf das Kind, von ihrer großen Angst, als er zu früh geboren wurde, und von den zahllosen Arztbesuchen mit Lukas. Im ersten Lebensjahr hätte es eine ganze Reihe zusätzlicher Untersuchungen gegeben, und der Kinderarzt kenne Lukas schon von Anfang an. Er hätte ihnen immer wieder versichert, dass Lukas sich zwar etwas langsamer, aber ansonsten „normal" entwickeln würde. Die Aussage der Erzieherinnen, Lukas könne vielleicht nicht richtig hören, habe sie sehr schockiert.

Im Verlauf des Gespräches wurde die Frage, wie Lukas den Übergang von der Krippe in die Kita erlebt hätte, ausführlich erörtert. Man sei sich einig in der Einschätzung gewesen, dass Lukas in dieser Situation überfordert wurde und seine Reaktion darauf nachvollziehbar sei. Es wurde vereinbart, dass die Eltern sich im Wechsel (so können sie es am besten mit ihren beruflichen Verpflichtungen vereinbaren) morgens mehr Zeit für Lukas bei seinem Ankommen in der Gruppe nehmen wollen. Über die Idee, ein Gruppenfest zu veranstalten, hätten sich Lukas Eltern sehr gefreut und auch Hilfe angeboten. Das Gespräch war von beiden Seiten durch große Wertschätzung und Empathie gekennzeichnet.

Ein gemeinsames Verständnis erlangen

6.3 Gemeinsam vom stärkenorientierten Blick profitieren

✋ Praxisbeispiel

Der Vater eines dreijährigen Jungen sagt: „Das hätte ich nicht gedacht, dass mein Sohn sich so lange anstrengen kann!"

Die Mutter eines vierjährigen Mädchens erzählt: „Ich bin richtig froh, dass meine Tochter sich für andere Kinder einsetzt. Zu Hause kann sie das ja gar nicht zeigen. Ehrlich gesagt, habe ich mir schon Sorgen gemacht, dass sie ganz egoistisch werden könnte, weil sie ein Einzelkind ist."

Die Mutter eines fünfjährigen Mädchens berichtet: „Erst habe ich ja einen Schreck bekommen, als ich meine Tochter im Film auf dem Kletterbaum gesehen habe. Aber dann war ich richtig stolz, als ich sehen konnte, wie gut sie dabei aufpasst. Dass sie so gut klettern kann, habe ich noch nie bemerkt. Aber mir fällt jetzt ein, dass ich ihr das Klettern oft verbiete."

Die Eltern eines fünfjährigen Jungen erzählen: „Wir hatten große Sorge, dass unser Sohn sich nur noch für Fußball interessiert und dann in der Schule Probleme haben wird. Wenn er zu Hause ist, will er immer nur raus. Unsere Wohnung ist klein und gleich nebenan gibt es einen Bolzplatz. Da ist er am liebsten. Was wir hier sehen, macht uns richtig froh. Dass er so viel über Fußball weiß und sogar ein Buch darüber hat – einfach toll! Auf so eine gute Idee sind wir leider nicht gekommen. Vielen Dank!"

Die Reaktionen von Eltern auf Entwicklungsgespräche, die auf der Grundlage stärkenorientierter Beobachtungsverfahren wie den Bildungs- und Lerngeschichten (Leu et al. 2006) basieren, sind meist sehr positiv. In der Systematik dieser Verfahrens verändert sich der Blick von der Ergebnisorientierung (Was kann das Kind? Was kann es nicht? Mit welchen Angeboten und Übungen können wir das Können des Kindes verbessern?) hin zur Wahrnehmung des kindlichen Lernprozesses:

- Welche Interessen und Ideen hat das Kind?

- Welche Strategien entwickelt es, um seine Experimente, Kunstwerke oder Konstruktionen zu verwirklichen?
- Welche Fähigkeiten stehen ihm dabei zur Verfügung?

Das Eisberg-Modell von Margaret Carr

Die kindliche Lernreise wird anhand der von Margaret Carr entwickelten Eisberg-Metapher erkundet. Sie veranschaulicht den Zusammenhang zwischen Beziehungen, dem sozialen und räumlichen Umfeld und den kindlichen Lernaktivitäten. Es gibt fünf Voraussetzungen, die erfüllt sein müssen, damit Lernprozesse zustande kommen: Zugehörigkeit, Wohlbefinden, Exploration, Kommunikation und Partizipation. Ob diese Voraussetzungen erfüllt sind, kann über die Lerndispositionen beobachtet werden. Dazu gehören: Interessiertheit, Engagiertheit, Standhalten, sich Ausdrücken und Mitwirken in Lerngemeinschaften.

In der Struktur des Eisbergs wird das Verhältnis dieser Zusammenhänge veranschaulicht: Die Voraussetzungen für Lernprozesse befinden sich unter der Wasseroberfläche, sind also nicht sichtbar. Sichtbar sind dagegen die Lerndispositionen, die als Spitze des Eisbergs beobachtbar sind. Je besser diese Voraussetzungen im Lebensumfeld eines Kindes gegeben sind, umso klarer lassen sich die Lerndispositionen ablesen (vgl. Carr 2007).

Die Arbeit mit stärkenorientiert ausgerichteten Beobachtungsmethoden ermöglicht einen neuen Blick auf das Kind und dessen familiäres und soziales Umfeld. Die Hauptverantwortung für die Schaffung günstiger Entwicklungsvoraussetzungen liegt bei den Eltern. Sie haben nach dem Grundgesetz, Artikel 6, das Recht, aber auch die Pflicht zur Pflege und Erziehung ihrer Kinder. Kindertageseinrichtungen obliegt es, Eltern in diesem Erziehungsauftrag umfassend zu unterstützen (SGB VIII, § 22). Angesichts der großen Unterschiede in den Lebensumständen von Familien und den daraus resultierenden Förderungsmöglichkeiten für Kinder variiert dieser Auftrag.

Bezogen auf das Eisberg-Modell bedeuten Unterschiede in den Lebensumständen auch entsprechende Unterschiede in Zu-

Ein neuer Blick auf das Kind und dessen familiäres und soziales Umfeld

gehörigkeit, Wohlbefinden, Exploration, Kommunikation und Partizipation der Kinder. Der unsichtbare Teil des Eisbergs ist Grundlage für die Qualität der kindlichen Beziehungen, für ihre Bindungen. Sichere Bindungen ermöglichen beste Bedingungen für das Lernen. Unsichere Bindungen zwingen Kinder dagegen, viel Mühe darauf zu verwenden, Beziehungen aufzubauen und immer wieder zu überprüfen. Diese Kinder benötigen hohe emotionale Aufmerksamkeit, um eine annähernd sichere Basis zu bekommen. Ihre Energie ist gebunden in der Suche nach Beziehung. Die Energie sicher gebundener Kinder kann sich dagegen nach außen richten – abzulesen in den fünf Lerndispositionen: Sie sind interessiert, engagiert, können bei Schwierigkeiten standhalten, sich ausdrücken und in Lerngemeinschaften mitwirken (vgl. Viernickel 2009; Leu et al. 2006).

In dem vorhergehenden Beispiel hat Lukas mit Rückzug und Abwehr auf die neue Situation in der Gruppe reagiert. In einer Einrichtung, die mit stärkenorientierten Beobachtungsverfahren arbeitet, wäre ein solch misslungener Übergang kaum möglich gewesen. Denn nicht nur die beteiligten Pädagoginnen, sondern auch Lukas und seine Eltern wären aktiv in die Gestaltung des Übergangs und den Aufbau neuer, sicherer Beziehungen eingebunden gewesen.

Der „Positive Blick" im Entwicklungsgespräch

Praxisbeispiel

Die Eltern erzählen im Entwicklungsgespräch: „Und wir dachten schon, Johann hat einen Tick, aber nun sind wir richtig erleichtert und froh. Wir werden ihn jetzt ganz anders verstehen und sehen auch, was wir ändern müssen."

Was war passiert? Die Eltern berichten, dass sich Johann schon früh (eigentlich noch bevor er laufen konnte) brennend für Schlüssel interessierte. Er entdeckte und untersuchte jeden ihm zugänglichen Schlüssel. Das Wort „Schlüssel" konnte er schon früh aussprechen. Er fragte alle Mitglieder der Familie: „Schlüssel?" Alle fanden das süß und gaben ihm bereitwillig ihre Schlüssel für seine „Forschungen". Inzwischen war Johann in den Kindergarten gekommen und fragte dort ebenfalls nach Schlüsseln. Erst wendete er sich nur an die Erzieherinnen, später auch an ankommende Eltern. Anfangs hatte er mehrfach Erfolg und erhielt tatsächlich einen Schlüssel. Doch je älter er wurde, desto öfter reagierten die Gefragten überrascht, ablehnend, manche auch verärgert. Johann ließ sich auch von negativen Reaktionen nicht abbringen und versuchte es immer wieder. Das wurde den Eltern unangenehm und auch unheimlich. Sie versuchten, sein Schlüssel-Thema zu „bekämpfen", indem sie sich bemühten, ihn auf andere Themen zu bringen. Erfolglos. Nichts half. Johann fragte weiter nach Schlüsseln.

In einem ausführlichen Entwicklungsgespräch auf Grundlage der Bildungs- und Lerngeschichten gelingt es, einen ganz anderen Blick auf Johann und sein „Schlüssel-Thema" zu entwickeln. Johann hat mit seinem Thema große Stärken gezeigt: nämlich Durchhaltevermögen und Beharrlichkeit. Er bringt großes Engagement auf, an neue Schlüssel zu kommen, lässt sich von negativen Erfahrungen nicht entmutigen, untersucht mit großer Genauigkeit die unterschiedlichen Muster und Strukturen der Schlüssel und kommuniziert darüber intensiv mit seiner Umwelt. Johann ist aus dieser Sichtweise ein Kind mit vielen Stärken. Die Eltern sind beeindruckt. So hatten sie Johann bisher nicht gesehen.

Auf dieser Grundlage konnte dann auch über mögliche Schwierigkeiten mit dem Schlüssel-Thema und Johann gesprochen werden: Es zeigte sich, dass die Eltern selbst wenig Interesse an den Forschungen ihres Sohnes hatten. Sie hatten vielmehr ganz andere Vorstellungen davon, für was sich Johann interessieren sollte. Sein eigenes Thema fanden sie zunehmend lästig und unterstützten es kaum mehr. Das führte (vielleicht) dazu, dass Johann sein Thema auf einem bestimmten Niveau „eingefroren" hatte. Als er noch sehr klein war, hatte er ein „positives Muster" entdeckt und diesem folgte er nun unbeirrt weiter.

In einem nächsten Schritt konnten gemeinsam Lösungen entwickelt werden: Die Eltern beschlossen, das Thema von Johann als „sein" Thema anzunehmen und zu unterstützen. Sie wollten ihm neue Herausforderungen bieten, zum Beispiel eine „Schlüssel-Zeitreise" unternehmen und Schlüssel aus vergangenen Zeiten mit den heutigen Modellen vergleichen. Die Eltern wollten ihm anbieten, eine Schatzkiste für „Fundschlüssel" zu bauen, die sich mehrfach verschließen lässt. Sie wollten mit ihm zusammen ein Schlüssel-Bilderbuch gestalten, in dem Fotos der verschiedenen Schlüssel und ihrer Verwendungsmöglichkeiten eingeklebt werden. Je mehr sie über Möglichkeiten der Unterstützung nachdachten, desto kreativer wurden sie in ihren Ideen.

Vier Wochen später zeigte Johann, welche Ergebnisse das Gespräch gebracht hat: Er war nun Experte für alle Schlüssel und Schließtechniken in der Kita, brachte immer neue Fundstücke mit in den Morgenkreis, erklärte anderen Kindern sein Schlüsselbuch und konnte weitere Schlüsselexperten unter ihnen gewinnen. Johann wirkte insgesamt fröhlicher und interessierte sich zunehmend auch für andere Themen: Schraubenschlüssel, Schrauben, Bauwerke aus Metall. Sein altes Muster – routinemäßig alle in seiner Umgebung nach Schlüsseln zu fragen – hatte er vollständig abgelegt.

Das Beispiel von Johann zeigt, welche Ziele Entwicklungsgespräche haben und wann sie gelingen: Die Stärken des Kindes werden im gegenseitigen Austausch wahrgenommen und gewürdigt. Daraus werden Anregungen für die Unterstützung der Lernwünsche gewonnen. Es werden Vereinbarungen darüber getroffen, welche dieser Anregungen in der Familie und welche in der Kindertageseinrichtung bereitgestellt werden können. Am Ende entscheidet das Interesse des Kindes darüber, wie sich der weitere Verlauf seines Themas gestaltet.

Die Stärken des Kindes im gegenseitigen Austausch wahrnehmen und würdigen

Was ist mit den Schwächen?

„Wie reagiere ich, wenn Eltern immer wieder nach den Schwächen ihres Kindes fragen?" ist eine berechtigte Frage im Zusammenhang mit Entwicklungsgesprächen. Was in Generationen erfahren und gelehrt wurde, lässt sich nicht von heute auf morgen aus der Welt schaffen. Die eigene Bildungsbiografie ist oftmals weniger mit Erinnerungen an Freiwilligkeit, Lernfreude oder Freiheit für individuelle Lernwege verbunden. Und mehr noch, die persönlichen Erfahrungen sind längst verinnerlicht und als „richtige" und „notwendige" Maßnahmen von den eigenen Eltern, Erzieherinnen und Lehrerinnen übernommen. Druck, Zwang und auch Strafen werden von vielen Eltern immer noch als erforderliche Erziehungsmaßnahmen angesehen, damit ihre Kinder später in Schule und Beruf erfolgreich sind. „Schauen Sie, aus mir ist doch auch etwas geworden!", unterstützt diese Argumentationskette. Das ist wahr und dennoch zu hinterfragen.

Denn: Welche Potenziale mag ein heute erwachsener Vater, eine heute erwachsene Mutter als Kind gehabt haben? Hätten sie bei einer größeren Freiheit, ihre Interessen und Stärken zu entfalten, tatsächlich weniger erreicht? Wie oft und in welchen Situationen reagieren Erwachsene mit Versagensängsten? Könnten diese Ängste nicht auch Folge demütigender oder überfordernder Lernerfahrungen in der eigenen Kindheit sein? Es trotz Druck geschafft zu haben sagt nichts darüber aus, was ohne Druck möglich gewesen wäre.

Was wir heute – gestützt aus Erkenntnissen der Hirnforschung – über das Lernen wissen, besagt unmissverständlich, dass erfolgreiches Lernen an den Stärken ansetzt. Es macht daher Sinn, Eltern im Rahmen unterschiedlicher Angebote Zugang zum Wissen über Lernen und Lernerfolg zu verschaffen. Erkenntnisse über eigene Lernwege können veraltete Überzeugungen verändern. Auch das ist allerdings ein Lernprozess, der bei jedem unterschiedlich verläuft und nicht erzwungen werden kann.

Erfolgreiches Lernen setzt an den Stärken an

Überforderte Familien stützen

Es ist kaum anzunehmen, dass eine Familie es schaffen kann, über viele Jahre hinweg mit allen Anforderungen und Belastungen ohne Unterstützung fertig zu werden. Die Zahl der Risiken im beruflichen und familiären Umfeld nimmt ständig weiter zu. Die Möglichkeiten, auf persönliche Unterstützungssysteme zurückgreifen zu können, reduzieren sich dagegen im Zuge der demografischen Entwicklung und der zunehmenden Mobilität unserer Gesellschaft. Oftmals gelingt es Familien, auch größere Krisen zu meistern und zu einem stabilen Gleichgewicht zurückzufinden. Es gibt aber auch Familien, denen es dauerhaft an Wesentlichem fehlt: an Beziehungen, Geld, Anerkennung, Erfolg und Unterstützung. Solche Familien befinden sich in einem Zustand großer dauerhafter Anspannung, die bei zusätzlichen Belastungen zur Überforderung führen kann.

Gespräche mit deutlich überforderten Eltern stellen eine große Herausforderung für Pädagoginnen und Pädagogen dar. Einerseits sollen den Eltern Gesprächs- und Unterstützungsangebote gemacht werden, die ihnen Entlastung bringen und ihre Eigenverantwortung stärken. Andererseits gibt es auch Grenzen der Erziehungspartnerschaft, wenn das Wohl des Kindes gefährdet ist. Grenzen tun sich dort auf, wo Familien nicht in der Lage sind oder es aus unterschiedlichen Motiven ablehnen, selbst für die grundlegenden Bedürfnisse ihrer Kinder zu sorgen. Hier liegt es in der Verantwortung der pädagogischen Fachkräfte, einerseits die Familie auf ihre Verpflichtungen aufmerksam zu machen und andererseits – wenn es die Situation erfordert – den Kontakt zu Ärzten, Beratungseinrichtungen und dem Jugendamt herzustellen. Im Notfall weitere Experten einzubeziehen bedeutet auch die Bereitschaft, Verantwortung in schwierigen Entscheidungen zu übernehmen. Allerdings – nicht zuletzt, um den Familien eine zukünftige Perspektive zu bieten und die weitere vertrauensvolle Zusammenarbeit mit ihnen nicht zu gefährden – sollten solche Entscheidungen jedoch auch im Kontext von Dialog und Beziehung stehen. Hierfür werden – ähnlich wie das von guten Hausärzten, Psychologen oder Pfarrern zu erwarten ist – fachliche und persönliche Autorität, zugleich aber auch Einfühlungsvermögen und Zugewandtheit benötigt.

Interkulturelle Potenziale aufgreifen und fördern

Zur Untersuchung der Frage, welche Potenziale und Kompetenzen Kinder in Familien nichtdeutscher Herkunft haben, greifen wir die Frage des Vaters aus dem Libanon zu Beginn dieses Kapitels auf. Er hatte sich danach erkundigt, wie er damit umgehen soll, dass seine vierjährige Tochter zwar zu Hause die Familiensprache Arabisch spricht, nicht jedoch in der Öffentlichkeit. Für den Vater führte das Sprechverhalten seiner Tochter zu einer großen Unsicherheit, und er stellte seine Erziehungskompetenzen infrage.

Mit einem stärkenorientierten Blick betrachtet, zeigt das vierjährige Mädchen gleich eine ganze Fülle von unglaublichen Kompetenzen: Es zeigt Weltinteresse, beobachtet genau, wie sich die Menschen verhalten und wie sie sprechen. Seine Mehrsprachigkeit setzt das Mädchen situationsorientiert ein, spontan kann es zwischen den beiden Sprachen wechseln. Das Mädchen zeigt, dass es bereits eine kulturelle Orientierung hat, denn es hat verstanden, dass es unterschiedliche Umwelten gibt, in denen unterschiedliche Verhaltensweisen und Regeln gelten. Und schließlich demonstriert es unmissverständlich, dass es sich beiden Welten – der familiären und der öffentlichen – zugehörig fühlt. Bessere Voraussetzungen für ein positives Verständnis für die eigene Herkunft und die verschiedenen Kulturen und Sprachen kann es kaum geben.

Eine Analyse der sprachlichen und kulturellen Kompetenzen, die sich bei vielen Kindern mit Migrationshintergrund bereits in frühen Jahren zeigen, verdeutlicht, wie wichtig es ist, genau diese Stärken zu fördern. Nicht das Ausblenden oder Ignorieren der einen Lebenswelt, sondern das Zusammenführen der verschiedenen Lebenswelten ist das Ziel moderner Pädagogik. Wie können solche Stärken, wie sie im Beispiel des vierjährigen Mädchens mit arabischen Wurzeln deutlich werden, gefördert werden? Beispielsweise, indem seine kulturelle Neugier positiv wahrgenommen und weiter angeregt wird. Indem das – sich manchmal überkreuzende – Sprechverhalten respektiert wird.

Keine Sprache der Kinder darf verboten werden, weil mit ihr ein Teil der Persönlichkeit an den Rand gedrückt wird und sich nicht weiterentwickeln kann. Geschichten, Lieder und Gedichte der beiden Kulturkreise können in der jeweiligen Sprache nahegebracht werden. Je gelassener und wohlwollender Eltern und andere mit den verschiedenen Sprachen der Kinder umgehen, desto sicherer werden die Kinder in ihrem Gebrauch.

Ganz sicher geben die vielen Begegnungen mit Kindern anderer kultureller Herkunft in Kindertageseinrichtungen keine Veranlassung, an deren Potenzialen zu zweifeln. Schaden wird ihnen zugefügt, wenn ihre Umwelt unsicher und abwertend auf ihre Herkunft reagiert. Bis die Kinder in die Schule kommen, hätten sie dann verinnerlicht, dass ihre Kultur weniger wertvoll ist, ihre Muttersprache nicht geschätzt wird, die Lebensweise ihrer Familie keine Anerkennung findet. Sie scheitern also nicht an, sondern trotz ihrer Potenziale.

Literatur

Albers, T. (2009): Sprache und Interaktion im Kindergarten. Eine quantitativ-qualitative Analyse der sprachlichen und kommunikativen Kompetenzen von drei- bis sechsjährigen Kindern. Bad Heilbrunn: Klinkhardt.

Blenk, D. (2003): Inhalte auf den Punkt gebracht. 115 Geschichten für Seminare und Trainings. Weinheim/Basel: Beltz.

Bohm, D. (1998): Der Dialog. Das offene Gespräch am Ende der Diskussionen. Stuttgart: Klett-Cotta.

Brown, J./Isaacs, D. (2007): Das World Café. Kreative Zukunftsgestaltung in Organisation und Gesellschaft. Heidelberg: Carl-Auer.

Buber, M. (1992): Das dialogische Prinzip. Gütersloher Verlagshaus.

Bühler, K. (1934): Sprachtheorie. Die Darstellungsfunktion der Sprache. Jena: Gustav Fischer.

Carr, M. (2007): Learning Stories – ein Bildungs- und Lernkonzept aus Neuseeland. In: N. Neuß (Hrsg.). Bildung und Lerngeschichten im Kindergarten. Konzepte, Methoden, Beispiele. Berlin: Cornelson Scriptor, S. 41-54.

Cohn, R.C. (1984): Gelebte Geschichte der Pyschotherapie. Zwei Perspektiven. Stuttgart: Klett-Cotta.

Cohn, R.C. (1987): Von der Psychoanalyse zur themenzentrierten Interaktion. Von der Behandlung Einzelner zu einer Pädagogik für alle. Stuttgart: Klett-Cotta.

Cohn, R.C. (1993): Lebendiges Lehren und Lernen. TZI macht Schule. Stuttgart: Klett-Cotta.

Delfos, M. (2004): „Sag mir mal ...“ Gesprächsführung mit Kindern. Weinheim/Basel: Beltz.

Drescher, P. (2003): Moderation von Arbeitsgruppen und Qualitätszirkeln. Ein Handbuch. Göttingen: Vandenhoek & Rubprecht

Duncker, L./Lieber, G./Neuß, N./Uhlig B. (Hrsg.) (2009): Bildung in der Kindheit: Das Handbuch zum Lernen in Kindergarten und Grundschule. Seelze: Kallmeyer.

Eckert, F. (2003): Grundhaltungen. In: G. Stumm/J. Wiltschko/W.W. Keil (Hrsg.). Grundbegriffe der Personzentrierten und Focusing-orientierten Psychotherapie und Beratung. Stuttgart: Pfeiffer, S. 147-150.

Edward De Bono (2000): Six Thinking Hats. Penguin. Auflage: Aktualis. N.-A. (26. Oktober 2000)

Fisher, R./Ury, W./Patton, B./Egger, U. (1984/2004): Das Harvard-Konzept. Der Klassiker der Verhandlungstechnik. Frankfurt/New York: Campus.

Fried, L. (2008): Pädagogische Sprachdiagnostik für Vorschulkinder – Dynamik, Stand und Ausblick. In: H.-G. Früßbach/H.-P. Blossfeld (Hrsg.). Frühpädagogische Förderung in Institutionen. Zeitschrift für Erziehungswissenschaft. Sonderherft 11/2008. Wiesbaden: VS

Fried, L./Roux, S. (2006): Pädagogik der frühen Kindheit. Weinheim/Basel: Beltz.

Fröhlich-Gildhoff, K. (2010): Die Bedeutung des Personzentrierten Ansatzes für eine moderne Frühpädagogik. In: Person 1 (2010), S. 43-53.

Fröhlich-Gildhoff, K./Rönnau-Böse, M. (2009): Resilienz. Stuttgart: UTB.

Gigerenzer, G. (2007): Bauchentscheidungen. Die Intelligenz des Unbewussten und die Macht der Intuition. München: Bertelsmann

Goleman, D. (1996): Emotionale Intelligenz. München/Wien: Carl Hanser.

Gordon, T. (1989): Managerkonferenz. Effektives Führungstraining. München: Heyne.

Gottman, J.M. (2002): Die 7 Geheimnisse der glücklichen Ehe. Berlin: Ulstein.

Höfner, E./Schachtner, H.-U. (1995): Das wäre doch gelacht. Reinbek: Rowohlt.

Hurrelmann, K. (2001): Einführung in die Sozialisationstheorie. Über den Zusammenhang von Sozialstruktur und Persönlichkeit. Weinheim/Basel: Beltz.

Jacobs, D. (2009): Die Konzeptionswerkstatt in der Kita. Praxisbuch. Weimar/Berlin: verlag das netz.

Jansen, D. (2003): Einführung in die Netzwerkanalyse. Opladen: Leske + Budrich.

Kebbe, A. (o. J.): Fortbildungsmanual zur Qualitätsentwicklung. Lampertheim.

Klein, L./Vogt, H. (2008): Eltern in der Kita. Schwierigkeiten meistern – Kommunikation entwickeln. Seelze-Velber: Klett Kallmeyer.

Kronberger Kreis für Qualitätsentwicklung (1998): Qualität im Dialog entwickeln. Wie Kindertageseinrichtungen besser werden. Seelze: Kallmeyer.

Lambert, M.J./Barley, D.E. (2002): Research summary on the therapeutic relationship and psychotherapy outcome. In: J.C. Norcross (Hrsg.). Psychotherapie relationships that work: Therapist contributions and responsiveness to patients. Oxford: University Press, pp. 17-32.

Leu, H.R./Flämig, K./Frankenstein, Y./Koch, S./Pack, I./Schneider, K. (2006): Bildungs- und Lerngeschichten. Bildungsprozesse in früher Kindheit beobachten, dokumentieren und unterstützen. Weimar/Berlin: Verlag das Netz.

Lewis, R.D. (1996): When Cultures Collide. London: Nicholas Brealey Publishing.

Lill, G. (2008): Das wissbegierige Kind: Neue Perspektiven in der Früh- und Elementarpädagogik. Weinheim: Juventa.

Lux, M. (2007): Der Personzentrierte Ansatz und die Neurowissenschaften. München: Reinhardt.

Maywald, J. (2009): Kinderschutz in der Kita. Ein praktischer Leitfaden für Erzieherinnen. Freiburg/Basel/Wien: Herder.

Merkel, J. (2010): Weißt du was, sprechen macht Spaß. Sprachliche Bildung anregen und unterstützen. Troisdorf: Bildungsverlag EINS.

Mitchell, J.C. (Hrsg.) (1969): Social Networks in Urban Settings. Manchester: Manchester University Press.

Nothdurft, W. (2000): Zwischenmenschliche Kommunikation II. Kommunikative Kompetenz. Schriften des Weiterbildungsverbundstudiums Sozialkompetenz. Koblenz.

Piaget, J. (1972): Sprechen und Denken des Kindes. Düsseldorf: Schwann.

Preissing, C. (Hrsg.) (2003): Qualität im Situationsansatz. Qualitätskriterien und Materialien für die Qualitätsentwicklung in Kindertageseinrichtungen. Berlin: Cornelsen Scriptor.

Reemen, D. (2009): Aktives Zuhören . In: S. Viernickel (Hrsg.). Beobachtung und Erziehungspartnerschaft. Offensive Bildung. Berlin: Cornelsen Scriptor, S. 212.

Reimann, B. (1996): Die frühe Kindersprache: Grundlagen und Erscheinungsformen ihrer Entwicklung in der kommunikativen Interaktion. Berlin: Luchterhand.

Rogers, C. (1981): Der neue Mensch. (Dt. Erstausg.). Stuttgart: Klett-Cotta.

Rogers, C.R. (1959/1987 bzw. 1991): Eine Theorie der Psychotherapie, der Persönlichkeit und der zwischenmenschlichen Beziehungen. Köln: GwG-Verlag.

Rosenberg, M.B. (2001): Gewaltfreie Kommunikation: Eine Sprache des Lebens (6. veränd. Aufl.). Paderborn: Junfermann.

Rosenstiel, L. von (Hrsg.) (2009): Führung von Mitarbeitern. Handbuch für erfolgreiches Personalmanagement. (6. überarb. Auflage). Stuttgart: Schäffer-Poeschel.

Rosenthal, R. (1966): Experimenter Effects in Behavioral Research. New York: Aplleton-Centruy-Crofts.

Rust, S. (2006): Wenn die Giraffe mit dem Wolf tanzt. Vier Schritte zu einer einfühlsamen Kommunikation. Burgrain: Koha.

Schäfer, G.E. (Hrsg.) (2005): Bildung beginnt mit der Geburt: Ein offener Bildungsplan für Kindereinrichtungen in Nordrhein-Westfalen, erw. Auflage 2. Weinheim: Beltz.

Schmid, P.F. (2008): Eine zu stille Revolution? Zur Identität und Zukunft des Personzentrierten Ansatzes. Gesprächsführung und Personzentrierte Beratung 39 (3), S. 124-130.

Schnoor, H/Lange, C./Mietens, A. (2006): Qualitätszirkel. Theorie und Praxis der Problemlösung an Schulen. Paderborn/München/Wien/Zürich: UTB.

Schultz von Thun, F. (2003a): Miteinander reden, Band 1: Störungen und Klärungen. Allgemeine Psychologie der Kommunikation. Reinbek: Rowohlt.

Schultz von Thun, F. (2003b): Miteinander reden, Band 2: Stile, Werte und Persönlichkeitsentwicklung. Differentielle Psychologie der Kommunikation. Reinbek: Rowohlt.

Schultz von Thun, F. (2008): Das innere Team in Aktion. Praktische Arbeit mit dem Modell. Reinbek: Rowohlt.

Spitzer, M. (2002): Lernen. Gehirnforschung und die Schule des Lebens. Heidelberg: Spektrum.

Spitzer, M. (2004): Selbstbestimmen. Gehirnforschung und die Frage: Was sollen wir tun? Heidelberg: Spektrum.

Stroebe, W./Hewstone, M./Stephenson, G.M. (Hrsg.) (1996): Sozialpsychologie. Eine Einführung. Berlin: Springer.

Sylva, K./Melhuish, E./Sammons, P./Siraj-Blatchford, I./Taggart, B./Elliott, K. (2003): The Effective Provision of Pre-School Education (EPPE) project: Findings from the pre-school period. Zugriff am 22.7.2010. http://www.ioe.ac.uk/schools/ecpe/eppe/eppe/eppepdfs/RB%20summary%20findings%20from%20Preschool.pdf

Thorndike, E.L. (1920): A constant error in psychological rating. Journal of Applied Psychology, 4, pp. 25-29.

Tracy, R. (2007): Wie Kinder Sprachen lernen. Und wie wir sie dabei unterstützen können. Tübingen: Francke.

Trautmann, T. (2010): Interviews mit Kindern. Wiesbaden: VS.

Ulich, M./Mayr, T. (2003): Sismik. Sprachverhalten und Interesse an Sprache bei Migrantenkindern in Kindertageseinrichtungen. Freiburg: Herder.

Ulich, M./Mayr, T. (2006): Seldak. Sprachentwicklung und Literacy bei deutschsprachig aufwachsenden Kindern. Freiburg: Herder.

Varé, D. (1951): Das Tor der glücklichen Sperlinge. Wien: Paul Szolnay.

Viernickel, S. (2000): Spiel, Streit, Gemeinsamkeit. Einblicke in die soziale Kinderwelt der Zweijährigen. Landau: Empirische Pädagogik.

Viernickel, S. (Hrsg.) (2009): Beobachtung und Erziehungspartner-schaft. Offensive Bildung. Berlin: Cornelsen Scriptor.

Viernickel, S./Völkel, P. (2009): Beobachten und Dokumentieren im pädagogischen Alltag. Freiburg: Herder.

Völkel, P./Viernickel, S. (2008): Fühlen, bewegen, sprechen und ler-nen: Meilensteine der Entwicklung bei Kleinstkindern Troisdorf: Bildungsverlag EINS.

Wagner, P. (2008): Handbuch Kinderwelten. Vielfalt als Chance – Grundlagen einer vorurteilsbewussten Bildung und Erziehung. Freiburg/Basel/Wien: Herder.

Watzlawick, P./Beavin, J.H./Jackson, D.D. (2007): Menschliche Kommunikation. Formen, Störungen, Paradoxien (11. unveränd. Aufl., Erstaufl. 1969). Bern: Hans Huber.

Welge, M.K./Al-Laham, A. (2008): Strategisches Management. 5. Auflage. Wiesbaden: Gabler.

Wellhöfer, P.R. (1988): Grundstudium Sozialpsychologie. Für Sozi-alberufe, Psychologen und Soziologen. Stuttgart: Lucius & Lucius.

Weltzien, D. (2006): Vernetzung und Kooperation: Konzepte, Analy-sen und Modellansätze: Studienbuch 16 zum Bildungs- und Sozial-management. Remagen: ibus.

Weltzien, D. (2009a): Beobachtung und Erziehungspartnerschaft. Abschlussbericht der wissenschaftlichen Begleitung. Ludwigsha-fen. www.offensive-bildung.de

Weltzien, D. (2009b): Dialoggestützte Interviews mit Kindern im Kindergarten- und Grundschulalter unter Berücksichtigung ih-rer Peerbeziehungen. Methode und empirische Ergebnisse. In: K. Fröhlich-Gildhoff/I. Nentwig-Gesemann/R. Haderlein (Hrsg.). Forschung in der Frühpädagogik. Materialien zur Frühpädagogik (Band 2). Freiburg: FEL, S. 69-100.

Weltzien, D./Viernickel, S. (2008): Einführung stärkenorientierter Beobachtungsverfahren in Kindertageseinrichtungen – Auswir-kungen auf die Wahrnehmung kindlicher Interessen, Dialogbe-reitschaft und Partizipation. In: K. Fröhlich-Gildhoff/I. Nentwig-Gesemann/R. Haderlein (Hrsg.). Forschung in der Frühpädagogik. Materialien zur Frühpädagogik (Band 1). Freiburg: FEL, S. 203-234.

Weyer, J. (2000): Soziale Netzwerke: Konzepte und Methoden der sozialwissenschaftlichen Netzwerkforschung. München/Wien: Ol-denbourg.

Wolf, R. (2004): Interkulturelle Kommunikation. Schriften des Wei-terbildungsverbundstudiums Sozialkompetenz. Koblenz.

Youniss, J. (1980): Parents and peers in social development: A Sullivan-Piaget perspective. Chicago: University of Chicago Press.

Zimmer, R. (2009): Handbuch Sprachförderung durch Bewegung. Freiburg: Herder.

Zohar, D. (2000): Am Rande des Chaos. Zürich: Midas Management.

LITERATUR